SABINE RÜCKERT

Unrecht im
Namen des Volkes

Schwere Justizirrtümer werden eher selten aktenkundig. Die Gerichtsreporterin und Bestsellerautorin Sabine Rückert erzählt eine schier unglaubliche und dennoch wahre Geschichte, die sich in aller Stille vollzog: Eine junge Frau beschuldigte Mitte der Neunziger Jahre erst ihren Vater und später auch ihren Onkel, sie mehrfach vergewaltigt zu haben. Obwohl sich das Mädchen immer wieder in Widersprüchen verwickelte, schickte ein Landgericht die beiden Männer für viele Jahre ins Gefängnis. In den Jahren 2001/2002 recherchierte Sabine Rückert die miteinander verwobenen Fälle gründlich nach und erkannte: Die Frau hatte gelogen. Es waren zwei Fehlurteile ergangen, die bei unvoreingenommener Betrachtung der Beweislage hätten vermieden werden können. Ein Anwalt nahm sich der unschuldig Verurteilten an und erwirkte nach langem Kampf gegen die Strafjustiz den Freispruch – da hatten die beiden Männer ihre Haftstrafen schon abgesessen und standen vor dem Ruin. Nun will der Anwalt die Verantwortlichen, die der Geschichte des vermeintlichen Opfers blinden Glauben schenkten, zur Rechenschaft ziehen.

»Die Geschichte der Amelie, ihres Vaters und ihres Onkels ist nicht nur die Chronik eines Justizirrtums, sie zeigt auch, in welchem Rechtssystem wir leben.« Sabine Rückert in der ZEIT

Autorin

Sabine Rückert, geboren 1961 in München, studierte Kommunikationswissenschaften und war bis 1991 Nachrichtenredakteurin bei der taz in Berlin. Seit 1992 ist sie Redakteurin der Hamburger Wochenzeitung Die ZEIT, seit 2001 dort Gerichts- und Kriminalreporterin. Für ihre Reportagen und Porträts erhielt sie renommierte Journalistenpreise, u.a. den Egon Erwin Kisch-Preis 2008. Im Jahr 2000 erschien ihr aufsehenerregendes – und inzwischen verfilmtes – Sachbuch »Tote haben keine Lobby«.

Sabine Rückert

Unrecht im Namen des Volkes

Ein Justizirrtum und seine Folgen

GOLDMANN

FSC

Mix
Produktgruppe aus vorbildlich
bewirtschafteten Wäldern und
anderen kontrollierten Herkünften

Zert.-Nr. SGS-COC-1940
www.fsc.org
© 1996 Forest Stewardship Council

Verlagsgruppe Random House FSC-DEU-0100
Das für dieses Buch verwendete FSC-zertifizierte Papier
München Super liefert Mochenwangen.

1. Auflage
Taschenbuchausgabe August 2008
Wilhelm Goldmann Verlag, München,
in der Verlagsgruppe Random House GmbH
Copyright © der Originalausgabe 2007
by Hoffmann und Campe Verlag, Hamburg
Fotos auf S. 149: Veit Mette
Umschlaggestaltung: Design Team München
Umschlagfoto: plainpicture/Gorilla (p3740087)
KF · Herstellung: Str.
Druck und Bindung: GGP Media GmbH, Pößneck
Printed in Germany
ISBN: 978-3-442-15515-6

www.goldmann-verlag.de

Inhalt

Von der Lüge

Dieses Buch handelt von der Lüge. Nicht von der Notlüge. Nicht von der Lüge aus Angst oder Feigheit im Bestreben, die eigene Person aus dem Schussfeld zu bringen. Auch nicht vom Sich-selbst-Belügen, durch das mancher sich das Leben leichter macht. Es geht um die berechnende Lüge, die in Umlauf gebracht wird, um ein ganz bestimmtes Ziel zu erreichen. Meistens das Ziel, sich selbst in den Mittelpunkt des allgemeinen Interesses zu rücken und/oder anderen Menschen Schaden zuzufügen.

Zu einer guten Lüge, die ihren Zweck erfüllen soll, gehören immer mindestens zwei. Einer, der lügt. Und einer, der glaubt. Eine Lüge, die nicht geglaubt wird, ist sinnlos, entfaltet ihre Wirkung nicht, sondern fällt als Schande auf den schlechten Lügner zurück. Deshalb muss die Lüge gut – das heißt: überzeugend – sein. Und sie ist umso besser, je präziser sie mit den Erwartungen dessen übereinstimmt, den sie überzeugen soll.

Ein eindrucksvolles Beispiel hierfür ereignete sich im Herbst 2000 in der kleinen sächsischen Stadt Sebnitz. Dort behauptete eine mit einem Ausländer verheiratete Bürgerin, deren dunkelhaariger, fünfjähriger Sohn im städtischen Freibad ertrunken war, drei Jahre nach dem Tod des Kindes, ihr Sohn sei von einer Horde Neonazis in der Badeanstalt misshandelt und schließlich ersäuft worden. Alle Badegäste hätten zugesehen, niemand habe eingegriffen oder die Polizei gerufen. Mit dieser entsetzlichen Geschichte – wer denkt sich so was aus? – hatte die Frau zwar bei den Strafverfolgungsbehörden, die die Fakten und Obduktionsberichte kannten, keinen Eindruck machen können, doch gelang es ihr, die Medien für ihre Zwecke zu mobilisieren. Die reagierten mit einer Heftigkeit, die die gesamte Republik erschütterte. Legionen von Journalisten wurden nach Sebnitz entsandt, um die Botschaft von einer großen deutschen Schande in alle Welt zu tragen. Aufgrund des öffentlichen Drucks wurde nun auch die Staatsanwaltschaft nervös, nahm einige junge Leute fest und ermittelte gegen sie.

Einige Tage lang war die Frau die gloriose Pietà der Republik: die Mutter eines kleinen Kindes, das in aller Öffentlichkeit mörderischen Rassisten zum Opfer gefallen war. Ist ein schrecklicheres Schicksal denkbar? Und traute man dem Osten Deutschlands nicht zu Recht das Schlimmste zu? Hatten nicht 1992 Rechtsradikale im brandenburgischen Hoyerswerda hilflose Dritte-Welt-Familien angegriffen, die in Deutschland um Asyl baten? Hatten nicht in Rostock Neonazis ein Asylbewerberheim in Brand gesteckt, während der besoffene Mob dabeistand und Bravo brüllte? Und jetzt eben Sebnitz! Die Frau gab Interwiews und ließ sich tausendfach fotografieren. Sie wanderte durch die Talkshows und wurde vom Bundeskanzler empfangen. Die Weltpresse saß auf ihrem Sofa in Sebnitz, und der Regisseur Volker Schlöndorf begehrte die Filmrechte an diesem deutschen Fall.

Dem Rausch folgte eine schreckliche Ernüchterung, als die Staatsanwaltschaft überraschend alle Festgenommenen freiließ und bekanntgab, dass die Vorwürfe haltlos seien. Weitere ausführliche Untersuchungen der Gerichtsmedizin bestätigten: Der Fünfjährige hatte einen Badeunfall erlitten, und seine angebliche Folterung und Ermordung war nichts anderes gewesen als das Phantasiegespinst einer Mutter, die über den Verlust ihres Sohnes nicht hinwegkam.

Solche Mütter gibt es viele. Es geschieht nicht selten, dass Hinterbliebene versuchen, den Tod eines Angehörigen zum Verbrechen zu erklären, manchmal haben sie sogar recht. Aber wer interessiert sich schon für solche Bemühungen? Welche Zeitung schreibt über Mutter X, die davon überzeugt ist, dass ihr Sohn sich nicht selbst im Wald erhängt hat, wie die Polizei glaubt, sondern aufgehängt wurde? Oder Mutter Y, die sich nicht davon abbringen lässt, dass ihre verschwundene Tochter nicht ausgerissen, sondern einem Verbrechen zum Opfer gefallen ist?

Was den Erfolg der Frau aus Sebnitz ausmachte, waren die Schlüsselreize, mit denen ihre Geschichte ausgestattet war. Schlüsselreize, die – besonders in Deutschland – Reflexe sonst durchaus kritischen Denkens ausschalten. Dazu gehören: orientalisch wirkendes Kind, rassistische Tat, Neonazis, deutscher Osten, kollektive Mitschuld und die Dimensionen der Grausamkeit, die – nach landläufiger Meinung – nicht ohne weiteres ersonnen werden können. Und dazu gehört vor allem die jeden Widerspruchsgeist erstickende Aura, die ein Verbrechensopfer umgibt. Wer wagt es, an den Worten eines vermeintlichen Opfers zu zweifeln? Wer hat das Herz, einem Menschen, dem Unvorstellbares angetan worden sein soll, ins Gesicht zu sagen: »Ich glaube dir nicht«?

Ein anderer Fall von gelungener Irreführung einer ihrem Wesen nach nachdenklichen und vorsichtigen Öffentlichkeit geschah im Jahre 1995. Damals veröffentlichte ein gewisser Binjamin Wilkomirski im Suhrkamp Verlag seine Kindheitserinnerungen. *Bruchstücke* lautete der Titel seiner Autobiographie. Hierin schilderte der Autor aufs Ergreifendste schreckliche Jahre eines kleinen Jungen in den Konzentrationslagern

Majdanek und Auschwitz. Er berichtet von Ratten, die die Kleinen nachts anfielen, von Läusen und Käfern. Kinder werden vor den Augen des höchstens vierjährigen Binjamin von Uniformierten totgeschlagen – seine Qual ist unbeschreiblich. Am meisten geht dem Leser jene Szene zu Herzen, in der Binjamin zu seiner halbtoten Mutter in die Frauenbaracke geführt wird. Die Sterbende blickt ihm tränenüberstömt ins Gesicht und reicht ihm wortlos ein versteinertes Stück Brot zum Abschied.

Binjamin überlebt nach eigenen Angaben nur durch eine glückliche Fügung das KZ, wird nach dem Krieg von einem Arzt in der Schweiz adoptiert und verfasst – erwachsen geworden – seine Erinnerungen.

Siegfried Unseld, der Chef des Suhrkamp Verlags, entscheidet sich für die Publikation des Manuskriptes – auch als Zweifel an seiner Echtheit auftauchen. Ein Journalist schreibt an Unseld persönlich und warnt den Verleger vor dem Autor Wilkomirski. Doch die Mahnung verhallt.

Der Historiker Stefan Mächler, der den Fall Wilkomirski später recherchiert und darüber ein Sachbuch veröffentlicht hat, beschreibt, mit welchen Überlegungen die für Wilkomirski zuständige Literaturagentin den Zweifeln an ihrem Autor entgegentrat: »Falls er nicht derjenige war, der zu sein er vorgab, wie konnte er sich eine so unerhörte Geschichte andichten? Wenn er dies aber alles durchgemacht hatte und seine Vergangenheit nun bezweifelt wurde, war dies entsetzlich. Welch verkehrte Welt, in der ein Opfer der Shoah seine Geschichte beweisen musste; welch furchtbare Erniedrigung für den Mann.«

Wilkomirskis Werk wird also gedruckt, frenetisch gelobt und geht in neun Sprachen übersetzt um die Welt. »In seinem Buch hat Binjamin Wilkomirski den amtlich beglaubigten

Fakten die Wahrheit seines Lebens entgegengestellt«, schreibt eine begeisterte Literaturkritikerin. »Sie hat ihn befreit, sie hat ihn geheilt. Und sie hat die Last von ihm genommen, beweisen zu müssen, was für ihn eines Beweises nicht mehr bedarf.« Ehrungen lassen nicht lange auf sich warten. Wilkomirski wird mit Literaturpreisen ausgezeichnet, auch und gerade von jüdischen Vereinen. KZ-Überlebende schreiben ihm, brechen auf seinen Lesungen in Tränen aus und danken ihm. Das Fernsehen berichtet. Eine Frau mit Namen Laura drängt ins Bild und erzählt, wie sie Wilkomirski als Kind im KZ kennengelernt hat. Sie bestätigt seine Erinnerungen: »Er ist mein Benji«, lacht sie und schmiegt sich an ihn.

1998 bricht Wilkomirskis Lügengebäude mit einem Krach zusammen. Der in Israel geborene Schriftsteller Daniel Ganzfried – selbst Sohn eines Auschwitz-Überlebenden – hat sich auf seine Fährte gesetzt und herausgefunden, dass der angebliche Jude Wilkomirski in Wirklichkeit das uneheliche Kind einer jungen Schweizerin ist, das der Mutter vom Jugendamt weggenommen und 1945 zur Adoption freigegeben worden war. »Gedankenlos mitleidend, finden wir im Opfer den Helden, mit dem wir uns auf der Seite der Moral verbrüdern können«, schreibt Ganzfried über das Phänomen Wilkomirski. Der Schriftsteller macht sich mit seiner Entdeckung viele Feinde. Er wird heftig attackiert, gerade von Juden. Man unterstellt ihm, er gönne Wilkomirski den Erfolg nicht oder leide an pathologischer Besessenheit. Dem Historiker Mächler erklärt Ganzfried, es gehe ihm darum, »in Kategorien der menschlichen Vernunft über den Holocaust nachzudenken«. Er strebe eine analytische Auseinandersetzung mit diesem Thema an. Die »tränenreiche Autobiographie« lehnt er ab.

Diese Emotionalisierung war das Erfolgsrezept des Autors Wilkomirski. Obwohl durch die Recherchen des Historikers

Stefan Mächler widerlegt, blieb er, der tatsächlich Bruno Grosjean heißt, bei seiner Story. Einen DNA-Test mit seiner inzwischen aufgetauchten Schweizer Familie verweigerte er. Der Suhrkamp Verlag zog das Buch mit den angeblichen KZ-Erinnerungen zurück. Es stellte sich heraus, dass Grosjean seine angebliche Autobiographie echten Auschwitz-Opfern abgelauscht und einiges hinzuerfunden hatte, und seine vermeintliche Leidensgenossin Laura aus dem KZ erwies sich als eine Betrügerin, die einige Jahre zuvor bereits als angebliches Satans-Opfer Furore gemacht hatte. »Das Satans-Opfer war tatsächlich zum Nazi-Opfer mutiert«, schreibt Stefan Mächler in seinem Buch *Der Fall Wilkomirski*: »Die Frau hatte ihr Kreuz gegen den Davidstern eingetauscht; es quälte sie nicht mehr der Satanist Victor, sondern der Nazi-Arzt Mengele … und ihre heutigen körperlichen Gebrechen waren nicht mehr die Folgen von Missbrauch und Vergewaltigung, sondern von abscheulichen medizinischen Experimenten.«

Was haben Geschichten wie die der Sebnitzer Mutter oder die des Schweizers »Wilkomirski« mit meinem Buch zu tun? Sehr viel. Ich erzähle sie, weil bei geschickten Falschbehauptungen immer das gleiche Muster bedient wird – auch in dem Fall der beiden Justizirrtümer, von denen ich im Folgenden erzählen werde: Menschen setzen Unwahrheiten in die Welt, machen damit Furore und lösen dabei ein bestimmtes Reiz-Reaktions-Muster aus, das dem um die Wahrheit Bemühten den Blick trübt. Erfolgreiche Lügner zeigen uns oft unsere kulturbedingten Scheuklappen. Das tat auch das junge Mädchen aus Norddeutschland, von dem dieses Buch handelt. Es präsentierte sich als Vergewaltigungsopfer und täuschte mit seiner Leidensgeschichte Polizei, Psychiatrie, Staatsanwaltschaft und Gericht. Ein heikles Thema, dem sich jeder nur mit Scheu und schlechtem Gewissen nähert, wird ergriffen und instrumentalisiert. Die *political correctness* der Angesprochenen gebietet es, dem vermeintlichen Opfer – zum Beispiel einer Vergewaltigung oder eines NS-Verbrechens – bedingungslos zu glauben. Zweifler laufen Gefahr, selbst im Reich des Bösen verortet zu werden. Dieses unkritische Hofieren von Personen, die sich selbst als Opfer vorstellen, ist ein stabiles Fundament für erfolgreiche Lügen. Recherchierende Journalisten, argwöhnische Lektoren – ja sogar der Wahrheitsfindung verpflichtete Richter fallen ihrer eigenen Denksperre zum Opfer.

Die Muster der Lügen sind ähnlich, das Ausmaß des Unheils, das sie anrichten, ist unterschiedlich. Die Sebnitzer Mutter hat junge Leute vorübergehend in Untersuchungshaft gebracht, den Ruf einer Region zeitweise geschädigt und die deutsche Medienlandschaft in eine Krise gestürzt. Doch die sich anschließende öffentliche Aufarbeitung der Angelegenheit hat den Schaden in Grenzen gehalten.

Der angebliche Wilkomirski hat den Gipfel des Zynismus erklommen und nicht nur den Literaturbetrieb, sondern auch die wahren Opfer des Nationalsozialismus in aller Öffentlichkeit zum Narren gehalten. Doch auch hier hat letztlich niemand so sehr Schaden genommen, dass er sich davon nicht mehr erholt hätte – außer vielleicht der Geschichtenerfinder selbst.

Im Gegensatz zu diesen Beispielen hat der Fall, von dem mein Buch handelt, kein großes Aufsehen erregt. Er vollzog sich in aller Stille. Dafür sind seine Folgen um so gravierender: Zwei Unschuldige saßen lange Jahre im Gefängnis, weil die Justiz einer Lügnerin glaubte und warnende Stimmen überhört hat. So wurden zwei Leben zerstört.

Ob sie die antifaschistische oder die feministische Karte ziehen – auch die Lügner sind in Not. Keiner von ihnen lügt aus Freude an der Lüge. Sie leiden tief im Innern Seelenqualen, die sie dazu zwingen, sich zu Opfern zu stilisieren. Sie sind zwar die Urheber des angerichteten Unglücks, aber nicht allein verantwortlich. Verantwortlich sind auch all jene, die ihnen blinden Glauben schenken, obwohl sie es besser wissen müssten.

Vater und Tochter

Von dem Justizirrtum, den ich im Folgenden schildern werde, wollte die Justiz schon lange nichts mehr wissen. Hartnäckig hüllten sich Gerichte in Schweigen, taub und blind für alle Versuche der Verurteilten, irgendwie doch Recht zu bekommen. Der Fall war dem Vergessen preisgegeben. Doch die Papiere, die ich las, hatten nichts vergessen: Auf vielen hundert Seiten dokumentieren Akten die Entstehung dieses großen Unrechts: in Vermerken, Terminverfügungen, Tagebüchern, Strafanzeigen, Fotoserien, Zeugenaussagen, Beschuldigtenvernehmungen, Mitschriften, Zustellungsurkunden, Revisionsbegehren, Rechnungen, Briefen, Beweisanträgen, Zetteln, Protokollen, Diagnosen, Gutachten und Urteilen.

Der Justizirrtum, von dem ich erzähle, hat seine Ursache in der Lebenskrise einer achtzehnjährigen Schülerin, die in einer norddeutschen Kleinstadt lebte. Wer sie ist und wie sie heißt, spielt keine Rolle, sie wird unkenntlich bleiben – in diesem Buch will ich sie Amelie* nennen. Das Mädchen Amelie zerstörte mit Hilfe der deutschen Strafjustiz das Leben zweier Menschen: das ihres Vaters Adolf S. und das ihres Onkels Bernhard M. Die Vorwürfe gegen die beiden Männer beschäftigten Mitte der neunziger Jahre Polizisten, Staatsanwälte, Verteidiger, Ärzte, Psychologen und Richter. Und immer noch lässt ihr Schicksal den Gerichten keine Ruhe – bis heute.

Es ist eine verwirrende und böse Geschichte, die damals

ihren Anfang nahm und die zu zwei Fehlurteilen führte, gefällt vom Landgericht Osnabrück. Adolf S. wird 1995 wegen Vergewaltigung seiner Tochter Amelie zu sieben Jahren, Bernhard M. 1996 wegen Vergewaltigung seiner Nichte Amelie zu einer Gesamtfreiheitsstrafe von viereinhalb Jahren verurteilt. Geständnisse, unmittelbare Tatzeugen oder aussagekräftige Sachbeweise hat es nicht gegeben. Was es aber gab, waren die Beschuldigungen eines jungen Mädchens und der Glaube der Richter.

In den Akten ist der Beginn der Ereignisse datiert auf den 7. November des Jahres 1994. An diesem Tag meldet sich bei der Polizeidienststelle des Städtchens in Norddeutschland ein etwa fünfundvierzigjähriger Mann. Er lässt sich mit einer Kriminalbeamtin verbinden, stellt sich als Adolf S. vor, Kraftfahrer von Beruf. Er klagt, er werde von seiner Tochter Amelie fälschlich eines Sexualdeliktes bezichtigt. Die Tochter sei derzeit im örtlichen Hospital in stationärer psychiatrischer Behandlung und bringe dort die Behauptung in Umlauf, er, ihr Vater, habe sie mehrfach vergewaltigt. »Das ist nicht wahr«, beteuert Adolf S. am Telefon, »es ist eine glatte Lüge.« Er verstehe nicht, wie Amelie auf so etwas komme: »Ich glaube, sie macht das, weil sie mich hasst.«

Das Mädchen habe die Räuberpistole auch schon seiner Frau erzählt, fährt S. fort. Die habe daraufhin einen Nervenzusammenbruch erlitten und wolle jetzt nichts mehr von ihm wissen. In der Nachbarschaft gehe das Ganze nun auch herum, weshalb er von den Leuten »geschnitten« werde. Ebenso fühle er sich durch das Personal des Hospitals, in dem seine Tochter untergebracht sei, schon als Täter behandelt. Der für den Fall zuständige Chefarzt habe ihm sogar ins Gesicht gesagt, seine Tochter werde »einen Prozess schon durchstehen«. Deshalb, sagt der Mann, rufe er hier bei der Polizei an:

Er wolle wissen, was er gegen die kursierenden Behauptungen unternehmen könne und ob eine Anzeige wegen Verleumdung möglich sei.

Die Kriminalbeamtin, die das Gespräch entgegennimmt, bearbeitet zu dieser Zeit alle Fälle von sexueller Gewalt gegen Kinder, die in der Dienststelle einlaufen. Von den Vorwürfen des Mädchens Amelie hat sie aber noch nichts gehört. Wer die Wahrheit sagt – Vater oder Tochter –, kann sie nicht wissen. Sie reagiert auf den Anruf sehr verhalten. Ihre Antwort bleibt im Allgemeinen: Adolf S. könne sich ja selbst wegen Vergewaltigung anzeigen, schlägt sie vor. Das würde eine polizeiliche Ermittlung in Gang setzen. Er könne aber auch Strafanzeige gegen seine Tochter erstatten, wegen falscher Verdächtigung oder Vortäuschens einer Straftat. Der Anrufer will sich das überlegen. Er plane, vertraut er der Beamtin an, heimliche Tonbandaufnahmen von den Aussagen seiner Tochter anzufertigen, hinterher könne man weitersehen. Dann legt er auf.

Unmittelbar nach diesem Telefonat ruft die Kriminalbeamtin beim Einwohnermeldeamt an und stellt fest, dass Adolf S. mit seiner Frau Edeltraud* und den beiden jüngeren Kindern Jasmin* und Roland* in der XY-Straße zusammenlebt. Das Mädchen, von dem er sich bedroht fühlt, heißt tatsächlich Amelie und ist seine achtzehnjährige Tochter. Sie ist nicht bei Adolf und Edeltraud S., sondern bei ihren Großeltern gemeldet, die etwa hundert Meter vom Elternhaus entfernt wohnen. Dann gibt es da noch eine ältere Tochter, Sophia*, die bereits ausgezogen ist. Daraufhin erkundigt sich die Kriminalbeamtin beim Jugendamt der Stadt und erfährt, dass Amelie dort schon bekannt ist. Im März desselben Jahres hat sie beim Jugendamt um finanzielle Unterstützung nachgesucht, weil sie ihr Zuhause verlassen hatte.

Ein Kriminalbeamter, der Kenntnis von einer Straftat erhält, ist verpflichtet zu ermitteln. Gegen die Nachforschungen der Beamtin lässt sich daher nichts sagen. Merkwürdig ist nur, dass sie nach Aktenlage zwar beim Jugendamt und beim Einwohnermelderegister nachfragt, *nicht* aber in der Kinder- und Jugendpsychiatrie des Krankenhauses, das doch nur wenige Schritte von ihrer Dienststelle entfernt liegt. Seltsamerweise taucht aber just am Tag nach dem Anruf von Adolf S. dessen Tochter Amelie gleich morgens »unaufgefordert« bei der Polizeidienststelle auf, um ihren Vater anzuzeigen. Was für ein eigenartiger Zufall! – und es soll nicht der einzige bei den Ermittlungen dieser Beamtin bleiben.

Die wunderliche Koinzidenz lässt sich allerdings nach einem Blick in Amelies Pflegeakte auf natürliche Weise erklären. Dort ist unter dem Datum des 7. November eingetragen:

Amelie hat heute Mittag vom Jugendamt erfahren, dass der Vater Anzeige erstattet hat gegen sie wegen Verleumdung. Amelie ist fest entschlossen, den Vater morgen anzuzeigen.

Dieser Eintrag dokumentiert den Fluss der Information und die Anreicherung des Tatbestandes. Aus einer Anfrage von Adolf S., wie er sich gegen die Falschbehauptungen der Tochter zur Wehr setzen könne, ist ein Anzeige gegen Amelie wegen Verleumdung geworden. Die Kunde vom Anruf des Vaters dringt über mehrere Behörden direkt in die Station für Kinder- und Jugendpsychiatrie und in die Ohren der Patientin Amelie, die sich daraufhin in aller Eile zur Anzeige entschließt.

Tatsächlich hatte das Mädchen am 18. März nach einer heftigen Auseinandersetzung mit ihrem Vater Hals über Kopf ihr Elternhaus verlassen. Ihrer Freundin Anja* vertraut sie an, sie halte es zu Hause nicht mehr aus, sie könne die Streitereien mit ihrem Vater und dessen dauernde Beschimpfungen nicht länger ertragen. Die Großeltern mütterlicherseits, die mit den beiden unverheirateten und erwachsenen Kindern Gabriele*

(Amelies Tante) und Bernhard (Amelies Onkel) in einem Häuschen in Sichtweite wohnen, nehmen die Enkelin herzlich auf und quartieren sie in der Dachstube ein.

Am 29. Mai 1994 begeht Amelie einen Selbstmordversuch mit Tabletten. Sie wird in die nahe Kinder- und Jugendpsychiatrie eingeliefert und beginnt dort im Laufe des Sommers, die Beschuldigungen gegen ihren Vater zu erheben. Doch erst Ende September 1994 erfährt Adolf S. selbst, was Amelie gegen ihn vorbringt. Mit größter Entschlossenheit versucht er, mit seiner Tochter in Verbindung zu treten und sie zur Rede zu stellen. Doch Amelie lehnt jeden persönlichen Kontakt mit dem Vater ab. Der Zutritt zur Klinik wird ihm verwehrt. Am 9. Oktober 1994 – einen Monat bevor er sich telefonisch an die Polizei wenden wird – schreibt er seiner Tochter einen Brief ins Krankenhaus. Dem Ton des Schreibens ist anzumerken, dass ihm die Tochter unheimlich geworden ist. Adolf S. scheint zu spüren, dass sich eine Schlinge zuzieht. Mit einer Mischung aus Beschwörung, verhohlener Drohung und gutem Zureden versucht er, die Tochter zur Rücknahme ihrer belastenden Aussagen zu bewegen. Auch den Streit, der zu Amelies überstürztem Auszug geführt hat, spricht er an:

Hallo Amelie.
… an jenem Nachmittag hatte ich Dich gebeten, Holz vom Boden zu holen. Die Antwort darauf war, dass Du Deine guten Sachen anhättest. Als ich Dich fragte, ob Du Dich nicht umziehen möchtest, bist Du durchgedreht, zu meinen Schwiegereltern gelaufen und hast gleich mit der Lüge angefangen, ich hätte Dich geschlagen. Du weißt, dass es nicht so ist.
Dass ich ein paarmal das Wort W-Straße [dort liegt der Friedhof der Stadt] *und »Du bist für mich gestorben« in den Mund genommen habe, tut mir leid – entschuldige!!!*

Ich akzeptiere Deinen Entschluss, Du möchtest ein neues Leben beginnen – aber willst Du gleich wieder mit einer Lüge anfangen? Und mein Leben und das unserer Familie zerstören? Ich kann mir nicht vorstellen, dass Dein Hass so groß ist, mir vorzuwerfen, ich hätte Dich angefasst! Du bist mein Kind, und Du weißt, dass es nicht so ist.

Ich bin doch kein schlechter Mensch, wenn ich Euch gegenüber auch meine Gefühle nicht so zeigen kann. Dass ich Euch niemals in den Arm nehmen konnte – vielleicht hat Euch das gefehlt, ich weiß es nicht. Ich bin eben durch die viele Arbeit im Stress und vergesse um mich herum sogar meine Familie.

Aber das verspreche ich Dir: Es wird weniger, und dann habe ich auch mehr Zeit für Euch. Mama sagt: Amelie hat Angst vor dir. Warum? Bleibe in Zukunft immer bei der Wahrheit, dann brauchst Du keine Angst vor mir zu haben. Ich bitte Dich nochmals, mich zu rehabilitieren. Ich möchte Dir bei Deinem neuen Anfang helfen und Dich unterstützen. Es liegt bei Dir. Komm uns doch besuchen, es würde mich freuen. Vielleicht können wir auch ein Gespräch führen bei Dr. X [Amelies Psychiater], wie wäre das? Ich bin dazu bereit, ich kann Dir mit gutem Gewissen in die Augen sehen. Du auch?

Also mach bitte Schluss mit den Lügen, gehe zur Wahrheit über, und wir kommen wieder zusammen. Du tust Dir und uns allen einen Gefallen damit. Aber wenn man lügt, rutscht man zuletzt immer tiefer, und eines Tages kommt die Wahrheit raus – wie stehst Du dann da?

Hoffentlich kommt bald eine Antwort von Dir, bis dann. Mach's gut.

Papa!!!!

Amelies Erwiderung, verfasst im Schutze der Klinikmauern, lässt nicht lange auf sich warten. Der Text bebt förmlich von jahrelang angestauter Wut. Auf die Vorwürfe des Missbrauchs und der Vergewaltigung, die sie nun schon seit Wochen auf der Station gegen ihren Vater streut und die doch eigentlich der Grund für seinen Brief waren, kommt das Mädchen mit keinem Wort zu sprechen.

Hallo!

Ich schreibe Dir, um einiges klarzustellen. Wir waren doch immer heilfroh, wenn Du weggefahren bist. Und das wurde immer schlimmer, bis zu dem Tag, wo ich abgehauen, besser gesagt: vor Dir geflohen bin. Ich habe mich an jenem Tag extra nicht umgezogen, weil ich es nicht eingesehen habe, im strömenden Regen Holz zu sägen. Du hattest Zoff mit uns allen, auch mit Mama, und wir haben uns krampfhaft überlegt, ob wir nicht abhauen sollen. Doch Mama wollte nicht. Du hast mich damals auch nicht gefragt, ob ich mich umziehen will, Du hast gesagt: »Los, olle Klamotten an, jetzt wird malocht!« Und da hab ich auf stur gestellt. Da bist Du gekommen und hast mich geschlagen und rumgebrüllt. Ich habe zum ersten Mal meine eigene Meinung gesagt, und das bezeichnest Du als durchdrehen. Ich habe gesagt, dass ich das nicht mehr aushalte, dass ich jetzt gehe. Und Du hast gesagt: »Dann musst du ausziehen, wenn du dir das nicht gefallen lassen willst!« Und ich bin zur Oma gerannt. Und dort bin ich Gott sei Dank geblieben.

Und dann steht da auch noch, dass Du an Deiner Familie hängst. Du hast doch nur Angst davor, Mama könnte tatsächlich eines Tages abhaun und Jasmin und Roland mitnehmen. Dann stehst Du nämlich ganz allein da. Ich stand mein ganzes Leben lang allein, hast Du vielleicht darüber mal nachgedacht? Oder Mama. Weißt Du, wie oft sie geheult hat, wenn Du mal wieder durchgedreht bist oder uns rausgeschmissen hast?

Du hast geschrieben, Mama hätte Dir gesagt, ich hätte Angst vor Dir. Ich hatte mal Angst, ja, besonders als ich noch zu Hause wohnte. Auch bei Oma konnte ich kein neues Leben beginnen, weil ich immer Schiss hatte, an unserem Haus vorbeizugehen. Du wolltest mir ja den »Arsch aufreißen«, mich plattfahren und was weiß ich noch alles. Alle haben mir geholfen, Tante Gabi, Bernhard, Opa und Oma. Und langsam habe ich versucht, das Leben von einer anderen Seite zu sehen. Dir wäre es doch egal, wenn Du »Dein Kind« verloren hättest. Ich glaube, Du weißt manchmal wirklich nicht, was Du tust, ich zweifle an Deinem Verstand.

Ich habe mich geändert. Ich bin nicht mehr das verschwiegene Töchterchen, das sich nichts traut, nie seine Meinung sagt, nur denkt, oder wartet, bis der Vater gut gelaunt ist. Du bringst mich wirklich zum Wahnsinnigwerden. Du weißt gar nicht, wie weh Du allen getan hast. Was ich im Moment fühle, kann ich mit Worten nicht beschreiben. Sie sind dafür zu schwach. Nachts habe ich Albträume, und Du sagst einfach nur »Entschuldigung«.

Mehr möchte ich im Moment nicht schreiben. Ich bin schon wieder am Heulen wie ein Schlosshund! Du kannst gerne mit Dr. X reden, doch ich werde nicht anwesend sein. Der Gedanke allein reicht schon, wenn ich Dich da sitzen sehe und Du alles beschönigst. Ich weiß dann echt nicht mehr, was ich tue.

Deine Tochter
Amelie

Adolf S. verliert die Nerven. Zu Hause kennt er kaum noch ein anderes Thema als die seinem Einfluss entzogene Tochter und den gärenden Verdacht. Er ist machtlos. Bisweilen verfällt er in dumpfes Brüten, das unversehens in Wut umschlägt. In den frühen Morgenstunden des 25. September kommt es zu derart heftigen Auseinandersetzungen mit seiner Frau Edeltraud und deren Schwester Margarete*, dass sogar die Polizeistreife anrücken muss, um Adolf S. zur Räson zu bringen. Tatenlos muss er zusehen, wie sich nach und nach die Nachbarn von ihm abwenden und Verwandte auf Distanz gehen. »Sie hat sich das alles ausgedacht«, redet er beschwörend auf seine Frau ein. »Wie kannst du so was von mir glauben?« Edeltraud S. ist hin und her gerissen. Sie will nicht, dass die Familie zerbricht, andererseits fällt es ihr schwer, ihrem Mann zu glauben – sie kann sich kaum vorstellen, dass Amelie solch abscheuliche Sachen erfunden hat. In seiner hilflosen Wut fasst S. schließlich einen Plan: Er will seiner Tochter mit List das Geständnis entlocken, sich die Übergriffe des Vaters bloß ausgedacht zu haben. Dieses Geständnis soll mit Hilfe eines versteckten Aufnahmegeräts aufgezeichnet werden und ein für alle Mal die Unschuld von Adolf S. beweisen.

An einem Samstagnachmittag im Oktober schickt Adolf S. seine älteste Tochter Sophia zum Besuch ihrer Schwester Amelie ins Krankenhaus. In ihrer Tasche steckt ein Walkman, mit dem sie Amelies Aussagen heimlich aufnehmen kann. Gemeinsam verlassen die Geschwister die psychiatrische Station und gehen in ein Eiscafé, das dem Krankenhaus gegenüber liegt. Etwa dreißig Minuten dauert das Gespräch, das Sophia für den Vater mitschneidet, ohne dass Amelie etwas davon bemerkt: »Warum hast du mir das von Papa nicht eher erzählt?«, will Sophia von der jüngeren Schwester wissen. »Ich habe mich geschämt«, antwortet die. Dass sie die Vergewaltigungen des Vaters doch bloß erfunden habe, bestreitet Amelie entschieden: »Ich bin wirklich von Papa missbraucht worden«, sagt sie zu Sophia. Der Walkman hört mit und dokumentiert das Scheitern des Überführungsversuchs. Nach dem Treffen mit Amelie fährt Sophia auf direktem Weg zu ihren Eltern. Der Vater hört sich das Gespräch der Schwestern vier-, fünfmal hintereinander an. Er ist fassungslos. »Er konnte nicht begreifen, wie Amelie so was behaupten kann«, sagt Sophia später der Polizei.

Spätestens jetzt erkennt Adolf S. die Ausweglosigkeit seiner Lage. Der Tochter ist es bitter ernst. Er weiß, dass ihm das Gefängnis droht, sollten die Vergewaltigungsgerüchte irgendwann bei der Kripo ankommen. Seine einzige Hoffnung ist, dass dann die Wahrheit endlich ans Licht kommen müsse. Das jedenfalls sagt er zu seiner Frau. »Ich bin unschuldig«, schreit er. Ein andermal ergeht er sich in sinnlosen Drohungen: Auch wenn er ins Gefängnis müsse, irgendwann komme er frei, und dann würde er Amelie schon »zu fassen kriegen«. Doch in all den Wochen bevor er dann tatsächlich festgenommen wird, gelingt ihm genau das nicht – er kriegt das Mädchen nicht zu fassen, sosehr er auch auf einer Begegnung mit seinem Kind besteht. Sein Wüten bleibt vergeblich. Er bekommt keine Besuchserlaubnis.

Am 29. Oktober antwortet er auf den Brief der Tochter.

Hallo Amelie!!!!!
Ich habe Deinen Brief und lese ihn mir immer wieder durch. Kann Hass so groß sein? Wie kannst Du so schreiben, drei Seiten voller Lügen und Hass? Das, was meine Frau (Deine Mutter) für Dich getan hat, das kannst Du im ganzen Leben nicht wieder gutmachen. Und auch ich habe meinen Teil dazu beigetragen, Du bist ja schließlich unser Kind. Du bist nicht ewig alleine gewesen, wie kannst Du so etwas behaupten? (LÜGE!!!!) Du bist dafür bekannt, und ich auch, dass wir stur sind, haben ja beide das gleiche Sternzeichen [Stier]. Nur das Lügen kann ich nicht akzeptieren, das konnte ich an Dir noch nie leiden.

Wie kannst Du Deiner Freundin Anja erzählen, ich hätte Dich angefasst? Das ganze Dorf zeigt mittlerweile mit Fingern

auf uns, die Leute sind hinter unserm Rücken am Tuscheln. Du
tust mit Deiner Lüge nicht nur mir etwas an, sondern auch Dei-
ner Mutter und Deinen Geschwistern. Du weißt doch, dass ich
Dich niemals angefasst habe. Es ist ein Verbrechen, das Du mir
vorwirfst, da kann sich dann demnächst die Kripo mit beschäf-
tigen. Ich lasse mir so was nicht bieten. Die Herren von der Kri-
po werden schon die Wahrheit herausbekommen, ich brauche da
keine Angst – oder, wie Du schreibst, Albträume – zu haben.

Ich kann mit so einer Schande nicht weiterleben, und mei-
ne Familie auch nicht. Ich bitte Dich nochmals höflich, geh zur
Wahrheit über, noch ist es nicht zu spät. Aber ich kann nicht
mehr lange warten!!!! Bitte!!! werde vernünftig!!!

Bis hoffentlich bald.

Papa!!

PS: Ich hab Dich lieb wie meine Tochter!!!

Hat sich Adolf S. von solchen Briefen tatsächlich einen Sinneswandel seiner Tochter erhofft? Wenn ja, so täuscht er sich.
Genau einen Tag nachdem er sich selbst ratsuchend an die
Kriminalbeamtin gewandt hat, betritt Amelie in Begleitung
einer jungen Krankenschwester des Hospitals die Wache und
zeigt ihren Vater Adolf an: wegen Vergewaltigung, sexuellen
Missbrauchs und gefährlicher Körperverletzung. Nach eigenen Angaben kommt sie freiwillig. Es ist der 8. November
1994, die Vernehmung beginnt um 10.15 Uhr.

Die Geschichte, die Amelie im Laufe des Vormittags erzählt,
hat sie zu diesem Zeitpunkt den Mitarbeitern in der Kinder-
und Jugendpsychiatrie schon mehrfach geschildert. Sie wird
sie in den nächsten Monaten noch oft wiederholen, vor dem
Ermittlungsrichter, vor der Glaubwürdigkeitsgutachterin und
schließlich vor einer Jugendschutzkammer des Landgerichts
Osnabrück. Es ist – mit leichten Abwandlungen – im Großen

und Ganzen immer dieselbe Geschichte. Zehnmal, gibt sie an, sei sie von ihrem Vater auf brutale Weise vergewaltigt worden, das erste Mal im Oktober 1988, als sie zwölf Jahre alt war.

In der Nachbarschaft fand damals eine Hochzeit statt, auf die anderntags das in jenem Landstrich übliche »Hahnenschlachten« folgte, ein alter Brauch: Ein Hahn bekommt Schnaps zu trinken, wird dann aber nicht geschlachtet, sondern dem Brautpaar geschenkt – was mit einem weiteren Fest verbunden ist. Zu diesem Gaudium pilgerte auch Amelies Familie und die weitere Verwandtschaft. Der Vater, der als Kraftfahrer nur selten Alkohol konsumierte, betrank sich an jenem Tag stark und geriet zunehmend in aggressive Stimmung. Nachmittags, gegen vier Uhr, als alle nach Hause zurückgekehrt waren, legte er sich ins Bett, um seinen Rausch auszuschlafen. Die Mutter setzte in der Zeit einen Braten auf, der für den nächsten Tag bestimmt war, und machte es sich anschließend mit den Kindern vor dem Fernseher gemütlich.

Gegen halb acht Uhr abends wachte Adolf S. auf, verspürte Hunger und verlangte von seiner Frau, sie solle ihm zu essen machen. Edeltraud bot ihm an, Brote zu schmieren, aber Adolf bestand auf etwas »Vernünftigem«, seine Frau solle für ihn kochen. Die hatte jedoch dazu keine Lust, denn der Film, den die Familie sich ansah, war spannend. Der Widerstand seiner Frau ärgerte Adolf S., und es kam zum lautstarken Krach zwischen den Eheleuten. Schließlich schickte der Vater die älteste Tochter Sophia zu einem Imbiss. Er wollte ein Schnitzel.

Obwohl Sophia (begleitet von ihrer Tante Gabriele aus dem Nachbarhaus) bereits losgefahren war, um die Bestellung des Vaters zu holen, verlangte S. weiterhin von seiner Frau Edeltraud, sie solle ihm etwas zu essen machen. Die konnte darin keinen Sinn sehen, denn die Mahlzeit des Vaters war ja bereits unterwegs. Über den Ungehorsam der Frau geriet S. derart in Rage, dass er einige Stühle zerschlug. Dann riss er den Topf vom Herd und kippte den brodelnden Bratensaft mitsamt dem halbgaren Braten auf den Fußboden. Amelie eilte aufgeregt herbei, um die angerichtete Sudelei zu beseitigen. Sie lief ins Badezimmer, um einen Eimer heißes Wasser zu holen. Dem Vater ging das nicht schnell genug, er folgte ihr und trat mit solcher Wucht gegen den Eimer, dass er barst. Dann holte Adolf S. eine Milchtüte aus dem Kühlschrank und leerte sie auf die Fettlache aus. In seinem Furor kippte er auch noch eine Flasche Spülmittel in den Matsch und befahl seiner Tochter Amelie, alles aufzuwischen.

»Ich bin ja schon dabei«, antwortete das Kind. Diese Bemerkung erschien dem von Aggressionen überschwemmten S. derart unverschämt, dass er auf sie zustürzte, um sie zu bestrafen. Dabei rutschte er in der Schmiere aus und stürzte schwer zu Boden. Wütend erhob er sich, schlug Amelie ins Gesicht, zerrte sie an den Haaren über den Küchenboden und schmetterte alle Stühle, die noch im Weg standen, gegen die Wände. Schließlich griff er nach einem Schrubber und bearbeitete damit den Rücken des Kindes. »Mach schneller!«, brüllte er. Seine Frau Edeltraud lief zum Telefon und rief ihre Mutter im Nachbarhaus zu Hilfe. Als S. das bemerkte, griff er zum Schürhaken, der am Ofen hing, und ging damit auf seine Frau los. Im Handgemenge schleuderte er das Eisen durch die Fensterscheibe, die klirrend in Scherben ging. Edeltraud S. bekam es mit der Angst zu tun, sie nahm ihre jüngste Tochter Jasmin an die Hand und floh aus diesem Irrenhaus. Ihr Mann versuchte noch, ihr den Fluchtweg abzuschneiden, was ihm aber nicht gelang.

Hier endet der erste Teil von Amelies Geschichte, jener Teil, der später von vielen Zeugen bestätigt werden wird. Diesen Gewaltausbruch hat es im Hause S. 1988 tatsächlich gegeben. Der Schreckenstag hat sich in das Gedächtnis der Familie eingegraben. Als Sophia kurze Zeit später mit dem Essen vom Imbiss kam, öffnete ihr die völlig zerschlagene Schwester die Tür. Amelie bot ein Bild des Jammers. Ihre Lippen waren angeschwollen, und um die Augen bildeten sich Blutergüsse. Der Rücken schmerzte sie, und das Sitzen tat ihr weh. Die Großeltern im Nachbarhaus, zu denen Edeltraud S. sich gerettet hatte, riefen die Polizei. Die Beamten rückten an und dokumentierten die Folgen der Raserei. Sie machten Fotos vom Tatort und von den Verletzungen des Kindes Amelie. Dann nahmen sie den Vater mit und behielten ihn über Nacht in Gewahrsam.

Amelie wurde zum Arzt gebracht und anderntags auf die Wache. Doch dort verweigerte sie die Aussage. Sie schwieg. Weder gegenüber dem Arzt noch gegenüber der Polizei deutete sie auch nur an, was sechs Jahre später die Schwestern auf der Station für Kinder- und Jugendpsychiatrie erfahren und nun auch die Kripobeamtin zu hören bekommt: den zweiten Teil der Geschichte, für den es keine Zeugen und auch sonst keine Beweise gibt, jenen Teil, der von der Vergewaltigung der Zwölfjährigen durch den Vater handelt.

Nachdem der Mutter die Flucht mit Jasmin gelungen war, habe sich der grenzenlose Zorn des Vaters wieder gegen sie, Amelie, gerichtet, gibt das Mädchen zu Protokoll. Der Vater habe ein Handtuch genommen, es zusammengerollt, um ihren Hals gelegt und begonnen, sie damit zu würgen. Sie habe wild um sich geschlagen und dabei aus Versehen auch mehrfach das Glied von Adolf S. berührt. Der habe sie nun – offenbar erregt durch die Gegenwehr – in das neben der Küche gelegene Spielzimmer gedrängt und aufgefordert, sich die Hose auszuziehen. Als sie nicht folgte, habe er sie an die Wand gepresst, ihr die Kehle zugedrückt, bis ihr schwarz vor Augen geworden sei, und ihr Hose und Schlüpfer schließlich eigenhändig über die Schuhe heruntergezerrt. Danach habe er sie auf ein am Boden liegendes Kissen geworfen und seine eigene Hose geöffnet. Er habe sich auf sie gelegt, ihre Beine auseinandergepresst und sei in sie eingedrungen. Sie habe geweint und geschrien, sagt Amelie, und ihren Vater angefleht, sie in Ruhe zu lassen. »Halt die Schnauze«, habe er geantwortet und sein Werk bis zum Samenerguss fortgesetzt. Einen heftigen stechenden Schmerz habe sie gespürt, berichtet Amelie, als ihr Vater gewaltsam in die Scheide eingedrungen sei: Es habe sich scharf und wühlend angefühlt, »wie Messerstiche«.

Plötzlich habe es an der Tür geklingelt – Sophia sei mit dem Schnitzel zurückgekehrt. Da habe sie sich schnell angezogen und die Schwester hereingelassen. Sie sei noch am selben Abend im Krankenhaus untersucht worden, da sie Wunden und blaue Flecke am ganzen Körper hatte, aber erzählt habe sie niemandem von den Übergriffen, die ihr widerfahren seien.

»Warum hast du das keiner Person gesagt?«, will die vernehmende Polizeibeamtin wissen.

»Weil ich Angst vor meinem Vater hatte«, antwortet Amelie laut Protokoll. »Er hatte mir gesagt, dass er mich umbringen wird, wenn ich es weitererzähle. Auch drohte er, dass er Mama und die Geschwister umbringen werde. Deshalb habe ich niemandem etwas davon erzählt.«

Dann schildert sie die weiteren Vergewaltigungen durch ihren Vater: Die nächste habe etwa ein Jahr später stattgefunden, im September 1989, am Wochenende bevor der Stall abgebrannt sei. Wieder hätten die Eltern Streit gehabt, wieder habe die Mutter mit den Geschwistern das Haus verlassen. Diesmal sei der Vater zu ihr, Amelie, ins Zimmer gekommen, wo sie gerade ihre Schulsachen gepackt habe. Dort habe er ihr auf dem Bett Gewalt angetan. Das dritte Mal datiert Amelie auf den Juni 1990: Ihr Vater habe sie in sein Büro geschickt, um nach einer Kombizange zu suchen. Sie habe die Zange nicht finden können. Da sei ihr der Vater gefolgt und habe gefragt, wo sie so lange bleibe. »Ich such die Kombizange«, habe sie geantwortet. Der Vater habe auf seinen Hosenschlitz gedeutet und gemeint, sie solle doch mal in seiner Hose nachsehen, vielleicht sei da die Zange drin. Dann habe er sie gewaltsam niedergestoßen, wobei sie sich schmerzhaft den Kopf am Schreibtisch angeschlagen habe, und sie auf dem Boden vergewaltigt.

Die folgenden Vorfälle datiert Amelie auf das Weihnachtsfest 1990, in den Mai 1991, auf Weihnachten 1991, in den April 1992 und gleich mehrere Vergewaltigungen in den November 1993. Das Tatverhalten des Vaters schildert sie immer sehr ähnlich: In der Regel ist die Mutter nicht da, es hat Krach zwischen den Eltern gegeben, der Verkehr mit dem Vater verläuft gewaltsam unter Würgen, Drohen und Schmähen. Trotz der Brutalität, mit der ihr Vater angeblich gegen sie vorgegangen ist, will Amelie die an ihr begangenen Verbrechen aus Angst vor aller Welt verborgen haben. Keine Freundin, kein Lehrer erfährt davon, auch in der Familie bekommt niemand etwas mit, obwohl Amelie jahrelang das Zimmer mit ihrer jüngeren Schwester teilt. Die Polizei findet auch später keinen Zeugen, der irgendetwas Verdächtiges wahrgenommen hätte; Amelies Geschwister geben an, weder einen Übergriff auf sie beobachtet zu haben noch je selbst vom Vater geschlechtlich angegangen worden zu sein. Die Sexualverbrechen, von denen Amelie berichtet, müssten sich zugetragen haben, ohne dass jemand aus der vielköpfigen Familie auch nur im Entferntesten Verdacht geschöpft hätte.

Wer die Akten liest, dem fällt noch etwas anderes auf: Amelies Angaben werden mit jedem Mal, da sie ihre Leidensgeschichte wiedergibt, vielgestaltiger, präziser und bunter. Hält sie sich am 8. November 1994 bei ihrer Erstvernehmung auf der Polizeiwache mit Formulierungen und Detailschilderungen der Vergewaltigungen noch zurück und bleibt – vor allem bei der Beschreibung der Vergewaltigungen zwei bis zehn – eher im Ungefähren, so nehmen die Ausschreitungen ihres Vaters später in den stundenlangen, schriftlich festgehaltenen Gesprächen mit der Glaubwürdigkeitsgutachterin immer deutlicher Gestalt an, bis sie sich dann im Urteil gegen Adolf S. wie glasklare Erinnerungen lesen, in denen es von farbigen Details nur so wimmelt. Vor den Richtern erzählt Amelie zuletzt besonders eindrucksvoll, was sie bei der einen Vergewaltigung gehört und gerochen, bei der anderen gedacht und empfunden habe. Aus Brocken und Gedächtnisfetzen der ersten Polizeivernehmung ist bis zum schriftlichen Urteil eine romanhafte Schilderung geworden, die das Gericht tief beeindruckt.

Fünf Wochen nach der Anzeige, am 16. Dezember 1994, besucht eine Psychologin Amelie auf der Kinder- und Jugendpsychiatrischen Station. Sie ist im Auftrag der Staatsanwaltschaft da und soll die Angaben des Mädchens auf deren Glaubhaftigkeit hin überprüfen. Ihr beschreibt Amelie (mit den einleitenden Worten: »Ach, das hab ich ja ganz vergessen«) eine weitere bestialische Tat des Vaters, die vollkommen neu und bisher weder in der Psychiatrie noch bei der Polizei zur Sprache gekommen ist. Es sei im Juli 1993 gewesen, sagt das Mädchen, sie könne sich deshalb so genau erinnern, weil die große Schwester gerade ausgezogen sei und sie deren Einzelzimmer endlich habe in Besitz nehmen dürfen. Sie sei dabei gewesen, ihre Sachen in den Schrank zu räumen, da habe der

Vater die Szene betreten. Um einer weiteren sich anbahnenden Vergewaltigung zu entgehen, sagt Amelie, habe sie ihm zitternd vorgelogen, sie sei von ihm schwanger. Sie habe die Hoffnung gehegt, er lasse sie dann vielleicht in Ruhe.

Der Vater habe sich jedoch keineswegs zurückgezogen, sondern sei auf sie losgegangen. Plötzlich habe er zu einem der auf dem Boden liegenden Holzkleiderbügel gegriffen und geschrien, er werde »das Mistschwein jetzt rausholen«. Wie ein Berserker habe er mit dem Bügel im Unterleib der Siebzehnjährigen herumgestochert, im Glauben, die vermeintliche gemeinsame Leibesfrucht damit abzutreiben. Das Blut sei ihr über die Schenkel gelaufen, sagt Amelie. Grässliche Qualen habe sie erdulden müssen – in aller Stille.

»Dann warst du also verletzt da, oder?«, fragt die Gutachterin.

»Ja …«

»Bist du denn dann zum Arzt gegangen anschließend?«

»Nee, ich bin in meinem Zimmer gewesen die ganze Zeit. Nur Schmerzmittel genommen, die ich aus dem Schrank geklaut hatte. Ich hab ein paar Medikamente gehortet im Zimmer. Da ging das wohl auch. Und Alkohol.«

»Das heißt, du hattest große Schmerzen?«

»Ja. Ich bin überhaupt nicht mehr rausgegangen. Am nächsten Tag bin ich auch nicht zur Schule gewesen … Hab gesagt, ich hätte Bauchschmerzen … zu meiner Mutter.«

Fünf Wochen vor diesem Gespräch, am 9. November, dem Tag nachdem sie ihren Vater angezeigt hatte, war Amelie von der Polizei zum Gynäkologen des Hospitals geschickt worden, wo sie sich untersuchen lassen musste. Das Ergebnis: keinerlei Verletzungen in der Vagina des Mädchens, sogar das Hymen ist intakt. Amelie ist immer noch Jungfrau.

»Der Hymenalsaum ist ringförmig angelegt«, schreibt der

Gynäkologe in seiner Bescheinigung. »Eine Deflorationsverletzung lässt sich nicht nachweisen. Das Hymen ist vorhanden, dehnt sich allerdings leicht.« Auch könne das Mädchen nicht genau sagen, »ob bei der sexuellen Betätigung des Vaters das Glied in die Scheide eingedrungen sei. Dies habe sie dabei nicht genau wahrnehmen können.« Offenbar verliert Amelie bei dieser frauenärztlichen Untersuchung kein Wort über Angriffe mit Kleiderbügeln, und von messerstichartigen Schmerzen während der Vergewaltigungen war ebenfalls nicht die Rede.

Auch die Geschichte von der vorgetäuschten Schwangerschaft ist alles andere als plausibel: Lässt sich ein Vergewaltiger im Juli 1993 durch die Behauptung in Panik versetzen, sein Opfer sei von ihm schwanger, wenn der letzte Geschlechtsverkehr im April 1992 stattgefunden hat?

Den Akten ist nicht zu entnehmen, dass solche jedem ins Auge springenden Absurditäten irgendjemanden bei der Polizei oder Staatsanwaltschaft irritiert hätten. Warum nicht? Hat sich niemand die Mühe gemacht, Amelies Aussageprotokolle genau zu lesen? Die Psychologin, die doch die Glaubhaftigkeit der Angaben überprüfen soll, hört sich die Geschichten des Mädchens an, unterlässt es in ihren langen einfühlsamen Gesprächen aber, die entscheidenden Fragen zu stellen. Auch der Staatsanwalt geht darüber hinweg, dass sich Amelies Schilderung mit den Gesetzmäßigkeiten der Medizin schlecht verträgt. Von Zweifeln ist jedenfalls in den Akten keine Spur zu finden: In der Anklageschrift gegen Adolf S. wird die Kleiderbügelgeschichte exakt so wiedergegeben, wie das Mädchen sie erzählt hat. Und selbst die drei Berufsrichter lassen sich täuschen. In ihrem Urteil kommt die angebliche siebte Vergewaltigung im April 1992 zwar nicht mehr vor, offenbar reichen die Glaubwürdigkeitskriterien in Amelies Zeugenaussage dafür nicht aus. Andererseits nehmen sie dem Mädchen aber den Kleiderbügelvorfall ab. Dadurch vergrößert sich der zeitliche Abstand zwischen der letzten Vergewaltigung – jetzt Dezember 1991 – und dem darauf folgenden Abtreibungsversuch auf nunmehr neunzehn Monate.

Auch die Vorstellung, dass Amelies stark blutender, zerfetzter Unterleib von selbst gänzlich und folgenlos durch ein paar Tage Bettruhe verheilt sein und das Jungfernhäutchen mehrere brutale Vergewaltigungen und einen Angriff mit einem Kleiderbügel unbeschadet überstanden haben soll, nehmen die Richter hin. Dass niemand einen Notarzt gerufen und keiner blutige Bettwäsche gesehen hat, dass weder die Mutter noch die Geschwister etwas gehört oder erfahren haben von den Martern der Tochter und Schwester – nichts erschüttert ihre Überzeugung, Amelie, nicht aber ihr Vater spreche die Wahrheit.

Der Gynäkologe, der Amelie untersucht hat und der in derselben Klinik arbeitet, in deren psychiatrischer Abteilung Amelie Zuflucht findet, äußert sich in seiner schriftlichen Diagnose vage. Eine Kohabitation könnte stattgefunden haben oder auch nicht, schreibt er. Auch in der Hauptverhandlung widerlegt er die Aussage des Mädchens nicht. Vernommen wird er nicht als unabhängiger Sachverständiger, sondern als Zeuge. In dieser Rolle wiederholt er seine schriftliche Diagnose und meint unentschieden, das Untersuchungsergebnis könne eine Kohabitation weder beweisen noch ausschließen. Auch sei es möglich, dass die durch Manipulation mit dem Kleiderbügel entstandenen Verletzungen narbenlos verheilt sein könnten.

Dass das Gericht es genauer hätte wissen wollen und dem Gynäkologen nach dieser überraschenden Beurteilung auf den Zahn gefühlt hätte, lässt sich den Protokollen nicht entnehmen. Die zweite Meinung eines rechtsmedizinischen Sachverständigen wurde nicht eingeholt. Niemand wollte es genauer wissen. Die Befragung des Arztes an jenem Vormittag des 29. März 1995 dauerte laut Gerichtsprotokoll von 11 Uhr 29 bis 11 Uhr 33. Zieht man davon die Zeit ab, die mit der Zeugenbelehrung, den Angaben zur Person und der Erörterung der Vereidigungsfrage verstreicht, bleiben für die Ergründung der medizinischen Validität von Amelies Verbrechensvorwürfen vor dem Landgericht Osnabrück ganze zwei Minuten.

Am Nachmittag des 9. November 1994, einen Tag nach Amelies Anzeige, wird Adolf S. an seinem Arbeitsplatz festgenommen. Er streitet alle Tatvorwürfe ab und bezeichnet seine Tochter als »notorische Lügnerin«. »Ich soll fertiggemacht werden«, schreit S., »sie wollen mich fertigmachen.« Die Polizei taucht wenig später auch im Haus des Verhafteten auf, unterrichtet die Familie, beschlagnahmt Tonbandkassetten und nimmt Amelies Tagebuch mit. Im Gespräch mit den Beamten bestätigen Edeltraud S. und die Kinder, dass sie sich vor Adolf S. fürchten. Er sei aufbrausend und übe einen enormen Druck auf die Familie aus. »Zu schriftlichen Aussagen gegen den Vater bestand keine Bereitschaft«, vermerkt die Kriminalbeamtin später, »alle leben offenbar in Angst vor dem Beschuldigten.«

Edeltraud S. wagt es in den nächsten Tagen und Wochen nicht, ihren Mann in der Untersuchungshaft zu besuchen. Der Polizei sagt sie, sie habe Angst, er könne sie bei einem solchen Treffen zu beeinflussen versuchen, sie »umstimmen« und erneut »auf seine Seite ziehen«. Sie nimmt seine Drohungen ernst. Auch zu belastenden Aussagen über ihn ist sie nicht bereit, weil sie fürchtet, er werde sich später an ihr rächen. Er sei schon öfter ihr und den Kindern gegenüber gewalttätig geworden, habe sie aus der Wohnung gejagt oder ihnen solche

Angst eingeflößt, dass sie selbst die Flucht ergriffen hätten. Deshalb habe sie sich auch schon mehrfach vorgenommen, der Ehe ein Ende zu setzen. Schließlich tut sie das, wozu ihr bisher die Kraft gefehlt hat: Sie reicht die Scheidung ein.

Als ich Adolf S. zum ersten Mal traf – es war am 16. August 2001 –, machte er auf mich den Eindruck eines ganz und gar kontrollierten und höflichen Mannes. Ich kannte die Akten und hatte einen stiernackigen Provinzler mit einem Fluidum der Brutalität erwartet, aber so war es nicht. S. war nicht besonders groß, wirkte grau und ernst unter seiner Mönchsfrisur. Nicht ein einziges Mal in all den Stunden, die unser Gespräch dauerte, verzog er das Gesicht zu einem Lächeln, auch gelang es mir nicht, seine Anspannung durch freundliche Gesten aufzulockern. Auch später, bei weiteren Besuchen, habe ich ihn niemals lächeln sehen. Sein Blick war todernst, fast steinern. Bei jenem ersten Treffen saß ich ihm an einem Holztisch in einer etwa zehn Quadratmeter großen, kahlen Besucherzelle der Justizvollzugsanstalt gegenüber, in der er damals immer noch eingesperrt war. Hoch über uns ein kleines vergittertes Fenster.

S. sah älter aus, als er war – was bei Strafgefangenen häufig vorkommt –, aber er erschien mir redegewandt und wach. Ihm war klar: Ich hielt es für möglich, dass er die Vergewaltigungen nicht begangen hatte, deshalb öffnete er sich und schilderte mir sein ganzes Leben. Adolf S. mochte ein despotischer Charakter sein, der seine Umwelt knechtete und seine Kinder malträtierte, er mochte sich Launen hingeben und an einem »Herr-im-Haus-Syndrom« laborieren, er mochte bisweilen die Beherrschung so vollständig verlieren, dass er nur noch mit Polizeigewalt wieder zur Räson zu bringen war – aber eines war er sicher nicht: ein Dummkopf. Er durchschaute seine

Situation und war über die Rechtslage erstaunlich gut informiert. Schon kurz nach seiner Verurteilung schrieb er dem Staatsanwalt, der gegen ihn ermittelt hatte, einen fast prophetischen Brief, in dem er den wahren Sachverhalt genau schilderte und die Einfalt und Blindheit der Ermittler und Richter wütend kommentierte.

Werter Staatsanwalt!!! Ich weiß nicht, wie oder wo Sie Ihren Doktor gemacht haben, eröffnete S. sein Schreiben, *ich weiß auch nicht, wie Sie ansonsten unseren Rechtsstaat vertreten, aber eines weiß ich gewiss: In meinem Fall haben Sie sich wie ein Anfänger verhalten.*

Jeder Laie, schrieb S., könnte den »Pfusch«, der hier getrieben worden sei, erkennen, und er sagte dem Staatsanwalt voraus: »Ihr werdet alle noch berühmt – nur von Negativschlagzeilen sollte man sich nicht zu viel erwarten.«

Über die Frage, inwieweit sein eigenes Fehlverhalten zu den Beschuldigungen seiner Tochter geführt haben mochte, sprachen wir damals im Gefängnis nicht. Es war weder der Ort noch die Zeit dazu. Im Ermittlungsverfahren und auch in der Hauptverhandlung hatte S. immer wieder Ansätze von Selbstkritik gezeigt (er sei ein »zu strenger Vater« gewesen, ein »Haustyrann«), aber es war bei diesen Ansätzen geblieben. Hatte er den Schaden, den seine Übergriffe bei Frau und Kindern angerichtet hatten, in ihrem Ausmaß je wirklich erfasst? In einem Brief, den Adolf S. seiner Tochter zum Weihnachtsfest 1994 aus der Untersuchungshaft in die Psychiatrie schickte, schimmert dann aber doch so etwas wie die späte Einsicht ins eigene Mitverschulden durch. S. hatte für seine Tochter ein Gedicht verfasst:

Was man so sagt!!!

Als sie lachte, sagte man ihr, sie sei kindisch.
Also machte sie fortan ein ernstes Gesicht.
Das Kind in ihr blieb,
aber es durfte nicht mehr lachen.

Als sie liebte, sagte man ihr,
sie sei zu romantisch.
Also lernte sie, sich realistischer zu zeigen.
Und verdrängte so manche Liebe.

Als sie reden wollte, sagte man ihr,
darüber spreche man nicht.
Also lernte sie zu schweigen.
Ihre Fragen blieben ohne Antwort.

Als sie weinte, sagte man ihr,
sie sei einfach zu weich.
Also lernte sie, die Tränen zu unterdrücken.
Doch hart wurde sie dabei nicht.

Als sie schrie, sagte man ihr, sie sei hysterisch.
Also lernte sie, nur noch zu schrein,
wenn niemand es hören konnte,
oder sie schrie lautlos in sich hinein.

Als sie zu trinken begann, sagte man ihr,
das löse ihre Probleme nicht.
Sie solle eine Entziehungskur machen.
Es war ihr egal,
weil ihr schon so viel entzogen worden war.

Als sie wieder draußen war, sagte man,
sie könne jetzt von vorne anfangen.
Aber wirklich leben konnte sie nicht mehr.
Sie hatte es verlernt.

Als sie ein Jahr später
sich versteckt zu Tode gefixt hatte,
sagte man gar nichts mehr.
Und jeder für sich versuchte,
leise das Unbehagen
mit den Blumen ins Grab zu werfen.

Diese Verse habe ich für Dich geschrieben, damit Du siehst, dass
ich meinen Fehler eingesehen habe, Euch Eurer persönlichen Frei-
heit beraubt zu haben. Ich sehe es heute ein, aber der Mensch
lernt erst durch Fehler, und aus Schaden wird er klug.

Diese reumütigen Zeilen nützten Adolf S. nichts mehr, seine
Tochter blieb bei ihren Aussagen; an ihrem Entschluss, den
Vater hinter Gitter zu bringen, änderten sie nichts.

Zu unserem Treffen im Gefängnis brachte S. mir Zeitungs-
ausschnitte mit, in denen von Fällen berichtet wurde, die ihm
gewisse Ähnlichkeiten mit dem seinen aufzuweisen schie-
nen, und andere, in denen von den teuren Folgen der strengen Rechtsprechung am Landgericht Osnabrück die Rede war.
Eine im September 2000 veröffentlichte Studie des Krimino-
logischen Forschungsinstituts Niedersachsen (KFN) hatte ergeben, dass »Gefängnisinvestitionen von rund 500 Millio-
nen DM bei einer weniger harten Rechtsprechung vermeid-
bar wären«. Das hatte Adolf S. mit Interesse gelesen. Die Wissenschaftler kritisierten, dass in Niedersachsen die Zahl der
Strafgefangenen innerhalb weniger Jahre um 55 Prozent zu-

genommen habe, wie es hieß. Für diese Entwicklung hatte der Direktor des KFN, Professor Christian Pfeiffer, gegenüber der Presse unter anderem den Landgerichtsbezirk Osnabrück verantwortlich gemacht. Dort habe es bei der ohne Bewährung verhängten Haftzeit eine Steigerung um 89,6 Prozent gegeben. Pfeiffer wurde später Justizminister in der Regierung des Landes Niedersachsen und bekam mit dem Schicksal des Adolf S. noch persönlich zu tun.

2500 Hilferufe schickte Adolf S. im Laufe seiner langen Haftzeit aus dem Gefängnis an Justizbehörden, an den Europäischen Gerichtshof für Menschenrechte, an Sachverständige, an Politiker, an Medienvertreter. Auf die wenigsten bekam er eine Antwort, niemand interessierte sich für sein Los, keiner glaubte seinen Beteuerungen, dass er die Taten, für die er hier büßen musste, niemals begangen hatte. Er schilderte mir die Schikanen, denen er als vermeintlicher Sexualverbrecher ausgesetzt war: Seine Mithäftlinge waren unter der Dusche über ihn hergefallen, hatten ihn zusammengeschlagen, ihn am Penis gerissen, dass er »bis zu den Knien ging«, und brennende Zigaretten auf ihm ausgedrückt. Hier war er kein Bürger mehr, kein zuverlässiger, angesehener Kraftfahrer und kein Familienoberhaupt – hier war er ein Kinderficker, am unteren Ende der Knasthierarchie. Und so wurde er behandelt.

»Das alles habe ich meiner Ex-Tochter zu verdanken«, sagte er grimmig. Und seinen Strafprozess bezeichnete er als Kasperltheater. Sein Anwalt habe kaum einen Finger gerührt. Ich glaubte S. Jedenfalls deckten sich seine Schilderungen mit der Aktenlage: Der Verteidiger des Angeklagten war während des ganzen Verfahrens nur selten in Erscheinung getreten.

Gleichzeitig lässt sich nachvollziehen, dass S. in der Hauptverhandlung keinen einnehmenden Eindruck auf das Gericht machte. Die Akten schildern einen Haudrauf, der sich im Ermittlungsverfahren eher unkooperativ zeigte. Er beschimpfte seine Tochter, nannte sie eine »notorische Lügnerin« und bezeichnete sie als rachsüchtig. Gegenüber den Richtern räumte der Angeklagte zwar ein, den Kindern ein strenger Vater gewesen zu sein, stritt aber – laut Urteil – nicht nur die Taten, sondern jede Gewaltanwendung in der Familie ab. In dieser seiner Lage sind solche Reaktionen zwar verständlich, aber wenig hilfreich. S. war offenbar nicht gut beraten. Überdies hatte sich seine Familie Knall auf Fall von ihm abgewandt, einige Mitglieder – unter anderem die Ehefrau – machten von ihrem Zeugnisverweigerungsrecht Gebrauch und unternahmen nichts zu seiner Rettung, andere sagten nichts Gutes über S. Bei der Lektüre der Protokolle kommt es einem manchmal so vor, als habe Amelie mit ihren Beschuldigungen der ganzen Verwandtschaft einen Gefallen getan. Wie ein Gewitter hatte der Mann viele Jahre über der Familie gehangen, immer kurz vor dem Ausbruch. Das bestätigten mir die Familienmitglieder später übereinstimmend. Und jetzt wurde der Gewalttäter plötzlich durch Staatsgewalt aus ihrer Mitte gerissen, festgenommen und weggesperrt. Sein Toben beeindruckte keinen mehr.

Ich halte es für denkbar, dass es zur Verurteilung des Adolf S., diesem ersten zweier miteinander verketteter Justizirrtümer des Landgerichts Osnabrück, letztlich auch deshalb kam, weil der Angeklagte so unausstehlich gewesen war, dass die meisten Beteiligten geglaubt haben könnten, es habe den Richtigen getroffen. Anders ist die Fahrlässigkeit bei der Wahrheitssuche kaum zu erklären.

Auch Amelies Familie stattete ich mehrere Besuche ab. Ihr Elternhaus, in dem alles passiert sein soll, gibt es zwar noch, doch die Mutter musste es – nachdem ihr Ernährer und später auch noch ihr gut verdienender Bruder Bernhard durch Amelie und die Justiz ausgeschaltet worden waren – aus Geldnot verkaufen. Ich traf Amelies Mutter, ihre Schwester und ihre Tante im Nachbarhaus, das den Großeltern gehört. Sie lebten in sehr einfachen Verhältnissen. Amelies Mutter war Reinmachefrau. Sie hatte vier Kinder und eine Menge Probleme mit sich und ihrem Mann. Für Amelie war sie gewiss keine verständnisvolle Gesprächspartnerin. Trotzdem hing Amelie an ihrer Mutter. Für das Kind war sie der freundliche Gegenpart zu ihrem Vater. Edeltraud S. wirkte auch auf mich nett und gutmütig – doch sicherlich war sie ein Leben lang unterlegen und wehrlos gewesen gegen einen Tyrannen wie Adolf S. Noch Jahre später, als S. seine Strafe längst abgesessen hatte, legte sie schon beim Klang seiner Stimme den Hörer auf, wenn er versuchte, sie telefonisch zu erreichen.

Als ich mit ihr auf jene Zeit zu sprechen kam, in der ihre Welt in Stücke gefallen war und sie Amelie für immer verloren hatte, weinte sie. Sie wirkte verstört, vom Leben gezeichnet. Im Übrigen gab sie keine besonders gute Zeugin ab. An die Vorfälle konnte sie sich nur noch schemenhaft erinnern, sachliche und zeitliche Zusammenhänge waren ihr zum Teil entfallen, die Schilderungen kraftlos. Wie mochte diese schwache Frau, die noch nicht einmal den Absprung von S. allein zuwege gebracht hatte, Amelies Vater im täglichen Nahkampf gegenübergetreten sein? Wie mögen ihre Versuche ausgesehen haben, die Kinder gegen die Macht dieses Mannes zu verteidigen? Wie einsam sich die innerlich zerrissene Amelie in dieser Familie gefühlt und wie schutzlos sie sich dem väterlichen Wüten ausgesetzt gesehen haben musste – das alles konnte ich in diesem Augenblick, als ich im Wohnzimmer der Familie saß, begreifen.

Wer verstehen will, wie alles gekommen ist, muss weit zurückgehen in die Vergangenheit der Familie S. Die Gewalt, die in ihr herrschte, ist das Fundament des Justizirrtums, dem Amelies Vater und später auch ihr Onkel Bernhard zum Opfer fielen. Und nicht nur jene Gewalt, die Adolf S. manchmal körperlich ausübte, sondern auch die psychische Gewalt, die durch den Unverstand der Familienmitglieder auf Amelie einwirkte. Es herrschte eine Blindheit der Eltern gegenüber den eigenen Kindern, und niemand sah, was doch offensichtlich hätte sein müssen: dass in Amelie etwas Unheimliches reifte. Jahrelang hat niemand voll erfasst, welche Entwicklung das Kind durchmachte. Dass es sich langsam aus dem Familienverband löste, in Rauschzustände flüchtete und in eine Art innerer Emigration auswich. Jeder in der Familie S. scheint so vollständig mit sich und den eigenen Problemen beschäftigt gewesen zu sein, dass niemand Amelies Veränderungen begriff.

In ihren Tagebüchern aus den neunziger Jahren ist dagegen nachzulesen, wie der Hass gegen ihren Vater langsam in ihr wuchs, wie dieser Hass sie zerfraß, wie er zur Obsession wurde. Ein gewaltiger, noch mit großem Aufwand unterdrückter, mit Furcht und Schmerz durchsetzter Hass, der sich eines Tages im Frühsommer des Jahres 1994, als sie in der Psychiatrie mit den Beschuldigungen gegen ihn begann, gewaltig Bahn brach. An diesem Tag ging das Mädchen – bewusst oder unbewusst – dazu über, allem ein Ende zu bereiten, die Familie im Alleingang zu erlösen, alles auf sich zu nehmen – ohne Rücksicht auf den Preis, den sie selbst vielleicht würde zahlen müssen.

Ein dickes schwarzes Kreuz eröffnet Amelies erstes Tagebuch am 5. November 1990. Auch bei späteren Einträgen tauchen solche Kreuze regelmäßig auf, manchmal hat das Mädchen sie über die ganze Textseite gemalt und die Worte »Angst« und »Tod« danebengeschrieben. Das Tagebuch spiegelt kein lustiges, im Schoße einer freundlichen Familie verankertes Teenagerleben wider – es gewährt vielmehr einen Blick in das Gemüt einer zutiefst verdüsterten und vom häuslichen Unfrieden zermürbten, von den Lieblosigkeiten und den Unwägbarkeiten des Familienlebens bedrückten Halbwüchsigen. Von Missbrauch oder Vergewaltigungen ist an keiner Stelle des Tagebuchs die Rede, dafür handeln die Einträge umso öfter vom Zurückgewiesenwerden eines Kindes, von Ungerechtigkeiten und der Zumutung, mit einer unberechenbaren und gewalttätigen Vaterfigur leben zu müssen.

Die Eintragungen zeigen ein Mädchen, das sich als Daueropfer fühlt. Das sich innerhalb der Familie verkannt und unterbewertet vorkommt und das an seinem mangelnden Selbstbewusstsein und am eigenen als unangemessen niedrig empfundenen Status leidet.

Am Samstag, dem 15. Dezember 1990, schreibt Amelie, damals vierzehn Jahre alt, um 20.00 Uhr:

Ich steh mit Papa auf gewaltigem *Kriegsfuß. Am liebsten würde ich ihn umbringen. Ich hab mich die ganze Woche auf ein schönes Wochenende gefreut. Und was ist? Papa verdirbt es mir. Er ist ein richtiges Monster!!!! Im wahrsten Sinne des Wortes. Heute vor zwei Jahren, genau um diese Uhrzeit, hat er mich so doll verhauen, dass sogar die Polizei, die wir alarmiert hatten und die 10 Minuten später eintraf, meinte, man müsse den Krankenwagen alarmieren.* [Amelie spielt auf die Misshandlungen nach dem Hahnenschlachten im Oktober 1988 an.] *Seitdem schau ich ihm nicht mehr in die Augen. Und er will, dass ich ihm in die Augen sehe, aber ich kann es nicht! Und wenn ich ihm nicht in die Augen sehe, weil ich Angst vor ihm habe, wird er grantig*

44

und sagt, ich soll aus seinen Augen verschwinden. Und das tu ich dann auch immer.

Aber immer wenn Besuch da ist, kommandiert er mich hin und her und macht sich über mich lächerlich. Das finde ich gemein. Wegen dieser Prügelei damals, als er betrunken war, kommt er nie wieder bei mir an. Das verzeih ich ihm nämlich nie! Er hat sogar schon mal Mama gekloppt. Da hat sie geschrien: »Ich hab Angst!« Alle haben vor ihm Angst. Er tut so, als wäre die ganze Verwandtschaft wegen seinem beschissenen Geld von ihm abhängig. Das stimmt aber nicht. Ich wünschte, Mama würde sich scheiden lassen, und das tut sie hoffentlich auch bald. Heute ist 'ne Fete bei Oma. Ich wurde ins Bett gejagt. Von Papa, dem Monster.

Freitag, 4. Januar 1991, 16.05 Uhr:
Das neue Jahr hat begonnen! Ich fürchte, ein ziemlich doofes Jahr. Ich habe gehofft, dass Silvester schöner wird, aber war wohl nix!!! Mama und Papa haben sich an Silvester mächtig gestritten ...

Montag, 7. Januar 1991, 18.27 Uhr:
... Heute beim Abendbrot hat Papa mal wieder (wie immer!) gemotzt. Also – alles fing so an: Wir kuckten alle – außer Papa – Fernsehen. Als die Sendung zu Ende war, kam Roland [Amelies jüngerer Bruder] *zu mir und sagte: »Speckwalze«, »olle Tonne«, »blöde Kuh«, »fette Sau«, und er hätte noch mehr gesagt, wenn Mama nicht endlich »Ruhe« gesagt hätte. Da war ich so wütend, dass ich ihn volle Elle geschubst habe, daraufhin ist er zu mir hin und hat mich noch doller geschubst. Daraufhin fing ich an zu heulen. Papa kam rein und hat Roland gesagt, er solle sich bei mir entschuldigen. Hat er dann auch getan, aber ist dann voller Zorn die Treppe hochgegangen. Papa hinterher und hat gesagt, er solle*

wieder runterkommen. Dann gab Papa mir dauernd die Schuld. Das ist wirklich gemein. Dann hab ich gegessen, und er hat zu mir wortwörtlich gesagt: »Ey du Klotz, was sitzt du da?!?« Ich schaute ihn ängstlich an und zuckte mit den Schultern. Daraufhin musste ich nach oben. Eines hab ich festgestellt: Ich möchte nicht mehr leben, wenn sich das nicht ändert!

Samstag, 12. Januar 1991, 13.01 Uhr:
Heute ist der doofste Tag, den ich je gekannt hatte. Na ja, fast der doofste, denn wir standen heut erst ziemlich spät auf, und da hat Mama uns gerufen (runter)!! Vorerst stand Jasmin [Amelies jüngere Schwester, mit der sie zu dieser Zeit noch das Zimmer teilt] *halb zehn Uhr auf, und Monster (ach ja, Monster is Papa) hat sie wieder ins Bett gejagt. Mein Bett ist heute gekracht, und ich sag es nicht Papa, sondern reparier es lieber selber. Ist sicherer, bevor er merkt, dass ich es war. Dann gibt es sowieso nur Senge. Als ich heut für Oma zu L. fahren wollte, um ihr ein paar Sachen zu kaufen, hielt Papa gegenüber von T. an, stieg aus und schrie: »Halt an, damit ich dir eine reinhaun kann!« Ich bekam es mit der Angst zu tun und hielt wie befohlen an. Dann kam er angerannt und hat mir mit so 'ner Wucht eine Ohrfeige gegeben, dass ich fast umgefallen wäre. Alle, die im Bus von P. saßen, haben es gesehen. Ich heulte und fuhr nach Hause. Dann stand ich 20 Minuten im Wind, weil ich mich nicht reintraute. Vielleicht mach ich mir bald ein Ende. Sonst hört es ja nie auf. Wenn Mama nicht da wäre, hätte ich es schon längst getan. Glaub ich. Dann heißt es Dead End. Vorbei.*

Am Dienstag, dem 29. Januar 1991 beschreibt Amelie um 14.28 Uhr etwas Neues. Sie beginnt sich selbst zu verletzen, offenbar erstmals in der Schule.

... Heute ist ein ziemlich normaler Tag. Papa ist nicht da, und

Mama ist mit den Kleinen zum Voltigieren gefahren. Heute habe ich mich mit Absicht den Finger aufgeritzt. Alle fanden das total komisch und lachten darüber. Es begann heftig zu bluten, und ich hatte kein Taschentuch, so dass alles auf den Boden tropfte. Gott sei Dank hat es Herr S. nicht gemerkt, sonst hätte ich mit Sicherheit den Boden schrubben müssen ...

Zu diesem Text hat Amelie einige Tropfen gemalt, die um Hilfe rufen.

Sonnabend, 16. Februar 1991, 23.34 Uhr:
... Papa hat heute »super« schlechte Laune. Wirklich doof. Mama sagt dauernd, dass sie bald abhaut. Am liebsten würde ich ihn ...! Man weiß ja, was damit gemeint ist (umbringen). Klar, den ganzen Tag motzt der mit einem rum. Der ist wirklich bescheuert. Hätten sie ihn doch Oktober 1988 [wieder eine Anspielung auf das Hahnenschlachten] *in die Klapsmühle gesteckt. Dann wäre ich heilfroh. Mama hat ihre Geburtstagsfete schon wegen diesem Spinner einfach abgesagt: »Um Krach zu vermeiden.« Aber der ist ja mittlerweile schon da!!! Nur weil ich Papa keinen »Gute-Nacht-Kuss« geben wollte. Das finde ich total ekelhaft.*

Dieses Monster. Arme Mama. Hat Schimpfe gekriegt, weil sie ... [es folgen Namen] *nach C. zur Silberhochzeit gebracht hat. So'n Quatsch! Er darf fahren, nur Mama nicht. Das find ich gemein. Mama kann bei dem Wetter genauso gut fahren wie King-Kong. Aber der wird sich wohl nie ändern. So bin ich halt aufgewachsen!!! Kann ich nichts gegen machen ... Leider!*

In den nächsten Eintragungen geht Amelie nur am Rande auf die Familie ein. Sie kommentiert das Wetter und schildert Schulausflüge.

Am Donnerstag, dem 27. Juni 1991, schreibt sie um 19.35

Uhr über ihre Mutter. Sie beschwert sich, dass diese immer ungeduldig mit ihr sei und ihr in einem fort die kleineren Geschwister vorziehe:

... nur weil ich nicht so gut aussehe wie die anderen. Ich kann mich nicht daran erinnern, dass Mama mich in den Arm genommen hat! Damals hatte sie mich gewickelt, aber das musste sie ja notgedrungen ... Ich wünschte sowieso, dass ich in einer Familie aufgewachsen wäre, die mich auch mag, und nicht in einer, wo einige der Mitglieder mich hassen und quälen. Aber was kann ich dafür? Gar nichts! Ach, wär ich man gar nicht erst auf diese Welt gekommen, die sowieso in neun Jahren zur ewigen Verdammnis untergeht. Das wäre mein Wunsch ebenfalls gewesen.

Sonntag, 14. Juli 1991, 12.45 Uhr:
Papa hat heute sehr schlechte Laune. Gestern saß er allein mit Mama im Stall und hat Charlie [Weinbrand mit Cola] *getrunken. Wir haben fernsehgekuckt. Ich habe drei Nektarinen gegessen beim Fernsehen und Roland eine abgegeben. Ich dachte, sie würden Mama gehören, und hab mir nichts weiter gedacht. Doch als ich heute von der Kirche nach Hause kam, begann für mich ein halber Weltuntergang, denn Papa war gerade am Rasieren und schrie mich an. Er schrie: »Wer hat dir das Recht dazu gegeben, meine Nektarinen zu verteilen???« Ich antwortete: »Keiner.« Dann rannte er heraus und trat mich gegen mein Knie, dass ich dachte, es würde verrutschen. Es tat jedenfalls sehr weh! Und dann hat er mir noch ein paar Ohrfeigen gegeben und hat mich in mein Zimmer geschickt unter den Worten: »Verpiss dich aus meinen Augen!« Ich heulte und rannte nach oben, wo ich jetzt immer noch sitze. Ich wollte heute eigentlich ins Kino, aber das kann ich mir, glaub ich, von der Backe schminken. Naja! Scheißleben.*

Sonnabend, 21. Dezember 1991, 18.21 Uhr:
Heute ist ein ziemlich mieser Tag. Papa hat mal wieder sehr
schlechte Laune. Der flippt unten aus! Ich glaube, ich bin hier
ganz allein mit ihm, denn ich habe die ganze Zeit Musik gehört,
und auf einmal waren alle weg! Ich muss nötig Schluss machen,
ich glaub, er kommt hoch. Ich habe Angst.

Den Rest des Blattes ist schwarz bemalt, nur die Buchstaben TOD hat Amelie weiß gelassen.

Am 28. Mai 1992 endet das Tagebuch. Davor werden die Einträge seltener, oft liegen jetzt Wochen und Monate dazwischen, bis das Mädchen wieder zum Stift greift. Die Eltern erwähnt sie nur noch am Rande, nur einmal wünscht sie sich, der »Albtraum« ihres Elternhauses möge bald zu Ende sein. Sie sehnt sich fort, irgendwohin, wo sie sich mehr geschätzt und geliebt fühlen könnte als zu Hause. Ein andermal erzählt sie davon, dass sie Arzthelferin werden will, sie berichtet von einem Praktikum, das sie in einem Krankenhaus absolviert. Dabei, schreibt sie, habe sie eine Zeitlang ihre »Sorgen, Probleme und Nöte bis auf weiteres hinter mir gelassen«.

Erst am 3. November 1994 fängt Amelie wieder ein Tagebuch an. Diesmal kommt es nur zu einem einzigen monumentalen Eintrag. Seit sieben Monaten ist sie in der Kinder- und Jugendpsychiatrie untergebracht. Wenige Tage später wird sie ihren Vater bei der Polizei anzeigen. Man hat ihr dazu geraten, ihr Leben schriftlich festzuhalten. Und Amelie schreibt. Zunächst schildert sie im Rückblick die Misshandlungen, die ihrer Schwester Sophia angetan worden sind, und dann – in einem davon getrennten zweiten Block – die eigenen Vergewaltigungen durch den Vater, genau so, wie sie sie wenige

Tage später auf der Wache erzählen wird. Ihre Geschichte steht jetzt fest.

Dieses zweite »Tagebuch« wirkt auf den Leser, der die Gerichtsakten kennt, wie das lang ersonnene und dann in einem Durchgang verfasste Drehbuch ihrer Vorwürfe, an das sie sich auch in Zukunft halten wird. Alles wird anschaulich erzählt. Amelie ist eine begabte Autorin mit einem umfassenden Wortschatz. Anders als die früheren Eintragungen sieht diese Niederschrift nicht wie ein Tagebuch aus, sondern wie die Reinschrift eines Aufsatzes. Es finden sich so gut wie keine Rechtschreibfehler oder Ausbesserungen.

Hallo Tagebuch!
Endlich habe ich jemanden gefunden, dem ich alles erzählen kann. Ich heiße ... [es folgt die Vorstellung der eigenen Person und der übrigen Familienmitglieder, dann fährt Amelie fort:] Von Papas Wutanfällen habe ich früher nicht so viel mitbekommen, erst als wir nach G. gezogen sind, da war ich vier. Immer kriegt es meine große Schwester drauf, die Zeit begann, als wir alle tierische Angst vor unserem Vater bekamen ...

Ich möchte gerne ein paar Beispiele aufzählen, wo er ausgeflippt ist. Wir hatten damals einen eigenen Fernseher oben bei uns im Zimmer, wir saßen alle vier oben auf dem Etagenbett und schauten fern, Mama und Papa saßen unten im Wohnzimmer. Plötzlich schubste Sophia mich runter, sie war vertieft beim Fernsehen und dachte, ich wäre ein Kissen! Schon wenige Sekunden später standen Mama und Papa in der Zimmertür. Papa frug, was hier für ein Krach wäre, und sah, dass ich Schrammen im Gesicht hatte. Sophia erzählte. Papa prügelte sie anschließend, sie hat geschrien und geweint und musste in den Heizungskeller, wo es dunkel war. Anschließend sah ich, was Papa ihr angetan hatte. Sie sah schlimmer aus als ich.

Ich erinnere mich gerade, wo ich vor Angst in die Hose gemacht habe, besser gesagt, in die Schlafanzughose. Es war nachts, und ich wachte aus irgendeinem furchtbaren Albtraum wieder auf. Ich musste nötig zur Toilette, doch dann müsste ich an der Schlafzimmertür meiner Eltern vorbei. Ich musste aber so nötig, dass ich den Versuch wagte. Doch mitten auf der Treppe hörte ich meinen Vater husten, ich dachte, er würde aufstehen – und pinkelte in die Hose. Ich weinte, weil ich Angst hatte, dass er mich verprügelt. Doch anstelle von ihm kam meine Mutter. Sie frug, was los sei. Ich sagte ihr, dass ich einen Albtraum hatte und nötig aufs Klo müsste. Sie sagte, dass ich leise hingehen sollte, doch ich sagte, dass ich mir in die Hose gemacht hätte. Sie ging wieder mit mir die Treppe hoch und gab mir einen neuen Schlafanzug. Damit war die Sache gegessen. Ich hörte wohl noch, dass mein Vater am Rumtoben war, doch schon wenig später schlief ich ein.

Oder ein anderes Beispiel. Wie mein Vater wieder einmal meine Schwester Sophia verprügelt hatte. Ich hatte davon sogar schon einen Albtraum. Alles fing morgens an, meine kleine Schwester Jasmin und Sophia wollten ein bisschen mit dem Fahrrad durch den Ort fahren. Als sie gerade losfahren wollten, kam Papa aus dem Bad und rannte zu ihnen hin. Er schmiss Sophias Fahrrad ein paarmal auf den Boden und zerrte sie dann ins Haus. Im Haus verprügelte er sie weiter, nahm schließlich ein Handtuch, raffte es zusammen, zerrte sie in den Flur und hängte sie daran auf. Bestimmt wohl zehn Sekunden. Da ging Mama dazwischen. Sophia hatte voll Striemen am Hals und war ziemlich down. Später kam mein Onkel Bernhard, und wir freuten uns alle riesig. Papas schlechte Laune verschwand wie vom Erdboden verschluckt.

Eine andere schreckliche Sache war das Reparieren von Autos. Sophia musste meinem Vater immer die Werkzeuge geben, die er brauchte. Das ging andauernd nur: Siebzehnerschlüssel, Kombizange, Kreuzschraubenzieher, Tingelhammer usw. Meine Schwester fand nicht immer sofort alles. Und schon flippte er aus. Es war wirklich nicht zum Aushalten. Ich durfte ihr nicht einmal helfen. Er lag entweder unterm Auto oder überm Motor. Er kam nur vom Auto weg, wenn Sophia irgendetwas nicht fand, und dann wurde sie jedes Mal verprügelt. Manchmal mussten wir alle vier ihm beim Arbeiten zusehen. Mama war immer im Haus. Wenn sie uns zum Essen gerufen hat, waren wir immer sehr erleichtert, d.h. wenn Papa nicht gesagt hat: »Ich will erst das Auto fertighaben!« Es kam sehr oft vor, dass ich Mamas Durchsetzungsvermögen zu hoch eingeschätzt habe. Nur selten hat sie gegen Papa gekontert ...

Gerade fällt mir ein, was Sophia mal passiert ist. Sie wollte wieder einmal nicht essen, und deswegen wurde sie auch mal wieder verprügelt. Diesmal wurde sie rausgejagt, es war Winter und sehr kalt. Sie musste sich mit den Hausschuhen in den Garten stellen, auf einem Bein. Papa hat sie die ganze Zeit beobachtet, und wenn sie nicht mehr konnte, ist er rausgelaufen, um ihr eine zu knallen. Keiner von unseren Nachbarn hat angeblich etwas gesehen, und doch wussten sie es. Mein Vater war fast immer schlecht drauf, ob morgens nach dem Aufstehen, beim Essen oder zwischendurch. Nur ganz selten war er so gut drauf, dass wir uns trauten, gegen ihn etwas zu sagen, z.B. »Ich finde diese Idee nicht so gut« oder »Ich habe keine Lust«.

Ich weiß noch, wie mein Vater zu Weihnachten einen Tannenbaum gekauft hat. Er war so groß, dass es schwer war, ihn ins Wohnzimmer zu kriegen. Mein Vater fluchte, trat die Stühle gegen den Tisch, danach den Tisch gegen den Schrank, das ganze Essen kippte herunter, und da wurde er noch wütender, nahm die Tanne und schob sie wutentbrannt ins Wohnzimmer. Dann kam noch das Gemetzel mit dem Aufstellen der Tanne. Erst sollten *wir alle festhalten, dann, hieß es auf einmal, sollten wir uns alle (außer Mama) verpissen. Gott sei Dank kam Onkel Bernhard dann und blieb an diesem Weihnachtsfest.*

Ich könnte noch viel mehr von G. erzählen, doch das bleibt in meiner Erinnerung. Wir dachten, dass sich alles ändert, wenn wir nach ... ziehen, in die Nähe von Oma und Opa, Tante Margarete und sehr netten Nachbarn. Doch seine Launen haben sich nicht geändert, nur unsere Reaktionen auf seine Wutanfälle. Wenn er es mal wieder zu weit getrieben hatte, rannten wir alle rüber und kamen wenige Stunden später wieder. Dann hatte er meistens alles wieder aufgeräumt. Wir kriegten alle eins drauf. Es hat keine Rücksicht auf die Nachbarn gegeben oder auf unsere Freunde.

So sieht Amelies pechschwarzes Bild von ihrem Vater aus. Dieses zweite – in der Psychiatrie verfasste – Tagebuch ist noch mehr von Wut gegen ihn erfüllt als das erste. An dem Mann bleibt kein gutes Haar. »Wer sich – zu Recht oder zu Unrecht – gekränkt oder sonst beschuldigt fühlt, pflegt das ›Sündenregister‹ seines Gegners durchzugehen«, schreiben die Autoren Rolf Bender und Armin Nack in ihrem Lehrbuch *Tatsachenfeststellungen vor Gericht,* in dem sie sich mit Falschaussagen und deren Erkennbarkeit auseinandersetzen. Und sie fahren fort:

Das Gedächtnis für die Untaten anderer ist erstaunlich gut. Je größer die jetzt erlittene Unbill, desto schwärzer erscheint die frühere Untat, die freilich fast immer um einen wahren Kern herum aufgebaut wird ... Wirkliches Vergeltungsbedürfnis entsteht in der Regel dort, wo früher eine enge Beziehung bestand. Gerade diese Beziehung verhindert aber im Allgemeinen eine Anzeige, solange diese Beziehung nicht nachhaltig gestört ist.

So dürfte es auch bei Amelie und ihrem Vater gewesen sein.

Was sie über die Misshandlungen ihrer großen Schwester Sophia schreibt, hat mir diese selbst im Großen und Ganzen bestätigt, wenn sie sie auch für ihren Teil weit weniger schlimm empfunden haben will. Ich besuchte sie im Frühjahr 2002, da war sie inzwischen selbst mehrfache Mutter. Sie saß in ihrer Küche, ein Heer verzweifelter Fliegen kämpfte sich an den Fensterscheiben ab, und an Sophias Rockzipfel jammerten Kleinkinder. Ja, sagte sie, sie sei tatsächlich geprügelt und in den Heizungskeller gesperrt worden, und im Winter habe sie auch einmal zur Strafe auf einem Bein im Garten stehen müssen. Sie sagte es nüchtern und ohne Selbstmitleid. Auch sei sie mit etwa sieben Jahren wegen körperlicher Auszehrung ins Krankenhaus eingeliefert worden, wo man sie aufgepäppelt habe. Das stimme schon. Daran, dass ihr Vater sie gezwungen haben soll, Erbrochenes wieder aufzulöffeln, wie Amelie behauptete, erinnerte sie sich jedoch nicht. »Ich habe mich damals dauernd erbrochen«, sagte sie achselzuckend. Kindertherapeuten kennen dieses Phänomen des Dauererbrechens. Es ist die Abwehrmaßnahme eines gestressten Kindes. Die Kinder fühlen sich dem von den Eltern ausgehenden Druck hilflos ausgesetzt, das Erbrechen ist ihre einzige Waffe. »Würden Sie sagen, dass Sie als Kind von Ihrem Vater misshandelt worden sind?«, fragte ich die junge Frau. »Nein«, antwortete Sophia, »direkt misshandelt nicht. Mein Vater war eben sehr streng zu uns, das ja, und Backpfeifen hat es auch gegeben – aber misshandelt hat er uns eigentlich nicht.«

Sophia hat immer zu ihrem Vater gehalten. Als *seine* Spionin wanderte sie damals mit dem Walkman zu ihrer Schwester Amelie in die Psychiatrie, um sie auszuhorchen. Und um für den in Untersuchungshaft sitzenden Adolf S. eine Haftverschonung zu erreichen, schrieb sie am 4. Dezember 1994 an die Behörden, »dass mein Vater jederzeit in meiner Wohnung ein Zimmer haben kann. Er kann so lange bleiben, wie er will.« Noch im Prozess hält seine Älteste Adolf S. die Treue. Sie ist sein letzter Soldat. Als Einzige sagt sie zu seinen Gunsten vor den Richtern aus, was von diesen ungläubig angehört und im Urteil mit den Worten kommentiert wird, Sophia sei erkennbar darum bemüht gewesen, den Vater zu entlasten. Deshalb misst man ihrem Zeugnis wenig Gewicht bei. Auch in unserer Unterhaltung ließ sie nichts auf ihren Vater kommen: »Er war ein Sturkopp, ein rauer Geselle«, sagte sie. »Und ich war sein Liebling.«

Weit weniger Verständnis als für den Vater brachte Sophia in unserem Gespräch für ihre jüngere Schwester auf. Sie habe Amelie von Anfang an kein Wort geglaubt und sei auch jetzt, während unserer Unterhaltung, vollständig davon überzeugt, dass die Schwester die Großfamilie durch Falschaussagen zerstört habe. Den Akten ist zu entnehmen, dass Sophia als Älteste Amelie in früheren Jahren oft verteidigt hatte und ihr beigesprungen war – aber nun, Jahre später, war sie, in der Küche sitzend, auf die Schwester schlecht zu sprechen: »Sie kam sich vor wie eine Prinzessin«, erzählte Sophia, Amelie habe sich immer besser gefühlt als die anderen und gleichzeitig darunter gelitten, dass die Umwelt ihr die Bewunderung verweigerte, auf die sie ihrer Meinung nach Anspruch hatte. Dauernd habe sie sich ins Zentrum der Aufmerksamkeit gedrängt, stets habe sie im Mittelpunkt stehen müssen. Und dann dieses Getue vor Gericht, dass die Männer sie bedrängt hätten – Sophia lachte auf. »Sie hat Männer nicht gehasst. Aber die Männer waren an ihr nicht interessiert, verstehen Sie? Sie war der Typ Mauerblümchen. Im Innersten war sie schüchtern.«

Und eines Tages habe sie sich einen Jungen in den Kopf gesetzt. »Sie wollte ihn unbedingt, er wollte sie nicht«, erinnerte sich Sophia. »Er hatte eine andere im Auge.« Als Amelie dieses andere Mädchen auf dem Schoß ihres Auserwählten sitzen sah, sei sie »durchgedreht«. Kurz danach habe sie Tabletten geschluckt. Die Vergewaltigungen durch den Vater habe sie sich erst danach in der Psychiatrie als Ursache ausgedacht.

Monate später wird sich Amelies beste Freundin Anja noch einmal an den Anfang der Katastrophe erinnern. Sie beschreibt jene Zeit, in der Amelie ihre Familie hinter sich zu lassen begann, 1995 in einem langen undatierten Brief an Amelies inzwischen inhaftierten Onkel Bernhard. Dieser Brief spielte später bei der Wiederaufnahme des Verfahrens gegen den Onkel eine wichtige Rolle für die psychiatrischen Sachverständigen, die Amelies seelische Befindlichkeit im Auftrag des Wiederaufnahmegerichts einzuschätzen hatten. Anja schreibt:

Also, bevor Amelie ihren ersten Selbstmordversuch machte, war sie in meinen Augen ein völlig normales Mädchen. Aber eines fiel mir auf, nämlich dass sie nüchtern immer einen eingeschüchterten Eindruck machte. Du weißt, dass sie immer sehr viel getrunken hat. Als sie dann einige Mengen Alkohol in sich hatte, war sie völlig verändert. Es sprudelte aus ihr heraus, sie suchte nach Abenteuern und machte sich an Jungs ran. Sie lernte Hans* kennen und war hin und weg von ihm. Sie war verliebt. In der Zeit, wo Amelie sich so verändert hat, beobachtete ich sie. Mir war klar, dass sie durch den Alkohol vergessen wollte (die Umstände zu Hause). Sie war und ist ein gequälter Mensch.

Also, Amelie war sehr verliebt, und Hans schien der einzigste Mensch zu sein, der sie von den Tabletten abhalten konnte. Eines Nachmittags kam Amelie zu mir und sagte, dass Hans heute zu ihr kommen wollte. Sie wollte mit ihm schlafen und wusste nur noch nicht wo. Sie wollte nicht, dass jemand das hört, und deshalb hatte sie sich einen Plan ausgedacht, und der war so: Sie wartet, bis Hans kommt, dann wollte sie zu ihrer Oma sagen, dass sie mit ihm spazieren geht, und anstatt mit ihm spazieren zu gehen, wollte sie dann im Wohnwagen [es war der ihres Onkels Bernhard, der im Garten stand] mit ihm schlafen. Sie wollte vorher alles einrichten und so. Ich fragte sie, ob sie wirklich richtig verliebt sei, und sie sagte ja und nahm noch Cremes und Haarspangen mit, damit sie besonders hübsch wäre.

Als sie ging, war sie echt glücklich. Aber sie wartete und wartete den ganzen Tag, und Hans kam und kam nicht. Nervös lief sie nach draußen und wieder rein. Abends kam sie noch zu mir. Sie war total enttäuscht und erzählte mir, dass sie den ganzen Tag gewartet habe, sie tat mir echt leid, ich konnte irgendwie mitfühlen. Sie erzählte mir auch, dass sie den Wohnwagen extra fertig gemacht hatte mit Decken und Kissen usw. Dann beschlossen wir, bei ihm anzurufen, und Amelie redete mit ihm, und nachdem sie aufgehängt hatte, ging es ihr besser.

Ein paar Tage später rief Amelie bei mir an, dass Hans sich mit ihr verabredet habe (auf einem Schützenfest). Wir fuhren zusammen mit dem Fahrrad hin, und da sah Amelie Hans mit einer anderen sitzen. Sie war fast am Heulen. Sie wollte unbedingt mit Hans reden, aber nicht, wenn das Mädchen in der Nähe wäre. Sie gab mir einen Brief, und ich sollte ihn Hans geben. Also ging ich hin und gab ihm den Brief. Amelie fing allmählich an durchzudrehen, sie war total unruhig. Da kam Sophia, und ich erzählte ihr das. Sophia ging zu Hans und knallte ihm welche!!! In der Zeit nahm Amelie ihr Fahrrad und fuhr wie vom Teufel besessen los. Erschrocken fuhr ich hinter ihr her, und sie schrie noch: »Ich werfe mich vom Parkhaus!« Ich schrie sie an, zu warten und dass wir darüber reden müssten. Ich fuhr, so schnell ich konnte, hinter ihr her, und dieses Mal hatte ich richtig Angst zu versagen, sie nicht rechtzeitig zu kriegen. Sie fuhr so schnell, dass ich nicht hinterherkam. Als ich beim Einkaufscenter angekommen war, suchte ich alle Parkhäuser und das gesamte Gebäude nach ihr ab. Ich hatte panische Angst, dass sie sich was antut.

Als ich so aufgeregt hin und her lief, kamen Sophia und Piet* [Sophias Freund] angefahren. Piet hatte eine Idee, wo sie sich befinden könnte, nämlich auf der Toilette, und dort war sie auch. Als Piet sie rausbrachte, war sie verstört und sehr aggressiv, sie schmiss Fahrräder um und war sehr verzweifelt. Also stiegen wir alle ins Auto und fuhren zu den … Als wir im Haus waren, saß Hans in der Küche. Amelie ging nicht weiter als bis zur Tür. Hans war stocksauer, weil Sophia ihm eine gescheuert hatte. Er sagte kein Wort, sondern saß die ganze Zeit auf dem Stuhl und starrte nur auf den Fernseher. Amelie war verzweifelt, das konnte man sehr gut merken. Sie trat von einem Fuß auf den anderen. Als wir dann gingen, schaute sich Hans nicht einmal nach Amelie um.

Als wir im Auto saßen, war Amelie ungewöhnlich still, und als wir ausstiegen, fuhr sie sofort weg, obwohl ich noch mit ihr reden wollte. Zu Hause machte ich mir total Gedanken, und ich konnte die ganze Nacht nicht schlafen, weil ich solche Angst hatte, dass Amelie Mist macht. Ich hatte ein ganz komisches Gefühl im Magen, und es hielt mich die ganze Nacht wach. Dann, morgens früh, bekam meine Mutter einen Anruf. Natürlich fragten wir nach, und Mama sagte, dass Amelie krank sei. Ein paar Tage später fragte Klara* [die Freundin von Amelies Onkel Bernhard], ob wir Amelie zusammen besuchen wollten. Als Klara dann im Auto sagte, dass Amelie im Krankenhaus sei, weil sie Tabletten genommen hätte, und dass sie auf der Intensivstation läge, war ich schockiert und hätte fast angefangen zu heulen. Als wir beim Krankenhaus waren, wurde Klara reingelassen und ich nicht. Als ich da vor der verschlossenen Tür stand, bekam ich einen Heulkrampf, ich konnte einfach nicht anders. Als Klara rauskam, erzählte sie mir, dass Amelie sich gefreut habe, dass ich da war – nur seelisch würde es ihr wohl ziemlich schlecht gehen, sie wäre in einer Scheißegal-Stimmung!

Amelies Tante nahm mich dann ein paar Tage später mit zu ihr. Diesmal durfte ich mit reingehen. O Mann, als ich sie so liegen sah! Wie ein Häufchen Elend! Und sie hatte Schläuche überall hängen. Da hätte ich sie am liebsten in den Arm genommen. Sie war käseweiß, aber sie lächelte und redete auch gleich. Sie ist sehr tapfer. Sie redete viel von Hans und von den Ärzten. Ihr ging das auf den Keks, so überwacht zu werden. Sie durfte auch nur bestimmte Sachen lesen. Mir kam es so vor, als ob sie auch seelisch wieder Fortschritte machte, aber sie hielten sie trotzdem noch auf der Intensivstation.

Amelie erzählte mir viel von ihrem Psychiater: Dr. X. Sie sagte, dass er total nett ist und sie jeden Tag besuchen kommt. Als Amelie nach einer Woche von der Intensivstation runterkam, ging es ihr jeden Tag besser, und ich hoffte, dass sie bald aus dem Krankenhaus rauskäme, damit wir was zusammen unternehmen könnten. Ich besuchte sie öfters, und immer wenn ich bei ihr war, erzählte sie mir von Dr. X, dass er so toll wäre und richtig lieb usw. Sie sagte auch, dass es wohl mal sein könne, dass sie nicht da sei, wenn ich käme, weil sie dann mit Dr. X in seinem Büro wäre. Sie sagte auch, dass er sich richtig Zeit nehmen würde für sie. Später wurde sie auf die neue Kinder- und Jugendpsychiatrische Station verlegt. Sie langweilte sich dort und weil Dr. X Urlaub hatte. Sie sagte, dass sie sich freut, wenn Dr. X wiederkommt, und sie erzählte mir auch, dass Dr. X berühmt ist und sogar Fernsehauftritte hatte. Sie hat mir auch erzählt, wo er im Urlaub ist und dass er jeden Abend anrufen würde, nur um zu wissen, wie es ihr geht. Amelie schwärmte und schwärmt noch von ihm. Jedes Mal, wenn ich da war, gab's was Neues von ihrem Dr. X.

Jetzt war auch die Zeit gekommen, wo Amelie wegdurfte. Sie war gerne bei mir und freute sich, wenn ich sie besuchen kam. An den Wochenenden kam sie dann zu mir. Sie durfte auch bei mir schlafen. Kurz nach meinem Geburtstag [Ende Juli] hatte ich eine Klassenfete und nahm Amelie mit. Sie war nicht so gut drauf. Wir beide haben ziemlich viel getrunken, und als wir zur Toilette gingen, waren da überall Flaschen. Amelie schmiss eine kaputt und hob eine scharfe Scherbe auf und fing an, sich zu schneiden. Sie machte mir den Vorschlag, auch eine Scherbe zu nehmen. Ich tat es, wir liefen weg und wollten zusammen in den Tod springen. Wir beide hatten keine Lust mehr zu leben und schnitten bzw. ritzten uns die Arme ein. Sie hat mich irgendwie damit angesteckt, ich fand es plötzlich unheimlich toll, was sie da machte. Amelie und ich wollten zum Parkhaus, um uns dort herunterzustürzen. Amelies Arme waren mittlerweile voller Blut, wobei ich sagen muss, dass ich nicht so mutig war und nicht so tief ritzte. Schließlich bot sich Amelie an, bei mir die Arme aufzuritzen, und dann kam auch Blut. Amelie und ich vermischten unser Blut, und schließlich waren wir Blutsbrüder.

Als wir beim Parkhaus angekommen waren, bekam ich es mit der Angst zu tun und sagte Amelie, dass wir das lassen sollten. Sie war voller Hass und regte sich fürchterlich auf, dass ich eine feige Kuh bin und erst alles sagen, dann aber nichts tun würde. Sie war voller Wut, und ich war perplex, wie vor den Kopf gestoßen. Sie hatte ja recht, wär ich nicht so feige, hätte ich es getan. Sie redete erst nicht mehr mit mir, und ich wusste auch nicht, was ich ihr sagen sollte. Schließlich saßen wir beide ganz oben im Parkhaus, wo Amelie noch eine Tüte Popcorn aus dem Mülleimer holte und anfing zu essen. Wir redeten über die Klassenfete und über Gott und die Welt. Als wir keinen Bock mehr hatten, liefen wir zurück zur Fete, wo auch Sophia war, die sich mittlerweile auch schon Sorgen gemacht hatte um uns.

Eines Abends [etwa zwei Wochen später], *als ich gerade von der Arbeit nach Hause kam, lief mir Amelies Cousine mit dem Fahrrad entgegen und erzählte mir, dass Amelie in Osnabrück in einer geschlossenen Abteilung im Sterben läge. Dass sie es wieder versucht hatte mit Tabletten. Als ich im Haus war, fing ich an zu heulen wie ein Schlosshund. Und ich dachte, da drinnen* [in der Klinik] *geht es jetzt um Leben und Tod für Amelie. Papa sagte, dass es eine Lüge wäre, was Amelies Cousine gesagt hätte, und dass es Amelie gut geht. Sie wäre in einer geschlossenen Abteilung zur Beobachtung.*

Ich machte mir Sorgen um sie. Nach ein paar Tagen kam ein Brief von Amelie, und darin stand, dass sie mir den Grund für ihren zweiten Selbstmordversuch erzählen will, falls ich es noch nicht wüsste. Sie erzählte von ihren Zimmerbewohnern und von den verrückten Leuten, die immer über den Flur liefen. Jetzt saß ich in meinem Zimmer und grübelte, was denn wirklich so schlimm sein kann, um einen Selbstmordversuch zu wiederholen. Da auf einmal bekam ich einen Gedankenschlag, ich weiß selbst nicht mehr, warum. Aber ich dachte: Vielleicht könnte es stimmen! Eine Vergewaltigung – aber durch wen? Immer wieder dachte ich darüber nach, und schließlich kam ich auf ein Ergebnis: Tochter wurde vom Vater sexuell missbraucht!

Amelie war mittlerweile wieder zurückgebracht worden auf die Station für Kinder- und Jugendpsychiatrie in unserem Krankenhaus. Es ging ihr nicht gut, sie hatte Depressionen und war schlecht drauf. Aber ich fragte sie trotzdem, ob das so wäre, wie ich mir gedacht hatte. Sie guckte mich verwundert an und sagte, dass es stimmen würde und woher ich das wüsste. Da erzählte ich ihr, dass ich das alles selber rausgefunden hatte, ich glaube, das konnte sie nicht so ganz glauben.

Irgendwas bedrückte sie, und sie meckerte über vieles, wenn ich sie besuchte. Sie schimpfte über ihre Bettnachbarin, dass sie so schlampig sei, dann wieder über die vielen Kinder, die auf der Station waren und viel Lärm machten. Oft, wenn ich sie besuchte, kriegte ich es jetzt mit der Angst zu tun, denn sie kam mir in dieser Zeit wirklich wie eine Fremde vor. Sie hasste ihren Vater und wollte sich an ihm rächen ... Sie verbrannte Fotos von ihrem Vater und spielte mit dem Feuer rum. Sie zündete sich selbst an und machte es sofort wieder aus, sie zündete ihre Bettdecke an und machte es sofort wieder aus. Sie war vom Hass erfüllt. Also nach Osnabrück war Amelie kaum wiederzuerkennen. Sie malte Bilder von Mädchen, die viel Blut verlieren. Sie malte Kreuze und Stachelzäune und bekam zusätzlich noch Bücher über Frauen, die sexuell missbraucht wurden.

Falsche Freunde

Den Abschiedsbrief der Amelie findet die junge Klara, damals Freundin von Amelies Onkel Bernhard, auf dem Küchentisch. Es ist der 29. Mai 1994.

Klara konnte sich an jenen Abend noch sehr genau erinnern, als ich im Januar 2002 in ihrer Wohnung auf dem Sofa Platz nahm. Alle Einzelheiten dieser dunklen Lebensphase der Jahre 1994/95 hatte sie noch parat, als sie in größter Verzweiflung hatte mit ansehen müssen, wie der Mann, den sie einmal sehr lieb gehabt hatte, ins Unglück gerissen wurde. Noch acht Jahre später musste sie ihre Erzählung immer wieder unterbrechen, weil ihr die Tränen in die Augen traten, Tränen des Kummers und der Wut. Zwei schwarze Katzen sprangen zu mir aufs Sofa, schnupperten an mir und streckten sich dann auf mir aus. Die Gelassenheit der Tiere stand in einem merkwürdigen Gegensatz zur aufgewühlten Verfassung ihrer Besitzerin, einer schmalen Frau mit langen Haaren. »Was Amelie damals wörtlich in den Brief geschrieben hatte, weiß ich nicht mehr«, sagte Klara. Aber man habe die Zeilen bloß als Abschiedsbrief deuten können. »Bernhard und ich kamen gerade vom Spazierengehen heim – da lag der Zettel.« Amelie war etwa zwei Monate zuvor zu ihrem Onkel Bernhard und ihrer Tante Gabriele ins Haus der Großeltern gezogen und bewohnte dort das Dachzimmer. »Wir sind gleich raufgerannt und haben versucht, in Amelies Zimmer zu kommen, aber die Tür war verriegelt. ›Amelie!‹, schrien wir.« Das Mädchen hinter der Tür sei ansprechbar gewesen, fuhr Klara fort, sie habe durch das Holz geantwortet, sich aber zunächst geweigert zu öffnen. »Mach auf, wir müssen drüber reden!!«, riefen Klara und Bernhard durch die Tür. Sie hätten gefleht und gebettelt, sagte Klara, und nach einer Weile habe Amelie tatsächlich auf-gemacht.

»Sie saß auf dem Bett, und vor ihr lagen leere Tabletten-schachteln. Es machte den Eindruck, als habe sie eine gewalti-ge Menge Tabletten verschlungen«, erinnerte sich Klara. »Erst später, nachdem wir sie in die Klinik geschafft hatten, hab ich ihren Abfalleimer durchgeschaut. Da hab ich gesehen, dass sie die Hälfte der Tabletten weggeschmissen hatte. Sie hatte also viel weniger geschluckt, als wir vermutet haben.« Klara schüt-telte den Kopf. »Es ist nicht zu fassen. Da bringt man jeman-den notfallmäßig ins Krankenhaus, und dann stellt sich her-aus, es war nur Theater.« Na ja, inzwischen wisse sie ja, wie Amelies Charakter beschaffen und dass das eben bloß wieder eines ihrer vielen Täuschungsmanöver gewesen sei: »Ihre Bot-schaft war: Ich armes Kind!«

Je deutlicher sie die Erinnerung heraufbeschwor, je länger sie über die Ereignisse sprach, desto mehr wuchs Klaras Ver-bitterung. Die Sache mit den Tabletten im Abfalleimer habe sie bei keiner Vernehmung erzählt, sagte sie – zunächst habe sie nicht gleich begriffen, was die Entdeckung bedeutete, weil sie von Amelies Ausnahmesituation noch vollkommen gebannt gewesen sei. Und später, als sie das böse Spiel des Mädchens endlich durchschaut und ihr Wesen erkannt habe, sei nie-mand mehr an solch zweifelhaften Geschichten über Amelie interessiert gewesen – auch das Gericht habe sich dafür nicht übermäßig empfänglich gezeigt.

Nach Klaras Erzählung hat sie sich selbst anfangs mit Ame-lie recht gut verstanden, aber das sei früher gewesen, bevor deren Persönlichkeitsveränderung begonnen habe. Klara ging damals mit Amelies Schwester Sophia in dieselbe Klasse. So hatte sie den Onkel der Mädchen schon als Kind kennengelernt und sich später als junge Frau in den viel älteren Mann verliebt. Zuerst, erzählte Klara, habe sich Amelie als Stifterin und Schirmherrin dieser Beziehung gesehen, was auch irgendwie zutreffend gewesen sei, denn Amelie sei durchaus bemüht gewesen, sie, Klara, für den Onkel zu gewinnen. Später aber habe sie das Gefühl gehabt, Amelie kühle ihr gegenüber ab. »Sie schien immer ein bisschen eifersüchtig zu sein«, sagte Klara zu mir, »weil Bernhard mir sehr viel Aufmerksamkeit schenkte.« Deshalb habe er sich seiner Nichte weit weniger widmen können, als diese erwartete. »Aber er war trotzdem immer für Amelie da«, jetzt liefen Klara wieder die Tränen übers Gesicht, »er hat sie durch die Gegend chauffiert und sich dauernd ihre Probleme angehört.« Fortwährend sei er mit Amelies Kapriolen beschäftigt gewesen. So habe sie viel später noch einmal angerufen und gedroht, sie werde sich jetzt umbringen. »Da sind Bernhard und ich Hals über Kopf hingefahren und haben uns auch noch um sie gekümmert.«

Nach ihrem Suizidversuch kommt Amelie auf die Intensivstation des örtlichen Krankenhauses und wird anschließend auf die Station für Innere Medizin verlegt. Doch auch als sie körperlich wiederhergestellt ist, wagen die Ärzte nicht, sie nach Hause zu entlassen – sie droht mehrmals täglich mit Selbstmord. »Es hat alles keinen Sinn mehr«, sagt sie fortwährend. Also verlegt man sie auf die neu eingerichtete Station für Kinder- und Jugendpsychiatrie. Der Psychiatriechef, der bald Amelies großer Schwarm sein wird, ist ein noch junger Arzt, und auch Amelies Krankenschwestern sowie die für sie zuständige Psychologin sind noch keine dreißig. Vielleicht liegt es an ihrem jugendlichen Alter und der damit einhergehenden mangelnden Erfahrung, dass es Amelie bald gelingt, ihre engsten Betreuer zu manipulieren. Polizeiprotokollen und diversen Dokumentationen ist jedenfalls zu entnehmen, dass sich die Belegschaft der Station in kurzer Zeit vollständig auf ihre Patientin einstellt. Zweifel an ihrer Person oder ihren Berichten kamen zumindest nicht offen zum Ausdruck. Dafür entsteht bei der Lektüre der Akten der Eindruck von Solidarität der Belegschaft mit ihrer Patientin.

Amelie unterzieht sich im Krankenhaus einer Psychotherapie, in täglichen Einzelgesprächen bemüht man sich um eine, wie es heißt, »vertrauensvolle Beziehung«. Die Patientin berichtet anfangs von häuslicher Gewalt, auf die Frage, ob sie missbraucht worden sei, antwortet sie: nein. Als Grund für ihren Selbstmordversuch gibt sie Liebeskummer an. Amelie ist schwer ansprechbar, sie verbringt ihre Zeit auf dem Bett sitzend oder sperrt sich stundenlang auf der Toilette ein. Mit den Betreuerinnen will sie zu Beginn ihres Aufenthaltes nur wenig zu tun haben. Sie liest viel – und setzt oft den Walkman auf, wenn jemand das Wort an sie richtet. Immer wieder schließt die junge Therapeutin mit Amelie sogenannte Suizidverträge ab, in denen sich die Patienten verpflichten, innerhalb der nächsten vierundzwanzig Stunden nicht Hand an sich zu legen. Falls sie diese Vereinbarung nicht einhalten können, müssen sie versprechen, sich umgehend beim Klinikpersonal zu melden. Insgesamt etwa zwanzig solcher Vereinbarungen trifft Amelie mit der Psychologin. Nach kurzer Zeit auf der Kinder- und Jugendpsychiatrischen Station taut Amelie auf, und bald gelingt es ihr, die Aufmerksamkeit des Personals ganz auf sich zu ziehen und ihre Betreuer durch Angst und Sorge in Atem zu halten. Vieles, was aus den Reihen der Krankenhauszeugen der Polizei voll naivem Mitleid über den Aufenthalt des Mädchens auf der Station berichtet wird, stellt sich in der Rückschau – und vor allem in Kenntnis dessen, was noch kommen wird – als Amelies hochdramatische Dauerinszenierung dar.

Amelie verfasst Abschiedsbriefe, die sie so platziert, dass die Schwestern sie finden müssen. Sie schreibt Zettel mit großen schwarzen Kreuzen, auf denen sie ihr Geburts- und ihr nahes Todesdatum vermerkt. Sie entwirft – gut sichtbar – Todesanzeigen für sich selbst. Sie fügt sich mit Glasscherben und Rasierklingen Schnittverletzungen an Armen, Beinen und Bauch zu, die zum Teil genäht werden müssen, oder sie klemmt sich die Blutversorgung einer Hand ab. Manchmal schlägt sie auch an die Wand, bis die Hand sich dunkel färbt. Sie verschwindet von der Station und löst damit verzweifelte Suchaktionen aus. Mit Freunden und Familienmitgliedern springt sie ähnlich um: Ein verzweifelter Anruf in der Nacht! Eine dringende Verabredung jetzt gleich! Ein angeblich unaufschiebbares Gespräch in höchster Not – zu dem sie dann nicht erscheint, was den Einbestellten erwartungsgemäß in Panik geraten lässt.

Auf der Station steigert sich Amelie mehr und mehr in ihre Krise hinein. Sie zittert und weint, sie nässt ein und berichtet von schrecklichen Albträumen. Sie taumelt über den Flur, sitzt starr in Zimmerecken oder hinter ihrem Bett, sie wimmert oder verwüstet ihr Zimmer. Sie ringt die Hände und rauft sich die Haare vor Sorge um die Geschwister, die schutzlos dem Vater ausgeliefert seien. Sie schluckt Blutdruckmittel und gesteht es gleich danach der Nachtschwester, die sofort den Notdienst alarmiert. Dann wieder wird Amelie mit einer blutigen Spritze in der Hand im Bad aufgefunden, stammelnd, sie wolle dem Vater einen Brief mit dem eigenen Blut schreiben und sich dann Luft in die Venen drücken.

Im August 1994 beginnt Amelie gegenüber den Krankenschwestern mit den ersten düsteren Andeutungen über angebliche sexuelle Übergriffe ihres Vaters. Sie habe ein »Geheimnis«, vertraut sie ihrer Umgebung an, lässt durchblicken, dass sie Angst vor ihrem Vater habe, ihn hasse, bemerkt beiläufig, dass sie ein »immer schwerer« wiegendes Problem mit sich herumschleppe, seit sie zwölf Jahre alt sei, und dass sie wegen dieses Problems nie eine Familie werde gründen können. Sie weint viel, kauert in Ecken und verhält sich wie eine zutiefst Verzweifelte. Niemandem könne sie sich anvertrauen, sagt sie, denn sie fürchte die Rache des Vaters. Er laufe Amok, wenn sie den Mund aufmache. Er werde die Familie auslöschen ... und so weiter.

Auf der Station ist man alarmiert von solchen Andeutungen. Die Abteilung wird abgeschlossen und Amelie der unbegleitete Ausgang verboten. Das Mächen sitzt am Tisch und schreibt ihrem Vater einen hasserfüllten Brief nach dem anderen, schickt aber kaum einen davon ab. Am 12. August wird Amelie konkreter. Sie erzählt erstmals Frauke*, einer jungen Krankenschwester, die für sie zu einer Art Vertrauter geworden ist, dass sie seit dem zwölften Lebensjahr vom eigenen Vater vergewaltigt worden sei. Sie wirkt dabei aufgebracht und seelenwund, und erst nachdem es heraus ist, kommt es zu einer Entspannung. Doch nicht für lange Zeit. Bald konstatiert die behandelnde Psychologin, ihre Patientin werde von ihren Erinnerungen »überschwemmt«. Sie könne keinen Schlaf mehr finden, denn sie werde die inneren Bilder der Vergewaltigungen nicht mehr los. Wut und Depression lösten einander ab. Durch ihre Träume geistere der Vater mit blutigen Händen.

Am Mittwoch, dem 18. August, folgt die nächste Eskalationsstufe: Angeblich um ihrem Leben ein Ende zu setzen, schüttet Amelie auf der Toilette Duschgel und Franzbranntwein in sich hinein. Die Kinder- und Jugendpsychiatrische Station fühlt sich der Patientin langsam nicht mehr gewachsen. »Wir konnten nicht mehr für ihre Sicherheit garantieren«, gibt die Psychologin der Polizei später zu Protokoll, deshalb habe man beschlossen, Amelie ins Landeskrankenhaus nach Osnabrück zu verlegen. Vor diesen Ereignissen allerdings erhält das Mädchen noch Besuch. Ihre Mutter kommt an diesem Nachmittag. Amelie sagt, sie würde ihr die Vergewaltigungen durch den Vater gern gestehen, traue sich aber nicht. Deshalb wird auf der Station beschlossen, Amelie solle das Unaussprechliche ihrer Mutter auf einem Blatt Papier mitteilen.

Amelies Mutter schildert der Polizei diese Eröffnung später so: »Ich bin an einem Mittwoch ins Krankenhaus gefahren, um Amelie zu besuchen. Mittwochs ist da immer Besuchszeit. Während meines Besuches war eine Schwester mit im Zimmer, ich weiß nicht mehr, wer das gewesen ist. Irgendwie ist mir dann gesagt worden, dass Amelie erneut versucht hat, sich das Leben zu nehmen. Vielleicht von Amelie selbst, genau weiß ich das aber nicht mehr. Ich musste dann kurz das Zimmer verlassen, da Amelie mir etwas sagen wollte, das aber wohl nicht so einfach konnte. Als ich wieder ins Zimmer kam, gab Amelie mir einen Zettel, darauf stand, dass mein Mann sie vergewaltigt hat. Amelie hat anschließend angefangen zu weinen. Sie bekam einen richtigen Heulkrampf, wir konnten sie gar nicht wieder beruhigen. Am gleichen Tag ist sie noch nach Osnabrück ins Landeskrankenhaus verlegt worden.«

Bei diesen Worten händigt Amelies Mutter der Beamtin ein kariertes, engbeschriebenes DIN-A5-Blatt aus, auf dem in Amelies Handschrift Folgendes steht: »Mama, es tut mir leid, dass ich es Dir nicht sagen konnte und daher aufschreiben muss. Ich habe Angst, dass Du Dir dann etwas antust, weil Du vielleicht Schuldgefühle für diese Sache empfindest ...« Amelie beschreibt die Angst, die sie vor ihrem Vater hat, und ihre Sorge, er könne alle töten, sie ruft in Erinnerung, wie oft sie die Mutter gebeten habe, den Vater zu verlassen; sie sei immer wieder nahe daran gewesen, ihr zu gestehen, »dass er mich vergewaltigt hat. Ich hasse ihn, er ekelt mich an, bitte mach jetzt nichts Falsches und sei nicht traurig, dass ich es Dir nicht schon eher gesagt habe ... Auf jeden Fall kann ich nur sagen, dass ich ihn hasse, er ekelt mich an, und wenn ich tot bin, ist es seine Schuld, ganz allein seine!«

Die Mutter liest den Brief und steht wie vom Donner gerührt im Krankenzimmer. Seit Jahren soll das nun also schon gehen! Und sie hat nichts gemerkt! Wie im Traum kehrt Edeltraud S. nach Hause zurück. Sie ist so schockiert, dass sie zunächst daheim kein Wort über die Beschuldigungen verlieren kann. Erst Wochen später findet sie den Mut, ihren Mann mit den Vorwürfen der Tochter zu konfrontieren.

Amelie kehrt bereits kurze Zeit nach der Überweisung ins Landeskrankenhaus Osnabrück wieder zurück auf die Kinder- und Jugendpsychiatrische Station ihrer Heimatstadt. Noch immer hat sie über die Verbrechen des Vaters nichts Konkretes preisgegeben. Am 21. September schreibt der Psychiatrie-Chef eigenhändig in die Pflegeakte, Amelie habe ihren »Missbrauch aufgedeckt«. Und am 24. September 1994 schildert Amelie ihrer Lieblingskrankenschwester Frauke zum ersten Mal den Ablauf der Vergewaltigung nach dem Hahnenschlachten. Zu dieser Enthüllung war es so gekommen: Der junge Chefarzt der Station hatte sich des Falls selbst angenommen und angeordnet, Amelies Vertrauensschwester solle mit der Patientin einen Spaziergang machen. Auch ein Foto des Vaters möge mitgenommen werden. Im Park um das Krankenhaus kommt es nun zum Gefühlsausbruch: Amelie reißt das

Bild ihres Vaters in Fetzen, wirft sie auf den Boden, trampelt auf ihnen herum und schlägt mit einem Ast auf die Schnipsel ein. Nach dem Anfall spricht sie fast zwei Stunden lang ohne Pause: Sie berichtet von der Vergewaltigung nach dem Hahnenschlachten im Alter von zwölf Jahren und schemenhaft auch von den folgenden Vergewaltigungen. Allerdings schildert Amelie bei diesem Gespräch noch einen weiteren Vorfall: Sie habe wenige Wochen vor ihrem ersten Suizidversuch, bei dem sie von ihrem Onkel Bernhard und seiner Freundin Klara gefunden wurde, eine Party besucht. Im April 1994 sei das gewesen. Auf der Party habe ein fremder Mann sie den ganzen Abend über mit seinen Blicken verschlungen. Später habe dieser Mann sich angeboten, sie mit dem Wagen nach Hause zu bringen, dann das Auto irgendwo angehalten und versucht, ihr sexuelle Gewalt anzutun. Amelie erzählt, sie habe sich erfolgreich zur Wehr gesetzt, weshalb der Mann sie wütend aus dem Auto gestoßen habe. Diese kleine Nebenepisode von der Autofahrt mit einem fremden Vergewaltiger geht zunächst im Rausch der Vorwürfe gegen den Vater unter. Später aber wird sie eine wichtige Rolle spielen – denn Amelie wird irgendwann behaupten, dieser Mann sei gar kein Fremder gewesen, sondern ihr eigener Onkel Bernhard.

Kein Zweifel

Auf der Station glaubt man Amelie offenbar. Auch der später von der Staatsanwaltschaft eingeschalteten Glaubwürdigkeitssachverständigen gegenüber beteuert Amelies Krankenhauspsychologin, dass sie »keinerlei Zweifel an der Glaubwürdigkeit von Amelies Aussagen« hege. Die Schilderungen seien detailreich und mit »großer emotionaler Erregung« vorgetragen. Auch sprächen die massiven Albträume mit Einnässen und die ständigen Autoaggressionen für einen »realen Erlebnishintergrund«. Der Chefarzt bläst ins selbe Horn. In einem Telefonat mit der Gutachterin schließt er psychopathologische Befunde bei der Patientin Amelie aus. Es liege »keine psychiatrische Erkrankung vor«, sagt er der Sachverständigen, weder eine Schizophrenie noch eine Psychose. Auch seien »keinerlei Wahnvorstellungen oder dergleichen« bei dem Mädchen vorgekommen. Und zum Schluss legt der Chefarzt noch Wert auf die Feststellung, dass er Amelies Aussagen »von Anfang an für glaubwürdig gehalten« habe. Er verstehe etwas von diesen Dingen, denn er habe »selbst schon des Öfteren Glaubwürdigkeitsgutachten gemacht«. Diese Erkenntnisse übernimmt und zitiert die Sachverständige später wörtlich in ihrem Gutachten, in dem sie Amelie eine »glaubwürdige Aussage« attestiert. Deren Angaben erfüllten »die für eine Zeugenschaft notwendige Zuverlässigkeit«. Eine Falschbeschuldigung kann die Sachverständige nicht erkennen.

Dass eine von der Justiz bestellte, nicht der Patientin, sondern der Objektivität verpflichtete Sachverständige so die Distanz verliert, mit den behandelnden Ärzten sympathisiert und sich von diesen Teile ihres Gutachtens diktieren lässt, ist ungewöhnlich. Doch damit nicht genug – in ihrer fast hundert Seiten starken Expertise macht die Gutachterin keinen Hehl daraus, dass ihr die Station gut gefallen hat. »Vermutlich trägt die sehr annehmende und behütende Atmosphäre der Kinderpsychiatrischen Abteilung dazu bei, dass Amelie Vertrauen fasst und es schließlich wagt, über die sexuellen Gewalterfahrungen zu sprechen. Erst die Sicherheit auf der Station, das Vertrauen, das sie dort allmählich zu ihrer Krankenschwester und zu ihrer Therapeutin entwickelt, ermöglichen ihr, über ihre Erfahrungen zu sprechen«, schwärmt die Sachverständige und begründet so, dass ihre glaubwürdige Zeugin Amelie all die Jahre, in denen sie angeblich vergewaltigt wurde, nie ein Sterbenswort zu irgendjemandem gesagt hat.

Amelie schwanke »zwischen Selbsthass und Selbstzerstörung« auf der einen »und Wut und Hass auf ihren Vater« auf der anderen Seite, fährt die Gutachterin fort. Die Zeichen, die darauf hinweisen, dass das Aus-dem-Ruder-Laufen und die Exaltiertheit des Mädchens vielleicht ganz andere Gründe haben könnten als den sexuellen Missbrauch durch den Vater, bewertet sie falsch.

In Teilen verlässt das Glaubwürdigkeitsgutachten den sachlichen Boden ganz und wird zur feministischen Phrasendrescherei, verfasst in der bedeutungsschwangeren Diktion einer Autorin, die mit ihren Befunden anscheinend nicht viel anzufangen weiß. So heißt es über Amelies Aufzeichnungen:

Sie schreibt, dass sie sich selbst hasst, sich selbst Schmerz zufügt und sich schämt, all dies ertragen zu haben und sich nicht gewehrt zu haben. Sie ordnet den Selbsthass und die Scham dem Weg in den Selbstmord und die Depression zu. Ihren Vater anzuzeigen und ihn auch seiner gerechten Strafe zuzuführen, setzt sie dem Weg gleich, der sie ins Leben führt. Wenn sie sich nicht gegen ihn wehrt, muss sie quasi sterben. Wenn sie gegen ihn kämpft, hat sie eine Chance zu leben.

Und weiter hinten kommt es zu folgendem Interpretationsexzess:

Ihre gesamte pubertäre Entwicklung und hier insbesondere ihre Entwicklung der geschlechtsspezifischen Körperbereiche ist aufs Engste mit dem sexuellen Missbrauch verknüpft. Ihre widersprüchlichen Gefühle und Gedanken, die sie verwirren und quälen, hängen damit zusammen: Die Menstruation, Symbol für Weiblichkeit, Fruchtbarkeit und Geschlechtsreife, ist gleichzeitig Symbol für Gewalt, Erniedrigung, Schmerz, Ekel und Scham.

Die Angst vor Schwangerschaft ist ebenfalls mit diesen Erfahrungen verbunden ...

... und so weiter.

Was wäre gewesen, wenn zu diesem Zeitpunkt jemand die Notbremse gezogen hätte? Wenn ein erfahrener Nervenarzt, eine kompetente Kriminalbeamtin, ein besonnener Rechtsmediziner oder ein aufmerksamer Richter das Mädchen konsequent damit konfrontiert hätte, dass er ihre Aussagen für Phantasiegebilde hält? Diese Frage habe ich mir während der Recherche zu den Urteilen gegen Adolf S. und Bernhard M. immer wieder gestellt. Und ich glaube bis heute, dass es damals noch möglich gewesen wäre, Amelie zur Besinnung zu bringen. Hätte ein einziger Mensch, der in Amelies Augen eine Autorität dargestellt hätte, etwa im weißen Arztkittel oder mit anderen Insignien der Respektabilität ausgestattet, sich ihr gegenübergesetzt und den Mut gehabt, mit Bestimmtheit Folgendes zu sagen: »Hör mal, Amelie, was du da erzählst, das glaube ich dir nicht.« Und hätte insistiert: »Das kann aus den und den Gründen nicht sein, und du weißt das selbst sehr genau. Ich weiß, du hast es nicht leicht gehabt, und ich kann gut verstehen, dass du deinen Vater nicht leiden kannst – aber Rache muss nicht so aussehen! Willst du dein eigenes Leben zerstören, bloß um es ihm heimzuzahlen?«

So hätte es vielleicht gehen können, und dann wäre vielleicht doch noch die Katastrophe abgewendet worden – aber so ist es nicht gegangen. Niemand hilft Amelie aus ihrem Lügengespinst heraus: Der Gynäkologe nicht. Die Kriminalbeamtin nicht. Der Psychiatrie-Chef nicht. Und schon gar nicht die behandelnde Psychologin. Im Gegenteil. Eine Solidarisierungswelle überschwemmt die Kinderpsychiatrische Station und treibt das labile und angeschlagene Mädchen tiefer und tiefer hinein in die Falschaussage. Bei ihren Betreuern rennt sie mit der Geschichte vom vergewaltigenden Vater offene Türen ein. »Die haben das hier irgendwie geahnt«, spricht Amelie in das Mikrophon der Glaubwürdigkeitsgutachterin, »und sie hatten dann dauernd versucht, das rauszukriegen.«

Luise

Wie Amelies Aussageverhalten sich entwickelt hat und wo die Beschuldigungen letztlich herkommen, klärt weder die Glaubwürdigkeitsgutachterin noch später das Gericht – obwohl es in solchen Fällen auf die Entstehung der allerersten Aussage ganz besonders ankommt. Das Stationspersonal beteuert im Prozess, man habe nie nachgebohrt. Die behandelnde Psychologin vertraut der Gutachterin im Gespräch an, ihr sei rasch klar gewesen, dass Amelies »Geheimnis« mit ihrem Vater zusammenhänge. Sie selbst habe aber nie nachgefragt, ob Amelie möglicherweise sexuell missbraucht worden sei. Sie habe diese Vermutung allerdings gehabt, aber es widerspreche ihren fachlichen Auffassungen, einen solchen Verdacht zu artikulieren. Was Amelie preisgeben wollte, habe man ganz allein ihr überlassen. Das Landgericht Osnabrück wird später feststellen: »Amelie S. ist zu keiner Zeit von sogenannten aufdeckenden Erwachsenen befragt worden.« Sie habe die Vorfälle »aus eigenem Antrieb« berichtet. Das hätten Krankenschwestern, Chefarzt und Therapeutin bestätigt.

Die Sache stellt sich anders dar, spricht man mit Luise*, jenem Mädchen, das vom 11. August bis zum 29. November 1994 auf der Station mit Amelie das Zimmer teilte. Luise ist nie als Zeugin vernommen worden, weder von der Polizei noch vom Gericht, dabei wusste sie einiges darüber, was damals auf der Station los war. Der erste Mensch, der Amelies Zimmernachbarin über jene Zeit befragte, war ich. Ich wusste von Amelies Verwandten, die das Mädchen in der Klinik besucht hatten, dass Amelie nicht allein gelegen hatte. In den Akten tauchte der Name der Bettnachbarin aber nirgends auf. Also begann ich, nach ihr zu forschen, und bald hatte ich sie gefunden.

Luise verhielt sich am Telefon zunächst sehr zurückhaltend, erlaubte mir dann aber, sie zu besuchen. Als ich sie im Frühling 2002 traf, wollte sie zunächst genau wissen, wer ich sei und welche Absichten ich hegte. Als ich ihr sagte, ich hätte Zweifel an Amelies Vergewaltigungsgeschichten und hielte es für möglich, dass ihr Vater und ihr Onkel Opfer eines von ihr zu verantwortenden Justizirrtums geworden seien, machte sie große Augen. Amelie hatte ihr gegenüber seinerzeit zwar erwähnt, dass ihr Vater sie missbraucht habe, aber keine Einzelheiten geschildert. Luise hatte ihr die Geschichte selbstverständlich geglaubt. »Ich habe Amelie gut leiden können«, sagte sie, »sie hat dauernd versucht, sich die Arme aufzuschlitzen.« Später sei man dann hin und wieder zusammen von der Station ausgebüxt, um in der nächsten Disco »einen abzudancen« oder »was zu trinken«.

Luise erzählte, dass sich ihre Eltern getrennt hätten und die Mutter sich mit dem Bruder ihres Mannes zusammengetan habe. Sie selbst sei damals – vielleicht auch wegen der familiären Umwälzungen – eine notorische Ausreißerin gewesen. Deshalb habe das Jugendamt sie auf Bitten ihrer Mutter, die sich der Tochter offenbar nicht mehr gewachsen fühlte, in die Kinderpsychiatrie gesteckt. »Da waren wirklich Kinder, die echte Probleme hatten«, sagte Luise. Sie selbst aber sei zu keinem Zeitpunkt psychisch krank gewesen, sie habe einfach nur »keinen Bock« mehr auf zu Hause gehabt und deshalb das Weite gesucht. Während ihres Klinikaufenthaltes habe sie sich dauernd gefragt, was sie hier solle, und schließlich habe man sie auch wieder ziehen lassen müssen. Warum? »Weil es mir reichte.« Weder vor ihrer Einweisung noch nach ihrer Entlassung sei sie je in psychiatrischer Behandlung gewesen.

»Anders als ich war Amelie gerne auf der psychiatrischen Station«, erzählte Luise. »Als sie für einige Zeit ins Osnabrücker Klinikum verlegt wurde, schrieb sie, sie freue sich, bald wieder zurückzukommen. Nur nach Hause wollte sie auf keinen Fall mehr.« Was in den Therapiesitzungen mit der Psychologin oder bei den Visiten mit dem Chefarzt jeweils besprochen worden sei, darüber habe sie sich mit Amelie niemals ausgetauscht, sagte Luise. Allerdings konnte sie berichten, welche therapeutischen Erfahrungen *sie selbst* mit jener Psychologin gemacht hatte, die »nie nachgebohrt« haben wollte und deren »fachlicher Auffassung« es angeblich zuwiderlief, gegenüber ihren jungen Patientinnen einen Missbrauchsverdacht zu artikulieren. »Ich habe die Frau gesehen und auf Anhieb nicht gemocht«, sagte Luise, »deshalb hatte ich auch keine große Lust, mich mit ihr zu unterhalten.« Die Psychologin ihrerseits aber sei sehr eifrig und interessiert gewesen. »Erzählen Sie mal«, sei sie in die Patientin gedrungen, »sind Sie von Ihrem Vater oder Ihrem Onkel schon einmal angefasst worden?« Nun sei sie selbst niemals in ihrem Leben sexuell missbraucht worden, sagte Luise, weshalb sie so etwas in den Sitzungen natürlich auch nicht behaupten konnte. Doch die Psychologin habe sich mit verneinenden Äußerungen nicht zufriedengegeben. Wieder und wieder habe sie es in der Einzeltherapie mit dem Missbrauchsthema probiert: »Sie wollte mir ständig einreden, dass ich zu Hause missbraucht worden sei.« Regelrecht »lästig« sei sie ihr damit gefallen, sagte Luise. Sie selbst habe trotzdem keinen Gebrauch von dem »Angebot« der Frau gemacht, ihren Vater oder den Onkel zu belasten.

Auch von aufschlussreicher Lektüre der Amelie wusste Luise zu berichten. *Das geheime Tagebuch der Laura Palmer* hat sie sich damals selbst von ihrer Bettnachbarin ausgeliehen. Es ist die albtraumhafte, erotikgeladene Ich-Erzählung eines jungen Mädchens, das seit seinem zwölften Lebensjahr vom eigenen Vater sexuell missbraucht und schließlich ermordet wird. Den Umschlag schmückt das blutleere Gesicht einer Mädchenleiche. Bei diesem *Geheimen Tagebuch* handelt es sich um eine Art Merchandising-Artikel zu der amerikanischen Fernsehserie *Twin Peaks*, die – vollgestopft mit verrätseltem Teenie-Sex – mehrfach im deutschen Privatfernsehen ausgestrahlt wurde und 1992 auch als David Lynchs Spielfilmversion in die Kinos kam. Besonderen Horror verströmen in diesem Film jene Passagen, in denen der Vater jedes Mal zur haarigen Bestie mutiert, bevor er über seine Tochter herfällt. Seine Verwandlung hat zur Folge, dass das Mädchen (und auch das Publikum) den Peiniger nicht gleich identifizieren kann. Ein düsterer, befremdender Streifen, dessen Schlusssequenz – worin der verwandelte Vater seine Tochter grausam tötet – durchaus dazu geeignet ist, nicht nur die instabilen Gemüter halbwüchsiger Mädchen zu erschüttern.

Trotz allem

Das zweite Buch, von dem bekannt ist, dass Amelie es während ihres Aufenthaltes in der Psychiatrie gelesen hat, bekam sie dort selbst in die Hand gedrückt. Es handelt sich um eine Art Anleitung zur Selbstheilung für missbrauchte und vergewaltigte Mädchen mit dem Titel *Trotz allem*. Das Buch stammt aus der Feder der Amerikanerinnen Ellen Bass und Laura Davis und wurde vom Orlanda Verlag auf Deutsch veröffentlicht. Im Jahre 2004 hatte es bereits die zwölfte Auflage erreicht.

In *Trotz allem* berichten missbrauchte oder vermeintlich missbrauchte Frauen von ihren Missbrauchserfahrungen. Sie werden als »Überlebende« bezeichnet, als wären sie den Bombennächten eines Weltkriegs entronnen. Sie schildern in Interviews und Prosatexten, aber mitunter auch in Gedichten oder poetischen Beiträgen, was sie erlebt haben. Die Autorinnen erteilen Ratschläge, wie die traumatischen Erinnerungen »überlebender« Frauen am effektivsten zu verarbeiten und zu überwinden seien. Viele dieser Anleitungen kommen dem Leser der Ermittlungsakten gegen Amelies Vater und Onkel seltsam bekannt vor.

So wird in *Trotz allem* beispielsweise dazu geraten, Wutbriefe an den Missbraucher zu schreiben und sie dann nicht abzuschicken. Auf sein imaginiertes Bild einzudreschen oder sein Foto zu zerstören. An anderer Stelle wird empfohlen, Unsagbares auf Zettel zu kritzeln und so Personen aus dem Umfeld über den Missbrauch zu informieren. All das hat auch die Patientin Amelie getan. »Heilung« versprechen die Verfasserinnen weiterhin durch das Führen eines Vergewaltigungstagebuchs. Hierbei wird dem Opfer (das ja vielleicht auch irgendwann einmal als Zeugin aussagen wird) nahegelegt, bei der Beschreibung der sexuellen Übergriffe möglichst konkret zu werden und an Details nicht zu sparen (S. 74f.):

Die knappe Aussage »Mein Stiefvater hat mich missbraucht« hat kaum etwas damit zu tun, wie du mit dem Missbrauch lebst, wie du deine Erinnerungsblitze erlebst, konstatiert das Frauenduo. *In Wirklichkeit erinnerst du dich an den Lichtschein auf der Treppe, an den Schlafanzug, den du anhattest, den Geruch nach Alkohol in seinem Atem, das Gefühl der Steine zwischen*

deinen Schultern, als du auf den Kies geworfen wurdest, dieses
furchtbare leise Lachen, du hörst, wie unten im Wohnzimmer der
Fernseher läuft. Wenn du schreibst, erzähle so viel wie möglich
über diese Einzelheiten, die du mit deinen verschiedenen Sinnen
wahrgenommen hast.

Und einige Zeilen weiter steht: »Schaff den Kontext noch
einmal neu, die Situation, in der der Missbrauch geschah. Be-
schreib, wo du als Kind gelebt hast. Was geschah in deiner Familie, in deiner Nachbarschaft, in deinem Leben?« All diese
Tipps hat Amelie angenommen und beherzigt.

Zwei ganze Kapitel widmen die Verfasserinnen von *Trotz
allem* allein dem Erinnern von Missbrauch und Vergewaltigung und vor allem der Problematik, wenn da keinerlei Erinnerungen sind. »Wenn du dich nicht an deinen Missbrauch
erinnern kannst, bist du nicht die Einzige«, versichern die
Autorinnen jenen Leserinnen, die sich auf diffuse Weise sexuell missbraucht fühlen. »Viele Frauen können sich nicht erinnern, und manche werden sich nie erinnern. Das heißt nicht,
dass du nicht missbraucht worden bist.« Und zum Trost erzählen sie das Beispiel einer angeblich missbrauchten Frau
(S. 73):

*Eine achtunddreißigjährige Überlebende beschrieb ihre Be-
ziehung zu ihrem Vater als »emotional inzestuös«. Sie hatte nie
besondere Erinnerungen an irgendwelche körperlichen Kontakte
zwischen ihnen, und es machte ihr lange zu schaffen, dass sie keine konkreten Angaben machen konnte. Mit der Zeit gelang es ihr
aber, die fehlende Erinnerung zu akzeptieren.*

Im Kapitel *Glauben, dass es geschehen ist* berichtet eine andere »Überlebende«, die sich offenbar nicht sicher ist, ob sie
sich an etwas erinnert, und die auch nicht weiß, ob sie sich
das, woran sie sich nicht recht erinnert, womöglich selbst zu-
sammenphantasiert hat (S. 79):

Es ist, als sei ich in einem Nebel, der sich lichtet. Es kommt die Erinnerung an etwas, das ich erlebt habe. Dann weiß ich, es stimmt. »Das war echt. Ich will nicht, dass es stimmt. Aber es ist passiert.« Kaum habe ich das gesagt, fang ich auch schon an, es abzustreiten: »Aber ich liebe meinen Vater. Das hätte er niemals getan.« Und dann gibt es diese kleinen Dinger in mir, die mich fragen: »Aber was war das für eine geheimnisvolle Blasenentzündung, als ich acht war?« Als ich im Krankenhaus war, konnte er mir nicht in die Augen sehen.

Eine Blasenentzündung, die Jahrzehnte zurückliegt, und ein Vater, von dem die Tochter als Erwachsene glaubt, er habe ihr damals nicht in die Augen gesehen, werden den Leserinnen dieses Buches als Indiz für ein Verbrechen präsentiert.

An anderer Stelle versichern die Autorinnen (S. 21):

Bis jetzt hat noch keine Frau, mit der wir gesprochen haben, zuerst gedacht, sie sei vielleicht missbraucht worden, und später entdeckt, dass es doch nicht stimmte. Es läuft immer anders herum: Dem Verdacht folgt die Bestätigung. Wenn du glaubst, du seist missbraucht worden, und dein Leben zeigt entsprechende Symptome, dann stimmt es auch.

Wie mögen solche Botschaften auf die verstörte Seele von Amelie gewirkt haben? Als Ermutigung zum Phantasieren? Ist eine gründlichere Absolution im Vorhinein denkbar? Immerhin hat sie das Buch auch noch auf der psychiatrischen Station erhalten.

Der Strafkammer des Landgerichts Osnabrück ist in den Strafprozessen gegen Amelies Vater und Onkel sehr wohl bekannt, welche Art der Lektüre man dem Mädchen auf der Station zu lesen gegeben hatte. Aber die Richter messen diesen Parallelen keine Bedeutung bei und lassen sich in ihrem Glauben an die Opferzeugin nicht irre machen. Im Urteil gegen den Vater schreiben sie:

Die Zeugin hat dazu angegeben, dass sie auf der Station des Krankenhauses sich auch innerhalb der Literatur mit dem Problem des sexuellen Missbrauchs beschäftigt habe. Es sind aber keine Anhaltspunkte erkennbar, dass gerade die dem Angeklagten zur Last gelegten Tatumstände aus diesen Büchern zu entnehmen sein könnten. Die [Glaubwürdigkeits-]*Sachverständige hat insoweit vorgetragen, dass das von Amelie gelesene Buch dazu keinerlei Informationen geboten hätte. Das Buch habe eher Fragen aufgeworfen, die die Zeugin für sich beantwortet habe.*

Zur Vorbereitung der nächsten Hauptverhandlung, die sich gegen Amelies Onkel Bernhard richtet, hat sich einer der drei Berufsrichter sogar die Zeit genommen, *Trotz allem* auf seine Suggestibilität hin durchzusehen. Doch offenbar ist dem Kammermitglied nichts Merkwürdiges aufgefallen:

Das Buch Trotz allem *ist nicht geeignet, suggestiv auf Amelie zu wirken,* steht im Urteil gegen Amelies Onkel. *In diesem Buch werden keine Berichte von sexuell missbrauchten Opfern geschildert, sondern das Buch wirft Fragen nach der psychischen Befindlichkeit auf, die der Leser für sich beantwortet. Die Lektüre dieses Buches führt nicht dazu, dass der Leser in die Lage versetzt wird, einzelne Episoden sexuellen Missbrauchs zu schildern. Die Kammer hat sich durch ein Kammermitglied mit diesem Buch beschäftigt. In der Hauptverhandlung ist der Inhalt des Buches auch mit dem sachverständigen Zeugen Dr. X* [Amelies Psychiater] *und mit Amelies Psychologin erörtert worden.*

Dass von einem Zeugen, der die Lektüre des Buches selbst empfohlen hatte, keine Kritik zu erwarten war, hat das Landgericht nicht gesehen.

Missbrauchsbeschreibungen, die für ein phantasiebegabtes Mädchen als Anregung dienen konnten, waren übrigens zu jener Zeit in allen Zeitungen und auf allen Fernsehkanälen präsent, dazu hätte Amelie kein 350 Seiten dickes und streckenweise ermüdendes Buch lesen müssen. *Trotz allem* wirkt auch weniger durch die detaillierte Schilderung von Vergewaltigungen, sondern vor allem durch die These: Wer sich als Frau schlecht fühlt, darf annehmen, in der Kindheit missbraucht worden zu sein – auch wenn jede konkrete Erinnerung fehlt. Und als Amelie auf der Kinderpsychiatrischen Station ankam, fühlte sie sich sehr schlecht.

In *Trotz allem* gibt eine »Überlebende«, die es bei aller Mühe zu keinerlei Erinnerung an Missbrauch bringt, zu Protokoll: »Ich hatte die Symptome. In jeder Inzestgruppe fühlte ich, dass ich da genau richtig war …« Sie habe nun den Schaden. »Und wegen des Schadens bin ich sehr krank geworden.« Sie schließt also aus einem selbst diagnostizierten Schaden auf einen Beschädiger, wer auch immer das gewesen sein mag, ohne sich einer konkreten Beschädigung zu entsinnen.

Seelische Verwirrungen aller Art – und nicht wenige der »Überlebenden«, die im Buch präsentiert werden, leiden darunter – werden kurzerhand auf Missbrauch zurückgeführt. Als gäbe es für psychische Auffälligkeiten und Zustände nicht tausend mögliche Ursachen, sondern nur eine einzige. Die Botschaft von *Trotz allem* lautet: Hast du Depressionen, verletzt du dich selbst, bist du lebensmüde oder einsam, wirst du verlassen oder bist du gescheitert – es kann nur am Missbrauch liegen. Das Symptom ist die Diagnose. Und irgendein Mann *muss* schuld sein am Unglück einer Frau. Der Missbrauchsvorwurf wird zur Generalerklärung für alles Frauenunglück dieser Welt, für Frustration, Misserfolg und Wahnsinn. Und er wird zum Blankoscheck für haltlose Verdächtigungen. Alles, was das vermeintliche Opfer braucht, ist ein unkonkretes Unwohlsein, und schon kann es sich guten Gewissens auf die Suche machen nach einem Sündenbock für das eigene Elend. Deshalb wird in *Trotz allem* auch entschieden dazu geraten, alle Zweifel niederzuringen und auf keinen Fall Selbstkritik aufkommen zu lassen. Das Buch erhebt den Anspruch, vergewaltigten Mädchen und Frauen in ihrer Not zur Seite zu stehen, in Wirklichkeit aber leistet es vor allem jenen gestörten Seelen Hilfestellung, die aus welchen Motiven auch immer, seien es Rache- oder Minderwertigkeitskomplexe, falsche Beschuldigungen gegen Männer erheben. Das Buch hilft, den Verstand abzustellen, sich ganz auf die eigenen Gefühle zu verlassen und jeden Skrupel in sich abzutöten. Du hast recht, und alle, die deiner Meinung sind, haben auch recht, lautet der Subtext an die Frau. Wer anders denkt als du, eine andere Haltung einnimmt oder dir gegenüber skeptisch bleibt, macht schon gemeinsame Sache mit dem Feind. Die feministische Szene, aus deren Reihen die Autorinnen stammen, wähnt sich schließlich in einem Krieg der Geschlechter – mit »Feinden« und »Überlebenden«, den Invaliden dieses Krieges. Und wie mag eine junge, verwirrte Leserin das Werk verstehen?

Um völlige »Heilung« zu erreichen, rät das Buch den Frauen natürlich auch, Kontakte zu Menschen abzubrechen, die an ihren Geschichten zweifeln oder Kritik äußern, und sich stattdessen jenen Unterstützern zuzuwenden, die die Opfer – oder auch vermeintlichen Opfer – in ihrem Glauben an die Vergewaltigung bestärken:

Du musst ausmisten und dich – soweit möglich – von allen trennen, die dich geringschätzen. Dann wirst du hören, wie positiv über dich gesprochen wird. Hör zu. Nimm es auf.

Ein solcher Ratgeber wird auf der Kinderpsychiatrischen Station, wo kranke Kinderseelen gesund gemacht werden sollen, der aus den Fugen geratenen Teenagerin Amelie angetragen. Mit der Behauptung, vom Vater missbraucht worden zu sein, kann sich Amelie die Aufmerksamkeit und das Mitleid und die Beachtung jener Personen sichern, die in der künstlichen Umwelt der Kinderpsychiatrischen Station das Sagen haben. Endlich ist sie unter Menschen, die ihren Wert erkennen, die an ihrer Seite stehen, ihre Geschichten hinnehmen, die sie für jede Missbrauchserinnerung mit Anteilnahme belohnen. Menschen, die sie als Opfer akzeptieren und ihr das Gefühl geben, gemocht, ja geliebt zu sein.

Wenn dich das Leid des Lebens drückt
und deine Seele bebt und weint,
wenn dich kein Sonnenstrahl entzückt
und dir so weit dein Glück erscheint;
dann such dir eine Menschenseele,
die mit dir fühlt und dich versteht,
und was dein Herz auch immer quäle,
sei ganz gewiss, dass es vergeht.

Diesen romantischen Vers eines unbekannten Dichters trug Amelie – mit der Unterschrift »Dein Schwesterherzchen« – in das Poesiealbum ihrer älteren Schwester Sophia ein. Das war einige Zeit vor der Katastrophe, doch enthalten die Zeilen, so rührselig und kitschig sie sind, für den, der sie im Nachhinein liest, einen drohenden und fast prophetischen Unterton. In der Kinderpsychiatrie hat Amelie sie gefunden, jene Menschenseelen, die mit ihr fühlen.

Was würde geschehen, wenn sie jetzt plötzlich zugäbe, dass sie sich all die schrecklichen und ergreifenden Szenen ausgedacht hat? Ein Himmelsturz stünde ihr bevor! Sie wäre kein Opfer mehr, sondern eine Lügnerin. Jemand, der sich auf Kosten anderer wichtig machen will. Alle, die jetzt so heftig Anteil nehmen an ihrem Schicksal, würden sich enttäuscht von ihr abwenden. Und sie würde vertrieben werden aus dem Paradies der Psychiatrie, wo sie nicht zuletzt dank ihrer Märchen im Zentrum der Zuwendung steht. In die hässliche Welt, in die Familienhölle würde sie geschleudert werden, wo des Vaters Rache droht. Nein, von einem bestimmten Punkt an gibt es für Amelie kein Zurück mehr. Sie muss bei ihrer Geschichte bleiben. Und irgendwann hat sie womöglich angefangen, selbst daran zu glauben.

Auch macht die Behauptung, vergewaltigt worden zu sein, aus ihr, dem erniedrigten, hilflosen Kind von einst, eine mächtige Person. Der verhasste Vater, der ihr früher wegen jeder Lappalie ins Gesicht schlug und Hausarrest verhängte, rennt verzweifelt gegen die Mauern des Krankenhauses – doch seine Tochter erteilt ihm »keine Besuchserlaubnis«. Als Verachteter sitzt er im Gericht auf der Anklagebank und muss den Saal verlassen, wenn sie, das Opfer Amelie, eintritt – das Gericht möchte dem verschreckten, vergewaltigten Mädchen den Anblick des Peinigers ersparen. Am 31. März 1995 wird Adolf S. vom Landgericht Osnabrück zu einer Gesamtfreiheitsstrafe von sieben Jahren verurteilt. Das geschieht, weil die Richter – ebenso wie alle anderen – ihr, Amelie, glauben. Ihm, dem Gewalttäter von einst, glaubt keiner mehr, nicht einmal die eigene Frau. Nein, Amelie muss sich nicht mehr fürchten, sie ist jetzt in Sicherheit und erledigt ihren Feind aus der Ferne – unter den Augen von Psychiatern und Richtern. Für das, was er ihr und der Familie angetan hat, konnte sie ihn nicht zur Rechenschaft ziehen – also richtet sie ihn für etwas, das er nicht getan hat.

Inquisition des guten Willens

Die Tragödie um Amelie hat viele Ursachen, und sie besteht auch darin, dass das Mädchen von einem kranken System ins nächste wechselt. Misshandelt und isoliert in der Familie, flüchtet sie sich in den professionell wirkenden Schutz der Psychiatrie. Doch wo man ihr Hilfe verheißt, ist keine zu erwarten. Stattdessen führen die vermeintlichen Retter Amelie noch weiter in die Irre. So wird das Schicksal dieses Mädchens zum Spiegel der dunklen Seite des Feminismus.

Die wahnhafte Fixierung auf den sexuellen Missbrauch von Kindern und Jugendlichen erfasste in den neunziger Jahren die gesamte Gesellschaft, hielt Einzug in Familien, spielte bei Scheidungsverfahren eine immer größere Rolle und fand ihren Weg zu Kinderärzten, in Schulen, in die Jugendämter, in die psychiatrischen Stationen, die Untersuchungszimmer der Gerichtspsychologen und die Büros sonst so sachlicher Staatsanwälte und Richter. Was als erhöhte Aufmerksamkeit grundsätzlich umsichtig handelnder Ärzte und Behörden begrüßenswert gewesen wäre, wuchs sich rasch zu einer irrealen Konfusion aus, die auch jene Instanzen erfasste, deren vernunftgesteuertes Verhalten die Rechtssicherheit garantiert. Deshalb geht die Bedeutung des Falles Amelie weit hinaus über die tragische Biographie eines einzelnen Mädchens und seiner beiden Opfer.

Die Gepflogenheit, überall Kindesmissbrauch zu wittern, ihn mit großer Entschlossenheit aufzudecken und das Aufgedeckte strafrechtlich zu verfolgen, war in den achtziger Jahren in den Vereinigten Staaten zu einer regelrechten Zwangsvorstellung geworden und bald nach Europa herübergeschwappt. In Großbritannien kam es 1987 unter anderem zum sogenannten Cleveland-Fall, bei dem eine Kinderärztin durch Analuntersuchungen bei Kindern binnen kürzester Zeit 121 vermeintliche Missbrauchsfälle aufdeckte. Die »Geschädigten« wurden ihren Eltern weggenommen, bis sich die kollektive Hysterie schließlich in Luft auflöste.

Auch in Deutschland wurde der Kreuzzug gegen den Missbrauch geführt. Wer beruflich mit Kindern zu tun hatte, lebte gefährlich. Er stand im permanenten Verdacht, sich an ihnen zu vergreifen. Wehren konnte sich keiner, denn kognitive Argumente erreichten die Verfolger bald nicht mehr. Der Cocktail aus sexuellen Details und kindlicher Hilflosigkeit tat seine unwiderstehliche Wirkung und berauschte selbst die Ermittler bei Polizei und Staatsanwaltschaft. Bald fanden an deutschen Gerichten unter großer öffentlicher Anteilnahme Mammutprozesse statt, in denen Kindergärtner oder ganze Familien angeklagt waren, kleine Kinder auf haarsträubende Weise missbraucht zu haben.

Vor dem Mainzer Landgericht kam es in den Jahren 1994 bis 1997 zu drei großen Strafprozessen, die schwersten Kindesmissbrauch (einschließlich sadistischer Handlungen) zum Inhalt hatten. Die sogenannten Wormser Prozesse endeten mit den Freisprüchen aller 24 Angeklagten, eine weitere Angeklagte war in der Untersuchungshaft gestorben. Doch alle drei Gerichte stellten übereinstimmend fest, dass zahlreiche Kinder, die belastende Angaben gemacht hatten, im Vorfeld durch »aufdeckende« Erwachsene inquisitorisch befragt, unter Druck gesetzt, manipuliert und beeinflusst worden waren. Bis zu dreißigmal hatte man die kleinen Zeugen einvernommen und in ihren Aussagen herumgebohrt, angeblich um ihnen zu helfen, endlich über ihr Trauma zu sprechen.

Es ist wissenschaftlich nachgewiesen, dass diese Vorgehensweise mit Kindern massiv suggestive Wirkung haben und zur Entstehung von Pseudoerinnerungen führen kann.

Das schreibt der Berliner Psychologieprofessor Max Steller, der selbst als Gutachter in den Wormser Prozessen zur Aufklärung der kollektiven Verwirrung beigetragen hat, in seinem Aufsatz »A doctor starts a bitter battle«, der 2000 im Schmidt-Römhild Verlag, Lübeck, erschienen ist. Dort heißt es weiter:

Am Beginn der Suggestion besteht wahrscheinlich eine Verunsicherung der Kinder, zu deren Bewältigung die eigenen Erinnerungen zunehmend durch die suggerierten ersetzt werden. Diese Verunsicherung ist natürlich besonders ausgeprägt, wenn das entsprechende Kind ohnehin emotionale Probleme hat, was ohne Zweifel gegeben ist, wenn es von seinen Eltern getrennt und fremd untergebracht wurde.

Der Druck, der auf den Kindern laste, fährt Steller fort, führe zu den unglaublichsten, phantastischsten und absurdesten Schilderungen sexueller Übergriffe. Doch kein Ermittler habe sich damals von der Abstrusität der kindlichen Behauptungen beeindrucken oder ins Grübeln bringen lassen.

Weder die professionelle Aufdeckerin oder der primäre Glaubwürdigkeitsgutachter noch die Staatsanwaltschaft Mainz wurden durch solche Schilderungen unsicher. Vielmehr lieferten sie pseudopsychologische Erklärungen für die irrealen Darstellungen der Kinder.

Feministische Beratungsstellen für sexuell missbrauchte Kinder und Frauen schießen Anfang der neunziger Jahre aus dem Boden. Sie tragen bedeutungsschwangere Namen: *Zartbitter, Wildwasser, Allerleirauh, Hautnah, Zerrspiegel, Schattenriss, Alraune, Belladonna, Kobra* − oder eben *Trotz allem*. Psychologinnen arbeiten mit fragwürdigen »anatomisch korrekten Puppen«, an deren ausgeprägten Geschlechtsteilen Kinder das Unaussprechliche bedeuten sollen. Mitarbeiterinnen aus Jugendämtern, aus Psychiatrie- und Sozialstationen bilden sich bei sogenannten Aufdeckerinnen fort, um den Familien ihr vermutetes Geheimnis zu entreißen, wenn nötig mit Hilfe der Justiz. Als Amelie ihre Beschuldigungen erhebt, herrscht eine Art Inquisition des guten Willens im ganzen Land. Auch in Osnabrück.

Und die Medien machen mit. Das Thema wühlt das ganze Land auf. Über Jahre sind Zeitungen und Fernsehprogramme voll vom Thema Kindesmissbrauch, der zum Teil in allen Einzelheiten ausgebreitet wird. In langen Serien schildern Boulevardzeitungen grausige Mädchenschicksale in farbigen Details, in illustrierten Frauenmagazinen berichten verbitterte Mittvierzigerinnen, wie sie dem Unglück ihrer Existenz durch Reinkarnationstherapien auf die Spur kamen und plötzlich begriffen: Aha, auch ich bin ein Missbrauchsopfer! Und das Fernsehen schüttet schlüpfrige Vergewaltigungsstorys über alle Kanäle aufs Volk. Die Grenze zwischen Puritanismus und Pornographie verschwimmt. Und Amelie saugt alles auf. Ihre Verwandten erzählten mir, dass das Mädchen von dieser Art der Berichterstattung fasziniert und hingerissen gewesen sei. Kaum eine Missbrauchssendung im Fernsehen, die sie ausließ, und habe sie trotzdem manchmal eine versäumen müssen, habe sie die Familie gebeten, den Beitrag mit dem Videorecorder für sie aufzuzeichnen.

Nur wenige Journalisten stemmen sich dem kollektiven Wahn um den sexuellen Missbrauch entgegen. Die meisten schwimmen – uninformiert und erschüttert vom angeblichen Ausmaß der Katastrophe – im Strom der Empörung mit. Bald gehört es auch zum guten Ton der politisch korrekten Berichterstattung, keine Kritik an Ermittlungs- oder Vernehmungsmethoden zu äußern. Wer den Aufdeckungsrausch hinterfragt, macht sich schon verdächtig.

Ich habe 1994 als junge Redakteurin der ZEIT selbst an einer Fortbildung über Aufdeckung von sexuellem Missbrauch teilgenommen, die eine feministische Psychologin für Mitarbeiterinnen norddeutscher Jugendämter veranstaltete. Geboten wurde ein Vortrag, dessen aggressive Tendenz durch die verhaltene Tonart geschickt als Sachlichkeit getarnt war. Die Referentin hatte »anatomisch korrekte Puppen« dabei, deren Handhabung sie erklärte, und sie interpretierte Kinderbilder auf deren versteckte Missbrauchsbotschaften. Auch Filme hatte sie mitgebracht, in denen eine missbrauchte Drei- oder Vierjährige auftrat, die auf eindeutige Weise mit den Puppen hantierte und in Kindersprache erzählte, was Papa mit ihr gemacht habe. Es war erschütternd anzusehen und trieb mir damals die Tränen in die Augen, heute hingegen stellt sich mir die Frage, durch wen das Kind wirklich missbraucht worden war – durch ihren Vater, wie es hieß, oder durch die Damen von der Aufdeckungsfront.

Ich erinnere mich, damals froh gewesen zu sein, dass ich kein Mann bin. Denn ein Mann zu sein, das wurde mir bei dieser mehrtägigen Veranstaltung klar, hieß, in Gefahr zu sein. Ein Mann, der einmal in Verdacht geraten war, hatte damals kaum eine Chance. Die Möglichkeit, dass ein Beschuldigter den Missbrauch, den man ihm vorwarf, gar nicht begangen haben könnte, wurde in den Tagen der Fortbildung nicht ein einziges Mal angesprochen.

Die Psychologin riet den Sozialpädagoginnen der Jugendämter vielmehr, alle Aussagen von Opfern bedingunglos zu glauben und sofort Partei für die Kinder zu ergreifen. Mädchen und Jungen, bei denen sich auch nur der leiseste Verdacht des Missbrauchs ergebe, seien unverzüglich aus der Familie zu nehmen, rechtliche Gegenmaßnahmen der elterlichen Anwälte könne man mit Hilfe eines Jugendhilfeparagraphen für »Gefahr in Verzug« wirksam abschmettern. Der würde ohnehin viel zu selten angewandt, die Frauen müssten sich da mehr trauen! Das anfängliche professionelle Interesse unter den Fortgebildeten wuchs sich im Laufe der Veranstaltung aus zu einem Gemeinschaftsgefühl der leidenschaftlichen Einigkeit im Kampf für das Gute. Jede Teilnehmerin wusste eine noch schrecklichere Missbrauchsgeschichte aus ihrem Amtsalltag beizusteuern. Gegen Verteidiger, Richter und kritische Sachverständige wurde mit dem Hinweis, es handle sich ja schließlich um Männer, also potenzielle Täter, die naturgemäß nichts anderes zum Ziel hätten, als die Verbrechen ihres eigenen Geschlechtes zu decken, polemisiert und Stimmung gemacht. Kein Einspruch wurde laut im Publikum.

Und auch ich sagte nichts: Ich war nicht als Diskutantin da, sondern als beobachtende Reporterin, aber damals wusste ich auch noch nicht, was ich von alldem halten sollte. Hatten die Frauen nicht auch recht? Standen sie nicht auf der richtigen Seite, nämlich auf der der Opfer? Muss nicht eine gewisse Rigorosität entfalten, wer den Schwachen und Vergessenen helfen will – und wer ist schwächer und vergessener als ein missbrauchtes Kind? Darf nicht, wer auf der richtigen Seite steht, auch manchmal übers Ziel hinausschießen und Fehler machen, ohne dass man ihn gleich verurteilt? So dachte ich, die Jungredakteurin, und schwieg. Vielleicht auch aus Feigheit gegenüber dieser Mauer aus steinerner Überzeugung. Aber mir war nicht wohl dabei.

Ich zog mich aus der Affäre, indem ich über diese Fortbildung nichts veröffentlichte und meine Eindrücke für mich behielt. Zwar ahnte ich, dass hier irgendetwas mächtig aus dem Ruder lief, konnte aber damals noch nicht recht begründen, was da außer Kontrolle geriet und warum. Dazu fehlten mir der Überblick und die Erfahrung. Als ich mich später als Gerichtsreporterin mit den Auswüchsen derart radikalen, ja hasserfüllten Denkens beschäftigte, wusste ich, was ich damals hätte schreiben sollen: Dass Eifer blind macht für die Wahrheit und dass es eine Schande ist, wenn Frauen ihren Befreiungskampf auf dem Rücken von Kindern austragen. Dass es das Recht zerstört, wenn sich Fanatiker in Familiengerichten und den Strafkammern der Landgerichte Gehör verschaffen können. Was sind Opfervertreter wert, hätte ich fragen sollen, die achselzuckend in Kauf nehmen, dass sie durch ihre Methoden selbst Opfer produzieren, Kinderseelen für immer schädigen und Unschuldige ins Gefängnis bringen? Und was tun sie den wirklichen Opfern sexuellen Missbrauchs an? Das tatsächliche Ausmaß des damals angerichteten Schadens begriff ich aber erst, als ich 2001 die Schicksale von Amelies Vater und ihrem Onkel aus Aktenbergen ans Licht holte.

Zu den wenigen, die die heraufziehende Gefahr schon früh erkannten und sie von Anfang an thematisierten, gehörten die beiden langjährigen Gerichtsreporter des Nachrichtenmagazins *Der Spiegel*, der inzwischen verstorbene Gerhard Mauz und seine Nachfolgerin Gisela Friedrichsen. Sie beobachteten von 1992 bis 1995 den Prozess gegen den Erzieher eines Montessori-Kindergartens, dem vorgeworfen worden war, 63 kleine Kinder über Jahre aufs Grausamste missbraucht zu haben, ohne dass es jemand bemerkt hatte. Der Prozess fand am Landgericht Münster statt, zur gleichen Zeit, als die Ermittlungen gegen Amelies angebliche Vergewaltiger liefen, und nur wenige Kilometer von Osnabrück entfernt. 1995 wurde der Kindergärtner freigesprochen.

Die Verdächtigung des Mannes war – wie so viele jener Zeit – von der aufdeckenden Mitarbeiterin eines feministischen Vereins zur Unterstützung sexuell missbrauchter Kinder mit Namen »Zartbitter« ausgegangen. Und bald weiteten sich die Verdächtigungen auf eine Reihe weiterer Personen aus. Mauz schreibt in seinem Prozessbericht von 1993: »Bisher lautete das Credo von ›Zartbitter‹: Nur wer sich vorstellen kann, dass selbst im eigenen engeren Familienkreis sexueller Missbrauch möglich ist, wird seine Kinder schützen können. Mittlerweile, denn ein neues, unabsehbar weites Feld tut sich seit einiger Zeit auf, müsste es lauten: Nur wer sich vorstellen kann, dass es sexuellen Missbrauch von Kindern überall gibt, wo Männer mit Kindern zu tun haben, kann seine Kinder schützen.«

Und in ihrer *Spiegel*-Titelgeschichte »Jeder Mann ein Kinderschänder?« aus dem Jahr 1994 übertragen Mauz und Friedrichsen ein Zitat des amerikanischen Schriftstellers Arthur Miller über den Hexenwahn, der dreihundert Jahre zuvor im Städtchen Salem an der Ostküste der USA gewütet und mehrere Todesopfer gefordert hatte, auf die Gegenwart in Deutschland: »Es war eine Projektion der eigenen Lasterhaftigkeit auf andere, um sie dann mit deren Blut abzuwaschen. In mehr als einem Brief aus der Zeit stand: Jetzt ist niemand sicher.« Gerhard Mauz und Gisela Friedrichsen sind damals für ihre Texte und auch für die Parteilichkeit, mit der sie sich auf die Seite jenes angeklagten Kindergärtners aus Münster gestellt haben, scharf angegriffen worden. Heute weiß man, dass die beiden damals recht hatten und sich um den Rechtsstaat verdient gemacht haben.

»Die Schäden sind enorm«

Interview mit dem Glaubwürdigkeitssachverständigen Max Steller

Max Steller (61) ist Professor für Psychologie am Institut für Forensische Psychiatrie in Berlin. Bei den Gerichten gilt der Wissenschaftler in Fragen der Aussage- und Glaubhaftigkeitspsychologie als kompetentester Fachmann im Land. 1999 beriet Steller als Sachverständiger den Bundesgerichtshof bei der Entwicklung von Standards für Glaubhaftigkeitsgutachten, die den Instanzgerichten helfen sollen, gute von schlechten Gutachten zu unterscheiden. Auch in vielen spektakulären Strafprozessen spielten Stellers Gutachten eine entscheidende Rolle, so in den erwähnten »Wormser Prozessen« oder beim Vergewaltigungsprozess gegen einen prominenten TV-Moderator, der im Sommer 2005 vor dem Landgericht Frankfurt am Main stattfand. Im folgenden Interview geht es um Falschbeschuldigungen, Gutmenschentum und die Frage, was die Opferrolle so attraktiv macht.

Herr Professor Steller, können Sie erklären, wie es im Deutschland der neunziger Jahre zu jenen ausufernden Missbrauchsanschuldigungen kam?

Man kann das, was damals zu beobachten war, als Kollateralschaden bezeichnen. Als Kollateralschaden der – auf den ersten Blick – begrüßenswerten Hinwendung zum Thema sexueller Kindesmissbrauch. Dass dieses Delikt öffentlich diskutiert wurde, hat sicher auch der Aufklärung gedient. Aber durch eine zu häufige Thematisierung, durch einseitige Betonung einzelner Komponenten, durch halb richtige, halb falsche Darstellungen ist es dann zu einem Überdiagnostizieren gekommen und zu einem Überinterpretieren.

Was bedeutet das?

Als Gutachter habe ich schon seit den siebziger Jahren mit Aussagen von Kindern über sexuellen Missbrauch zu tun. Plötzlich bekam ich Fälle zur Begutachtung, die ganz anders anfingen als früher. In den siebziger Jahren stand immer die – manchmal nur rudimentäre – Aussage eines Kindes am Anfang. Ende der achtziger Jahre aber sahen wir gehäuft Fälle, in denen nicht das Kind sich geäußert hatte, sondern wo Erwachsene dachten, diesem Kind müsse was passiert sein, und die dann eine Maschinerie von Dauerbefragungen in Gang setzten, also das, was wir heute als Aufdeckungsarbeit bezeichnen. Die Aussage eines Kindes aber, das durch diese Maschinerie gegangen ist, taugt nichts mehr, weil das Kind unter dem Druck der Befrager zu fabulieren anfängt.

Die intensive öffentliche Beschäftigung mit dem Dunkelfeld bei Kindesmissbrauch, die anfangs so verdienstvoll erschien – zum Beispiel auch durch den Hinweis, dass das Delikt vorwiegend im Nahbereich vorkommt und dass es nicht immer der Unhold ist, der aus dem Busch springt und so weiter –, entwickelte negative Nebenwirkungen. Und in den neunziger Jahren nahmen diese Nebenwirkungen Ausmaße an, die sich keiner hätte träumen lassen.

Warum ist die Öffentlichkeit auf dieses Thema so heftig eingestiegen?

Eine wissenschaftlich fundierte Antwort kann man da nicht geben, aber ich denke, wenn Sie die Themen Sexualität und Kind kombinieren, haben Sie schon eine Mischung, die jeden anspricht. Und wenn dazu als drittes Element noch Gewalt oder Sadismus oder Tötung hinzukommt, dann haben Sie alles, was »attraktiv« ist und was die Leute bei ihren Gefühlen packt. Ich habe mir als Alterswerk vorgenommen, einmal die historischen Abfolgen dieses hysterischen Phänomens zu erforschen. Es gibt ja Erkenntnisse darüber, dass so was immer wieder, sozusagen in Wellen auftritt.

Wann war denn die letzte Welle?

Anfang des zwanzigsten Jahrhunderts wurde das Thema sexueller Missbrauch in der Psychologie und Psychiatrie sehr heiß diskutiert. Im Mittelpunkt standen damals nicht die Aussagen der ganz jungen Jahrgänge von Opfern wie in den neunziger Jahren, sondern es ging eher um pubertierende Mädchen. Aber die Problematik, dass Schülerinnen unter dem Einfluss von Pseudoerinnerungen gegen ihre Lehrer aussagen und Vorfälle behaupten, die es nie gegeben hat, das war in den zwanziger, dreißiger Jahren alles schon mal da.

Und später?

Aus meiner eigenen Tätigkeit kann ich sagen: In den siebziger und achtziger Jahren gab es bereits genügend psychologische Experten, die sich bei Sexualdelikten mit den Aussagen von Kindern befassten. Da wurde auch verurteilt, von den Zahlen her sogar mehr als heute. Auch die Anzeigenstatistik zeigt, Kindesmissbrauch wurde damals häufiger angezeigt als heute. Es war also keineswegs so, dass kein Mensch davon wusste oder niemand es wahrhaben wollte. Nein. Das Thema wurde sehr rational und mit vernünftigen wissenschaftlichen Methoden behandelt. Und manchmal überlege ich mir − in Anbetracht der Kollateralschäden, die wir heute erleben −, ob die negativen Aspekte der öffentlichen Beschäftigung mit dem Thema nicht inzwischen überwiegen.

Sie meinen, es gibt eine dunkle Seite des Engagements für missbrauchte Kinder.

Ja. Die Schäden sind enorm. Die Falschbeschuldigungen − das sind keine kleinen Zahlen mehr. Niemand kann genau sagen, wie viel Prozent die Fehlverurteilungen inzwischen ausmachen und wie viele Unschuldige im Gefängnis sitzen, aber ich bin sicher, dieses Dunkelfeld ist erheblich. Und dabei ist das Strafrecht noch am wenigsten betroffen. Weit größer sind die Kollateralschäden im Familienrecht. Da wird dann eben schnell ein geschiedener Ehemann vom Umgangsrecht mit seinem Kind ausgeschlossen. So was hat auf die Entwicklung der Kleinen erhebliche Auswirkungen. Die Kinder werden nicht nur von einer relevanten Bezugsperson abgeschnitten, sondern sie wachsen mit dem eingeimpften Gedanken auf, missbrauchte Kinder zu sein. Es findet keine Korrektur mehr statt, weil sie ja in ihrem verirrten Umfeld bleiben. Und das führt in vielen Fällen – wie bei einigen angeblichen Opfern in den sogenannten Wormser Prozessen – dazu, dass sie ins Psychiatrische abgleiten. Das sind wahrhaftig tragische Schicksale. Kurz gesagt: Es sind nicht nur die Männer, die leiden (und über deren Elend oft genug achselzuckend hinweggegangen wird), sondern auch die betroffenen Kinder werden durch Fehldiagnosen schwer beschädigt.

Und wie konnten solche Irrationalitäten auf Behörden übergreifen? Auf Richter, die doch sonst an Nüchternheit nicht zu überbieten sind?

Jeder weiß, welche verheerenden Auswirkungen Missbrauch und Vergewaltigung auf ein Kind, auf ein junges Mädchen haben. Wer will der Böse sein und kritische Fragen stellen? Wer bringt es über sich, einem weinenden Mädchen zu sagen: Ich glaub dir kein Wort?

Ein Kollege von mir, Professor Günter Köhnken aus Kiel, hat Studien dazu gemacht: Er zeigte einer Gruppe von Versuchspersonen einen Film, in dem ein männlicher Lehrer Vorschulkindern beim Turnen Hilfestellung gibt. Bei der anschließenden Befragung berichtete keine einzige Person, dass sie irgendetwas Unsittliches beobachtet hätte. Einer anderen Gruppe gab er vor dem Film die Information, der Lehrer stehe im Verdacht, ein Kindesmissbraucher zu sein, und nun kam schon etwa jedem zweiten Teilnehmer etwas am Verhalten des Mannes komisch vor. Einer dritten Gruppe zeigte er erst den Film und gab hinterher bekannt, da sei ein möglicher Täter zu sehen gewesen. In dieser Gruppe fielen achtzig bis neunzig Prozent der Zuschauer nachträglich etwas Verdächtiges auf.

Setzt man mitten in die Gruppe auch noch einen, der behauptet, ein Experte für sexuellen Kindesmissbrauch zu sein, der seine angeblichen Beobachtungen bekundet und die Dis-

kussion an sich reißt, dann kann man auch in den Berufs-
gruppen der Richter und Psychologen erstaunlich viele dazu
bringen, ebenfalls »Beobachtungen« zu machen. Bei diesem
emotionalisierten Thema des Kindesmissbrauchs wird der Verstand oft an der Garderobe abgegeben. Es wird nicht mehr re-
flektiert.

Obwohl es sich um reflektierende Menschen handelt ...

... die das Gutmenschentum blind gemacht hat. Der Gut-
mensch ist weit verbreitet in helfenden Berufen, wenn er auch
nicht darauf beschränkt ist. Aber bei Psychologen, Medizinern, Sozialpädagogen und anderen helfenden Berufen ist die
Gefahr sehr groß, dass im Denken keine wissenschaftliche Ge-
genprüfung mehr stattfindet, sondern aus emotionaler Beteiligung nur noch Informationen gesammelt werden, die passen, und solche ausgeblendet werden, die gegen den Verdacht
sprechen. Wissenschaftler dagegen lernen genau dieses diver-
gente Denken. Deshalb ist es wichtig, dass in Gerichtsverfah-
ren, die sich mit Sexualdelikten befassen, eben *nicht* das Behandlungspersonal von Patienten oder Problemkindern zur
Frage der Glaubwürdigkeit des Opfers befragt wird, sondern
neutrale Sachverständige.

*Das Gutmenschentum scheint aber keine Frauenkrankheit zu
sein.*

Nein, nein. Es gibt unter den Männern nicht wenige, die
hervorragende Feministen sein möchten. Sie wollen besonders
verständig sein und tun sich beim ›Aufdecken‹ nicht selten
besonders hervor. Es gibt auch sehr viele männliche Therapeuten, die dieses falsche Gedankengut propagieren.

*Ist die Missbrauchsverdachtswelle in Deutschland jetzt vor-
bei, oder hält sie an?*

Sie ist eindeutig nicht vorbei. Die Massenprozesse von
Worms oder der Montessori-Prozess in Münster wurden na-

türlich auf wissenschaftlichen Kongressen verarbeitet, was zu einer teilweisen Verbesserung der Lage geführt hat.

Was hat sich verändert?

In vielen Beratungsstellen, die vorher einseitig und falsch gearbeitet haben, ist Besinnung eingekehrt. Die Leute sind nachdenklich geworden und gehen jetzt verantwortungsvoller vor. Andererseits lebt bei vielen anderen auch das alte Gedankengut noch weiter. Bei denen hat sich nur verändert, dass sie das, was sie tun, jetzt verdeckter tun. Früher war man ja stolz auf die erfolgreiche Aufdeckungsarbeit, heute wird sie einfach verschwiegen und unterm Deckel gehalten. Man tut so, als habe das Kind von sich aus geredet.

Und noch etwas hat sich verändert: Die Problematik verlagert sich lokal. Mit der politischen Großwende wandert sie nach Süd- und Osteuropa. Das, was wir in Deutschland mit zehn Jahren Verspätung von den Amerikanern übernommen haben, zieht weiter. Südeuropa bekommt die Aufdeckungsprobleme jetzt, ebenso Osteuropa. Man hört das von Gastwissenschaftlern aus anderen Ländern, man merkt das an der dortigen Häufung einschlägiger Tagungsthemen. Und man kann beobachten, wie die falschen Propheten von einst, die hier bei uns nicht mehr zu Wort kommen, jetzt im Ausland die Festreden halten.

Die lernen jetzt Polnisch und Tschechisch?

Und verbreiten immer noch die Lehre, dass Rückenschmerzen einen früheren sexuellen Missbrauch indizieren. Und da sind wir bei einer weiteren Neuerung: Die schlimmen Probleme mit falschen Beschuldigungen gehen jetzt weniger von den Kindern aus, sondern von Erwachsenen. Wir Gutachter sehen nun mehr und mehr erwachsene Personen mit psychischen Labilisierungen, Persönlichkeitsgestörte beispielsweise. Ich habe auf meinem Schreibtisch derzeit fast ausschließlich

Fälle von Erwachsenen zur Bearbeitung liegen, die behaupten, Missbrauchte oder Vergewaltigte zu sein. Fast alle haben eine psychiatrische oder eine lange psychotherapeutische Vorgeschichte. Auf überregionalen Tagungen reden wir in letzter Zeit viel über solche Fälle, denn anderen Gutachtern geht es ebenso.

Ich habe im Jahre 2004 für einen Vortrag in der Datenbank des Bundesgerichtshofs die obergerichtlichen Entscheidungen seit 1999 durchgesehen und habe die zentralen Urteile zu den Stichworten »sexueller Kindesmissbrauch« und »Aussagepsychologie« analysiert. Und siehe da: Nur ein einziger Fall von insgesamt etwa dreißig, die in den fünf Jahren kontrovers behandelt worden waren, betraf tatsächlich ein Kind – alle anderen betrafen Frauen.

Die aussagten, als Kinder missbraucht worden zu sein?

Ja. Da sind wir dann beim Phänomen des *repressed memory*, der sogenannten unterdrückten Erinnerung an den angeblichen Missbrauch, die erst im Erwachsenenalter zurückkehrt.

Warum fühlen sich die Frauen als Opfer? Was haben sie davon?

Es gibt eine verbreitete Sehnsucht, Opfer zu sein, hat ein Berliner Psychiater gesagt. Die psychologischen Mechanismen sind leicht zu erklären. Die Sehnsucht betrifft Personen, übrigens auch Männer, die Probleme haben. Sie schleppen ein großes Päckchen durch ihre Biographie und haben das Gefühl: Irgendwas stimmt mit mir nicht! Und dann stoßen sie auf das Thema Nummer eins in den Medien: den sexuellen Kindesmissbrauch. Also es sind Menschen, die spüren, es geht mir dreckig, ich bin anders als die anderen, bei mir klappt nichts. Das geht bis zu psychosomatischen Erscheinungen, der eine hat Asthma seit Jahren, der andere Allergien – und plötzlich stoßen sie auf ein Erklärungsmodell, das massenhaft in den Medien angeboten wird, und sie fragen sich: Vielleicht wurde auch ich sexuell missbraucht? Könnte da nicht was dran sein?

Sie fangen an zu grübeln, und meist geraten sie dann noch in Hände, die dieses Grübeln unterstützen (sprich Therapeuten, Beratungsstellen), die sie entweder überhaupt erst auf die Spur setzen oder in ihrem Glauben bestätigen. Damit bekommt das Ganze einen Erklärungswert. Endlich hat die Person den Grund gefunden, warum sie so ist, wie sie ist. Oft kommt es dann zu einer vorübergehenden Reduktion von Symptomen (das Asthma ist plötzlich weg, oder die Allergien), was dann zu einer Selbstverstärkung führt: Aha, ich bin auf dem richtigen Weg!

Und wenn wir Sachverständigen dann Zweifel am Realitätsgehalt der Aussagen anmelden – die so weit gehen können, dass wir in unseren Begutachtungen darlegen: So kann es auf gar keinen Fall gewesen sein –, dann kommt es bei den Begutachteten nicht selten zu einer heftigen Abwehr und einer durchaus nachvollziehbaren Abwertung des Gutachters. In dieser verzerrten Perspektive werden die vermeintlichen Opfer oft auch noch von jenen Experten und Therapeuten unterstützt, in deren Händen sie sich jahrelang befunden haben.

Wozu führt ein solcher Irrglaube auf lange Sicht? Was geschieht mit den Biographien von Falschbeschuldigern, die vielleicht sogar Erfolg hatten und ihren »Peiniger« hinter Gitter gebracht haben?

Es gibt eine sehr lesenswerte Studie der amerikanischen Psychologin Elizabeth Loftus über *Repressed-recovered-memory*-Fälle im Staat Washington. Darüber hat es in Amerika solchen Streit gegeben, dass verschiedentlich sogar versucht wurde, die Publikation zu verhindern. Loftus stellte fest, dass es allen untersuchten Frauen, die vermeintliche Erinnerungen an sexuellen Missbrauch mit Hilfe von Fachleuten wiedererlangten, auf lange Sicht sehr schlecht ging. Sie verelendeten psychisch und rutschten sozial ab. Und das ist nicht besonders schwer zu verstehen. Das Gleiche kann ich auch bei meinen eigenen Fällen beobachten. Ich hatte mehrere junge Frauen zu begutachten, die bis zum Tage der Anzeige gegen ihren Vater von diesem die Psychotherapie finanziert bekamen, in der sie ihre »Erinnerungen« zurückriefen. Aber wenn die junge Frau solche Gedanken nicht nur im stillen Kämmerlein des Therapeuten ventiliert, sondern zur Polizei geht, dann muss der Vater sich verteidigen. Er wird zum Gegner. Geschwister, die wissen, der Vater kann das nicht getan haben, wenden sich von ihr ab. Die Beschuldigerin wird sozial isoliert. Sie ist außerdem vollkommen in Anspruch genommen von ihren Vorwürfen, ihren Aussagen, ihrem Auftreten, vor allem wenn es zum Prozess kommt. Auch für den Beruf bleibt dann keine Kraft, keine Zeit, keine Energie.

Sie wird Opfer von Beruf?

Ja, und ist auf öffentliche Gelder angewiesen. Wir sehen hier im Institut nicht nur Strafrechtsfälle, sondern auch Begutachtungsfälle nach dem Opferentschädigungsgesetz. Die große Welle der falschen Erinnerungen ist bei uns in Deutschland weniger beim Strafrecht angekommen als bei den Versorgungsämtern. Das Opfer einer Gewalttat wird von der öffentlichen Hand entschädigt, muss aber den Nachweis für eine Schädigung führen. Ein Nachweisversuch der Behörden bei Aussagen über »wiedererlangte Erinnerungen« ist die aussagepsychologische Begutachtung des Antragstellers auf Entschädigungszahlung. Und ich kann Ihnen sagen: Ich habe in dem Kontext noch keinen einzigen positiven Fall dieser Art gesehen.

Alles Falschbehauptungen?

Sagen wir lieber: fiktive Vorstellungen. Das ist nicht gleichbedeutend mit Lüge. Die Aussage trifft schlicht nicht zu, aber das muss nicht bedeuten, dass die Person absichtlich eine Unwahrheit lanciert hat. Es geht um Pseudoerinnerungen: Man glaubt, etwas erlebt zu haben, wofür es in der Wirklichkeit keine Erlebnisgrundlage gibt. Man kann aus den zahlreichen Akten solcher Fälle lernen: Bevor die Opfer bei der Behörde einen Entschädigungsantrag stellen, haben sie in der Regel eine lange Psychotherapievorgeschichte, in der die Erinnerungen »erarbeitet« worden sind.

Im Therapieverlängerungsantrag der Therapeuten liest man dann absurde Fälle wie den einer Sekretärin, die jahrelang am Computer saß und an Sehnenscheidenentzündungen und Gelenkschmerzen litt. Die Therapeutin postuliert für diesen Antrag, die medizinische Erklärung, dass die Schmerzen der Patientin auf das Arbeiten am Computer zurückzuführen seien, wäre viel zu vordergründig. Sie selbst sei gerade dabei, mit der Patientin konkrete Erinnerungen an manuelle Manipulationen am Genital des Vaters zu erarbeiten. Wohlgemerkt: Dies alles soll vor etwa vierzig Jahren stattgefunden haben und von der Patientin »vergessen« worden sein. So was wird von den Krankenkassen bezahlt, und die betroffenen Frauen finden damit nicht nur Stützung innerhalb des therapeutischen Systems, sondern auch durch öffentliche Institutionen. Kein Wunder, dass das zur Verankerung von Pseudoerinnerungen führen kann.

Welche Rolle spielen dabei Beratungsstellen wie »Wildwasser« und »Zartbitter«?

Um die ist es ja seit den Wormser Missbrauchsprozessen und dem Montessori-Prozess relativ still geworden. Ich habe früher immer versucht, diese Einrichtungen in Schutz zu nehmen mit der Begründung, die Opfer bräuchten eine Anlaufstelle, eine Schutzzone. Heute bin ich da vorsichtiger. Denn ich habe die Erfahrung gemacht, je einseitiger solche Beratungsstellen auf sexuellen Missbrauch spezialisiert sind, desto mehr sind ihre Mitarbeiter den Gesetzen des eben geschilderten Köhnken-Experiments unterworfen: Sie sind gefährdet, nur noch das zu sehen, was sie sehen wollen. Deshalb plädiere ich heute für nichtspezialisierte Beratungsstellen mit gut ausgebildeten Mitarbeitern.

Natürlich ist es gut, dass es Opferberatungsstellen gibt, natürlich gibt es eine Menge bedauernswerter Opfer. Ich habe selbst viele Schicksale sexuell Missbrauchter gesehen – sie sind furchtbar! Aber die Falschdiagnose kann ebenso schädlich, ebenso verheerend sein. Jede Gesellschaft hat – unabhängig von ihrem politischen System – einen Prozentsatz von Missbrauchern. Diese Perversion werden wir nicht aus der Welt schaffen können. Aber die Probleme, über die wir hier reden, die sind ja nicht von solchen abweichenden Persönlichkeiten hervorgebracht, sondern die sind systemimmanent. Sie sind geschaffen von normalen, engagierten Menschen, die Gutes tun wollen und häufig über eine akademische Bildung verfügen. Deshalb rege ich mich über deren Verirrungen noch mehr auf als über die der Monster. Es sind Therapeuten, Sozialarbeiter, Gutachter – Menschen, die eigentlich denken können sollten.

Was passiert mit einer Person, wenn ihre Pseudoerinnerungen an einen Missbrauch nachweisbar mit der Realität kollidieren? Sie befindet sich dann ja in einem schrecklichen Dilemma.

Mit unserer sprachlichen Unterscheidung von bewusstem oder unbewusstem Handeln werden wir diesen Problemfällen nicht gerecht. In manchen Gehirnen gibt es Grauzonen, worin Bewusstes und Unbewusstes durcheinandergeht. Irgendwo ahnt der Mensch, dass er etwas Falsches aussagt, aber es passt so gut, und er fühlt sich als Opfer erleichtert und bestärkt. Deshalb lässt er den Hintergedanken, seine Erinnerungen könnten möglicherweise falsch sein, gar nicht an sich herankommen.

Wird er dann aber in Frage gestellt, beispielsweise durch die Ermittlungsbehörden oder durch das Gericht, kann es zu massiven, platten Lügen kommen. Die Pseudoerinnerungen selbst sind keine geplanten Falschaussagen, mit denen das Ziel verfolgt wird, irgendjemanden zu schädigen. Doch es wird gnadenlos gelogen, wenn es darum geht, die neu gewonnene Erinnerung zu verteidigen. Der Mensch will seine Opferrolle gegenüber den Behörden oder vor Gericht durchsetzen. Dafür lügt er auch wissentlich, wenn die Realität der Überzeugung entgegensteht. Denn subjektiv ist er sich sicher: Der Missbrauch, die Vergewaltigung hat stattgefunden.

Die Person fühlt sich also eher insgesamt und grundsätzlich im Recht?

Ich würde gern unterscheiden zwischen Absicht und Bewusstheit. Die nicht absichtlich herbeigeführte falsche Vorstellung, ein Opfer zu sein, die langsam gewachsen ist durch autosuggestive Beschäftigung mit entsprechender Literatur oder durch therapeutische Einflussnahme, ist keine Lüge. Das wissenschaftliche Modell der Pseudoerinnerung geht von Nicht-Bewusstheit über die Falschheit der Erinnerung aus. Aber natürlich melden sich auch bei der betroffenen Person all die kleinen »Aber« der Vernunft, und ich vermute, in irgendeiner Ecke ihres Gehirns ist das Bewusstsein doch da, mit der Missbrauchsbeschuldigung etwas Falsches zu sagen.

Können Sie solche Lügen veranschaulichen?

Hier bei mir saß eine Akademikerin zur Begutachtung, die als multiple Persönlichkeit durch die Akten geisterte. Während unserer Befragung fiel sie plötzlich in das Kinder-Ich zurück. Sie sprach ganz hoch und weinerlich. Ich saß da und wartete ab. Und siehe da, bald versetzte sie sich zurück in das Erwachsenen-Ich und tat ganz erstaunt, als sei sie weg gewesen. Für meine Mitarbeiterin und mich war ganz offenkundig, dass die Frau simulierte. Sie hatte in ihren Therapien die Erfahrung gemacht: Wenn sie in die klägliche Kinderrolle auswich, hörten kritische Fragen auf. Die Frau hatte bewusst simuliert, aber sie war überzeugt, dass tief in ihr ein missbrauchtes Kind steckt. Für diese Verschränkungen von Bewusst- und Unbewusstsein gibt es keine abschließende Erklärung, sie sind ein hundertjähriges psychiatrisches Problem.

Woran kann man Pseudoerinnerungen erkennen?

Typischerweise tauchen solche falschen Erinnerungen nach einer langen Grübelphase oder nach therapeutischen Maßnahmen mit sogenannter Erinnerungsarbeit auf. Ebenfalls ein handfester Indikator sind kleine irreale Ausreißer in der Aussage, diese irrealen Teile darf der Gutachter nicht einfach überlesen, sie sind vielmehr ein Signal dafür, dass die ganze Aussage nicht stimmt. Ein weiteres Zeichen für eine Falscherinnerung ist ihre permanente Erweiterung. Die Erinnerungen hören nicht auf, es kommt immer noch was und noch was. Der wird beschuldigt und der auch noch – bis zum Beispiel alle Männer eines Dorfes unter Verdacht stehen.

Ist ein Mensch, der sich über Jahre in einer Pseudoerinnerung festgebissen hat, noch zu retten, noch umzuprogrammieren?

Eher nicht. Ein Abrücken von der »Erinnerung« wäre mit Verlust verbunden, mit dem Verlust von Vorteilen und von Bedeutung. Außerdem entsteht so ein Irrglaube ja meistens bei persönlichkeitsgestörten Menschen. Sie sind nicht im klassischen psychiatrischen Sinne krank, sie hören keine Stimmen und halten sich nicht für Napoleon, sie funktionieren wie Sie und ich – nur anders. Bestimmte Komponenten des normalen Lebens und Verhaltens sind bei ihnen ausgesprochen extrem ausgeprägt, andere fehlen fast. Borderline-Patienten nehmen zum Beispiel jede Art der zwischenmenschlichen Beziehung extrem wahr. Das führt dazu, dass sie den einen überhöhen und den anderen verdammen. Das sind Verkennungen, Verzerrungen. Die Pseudoerinnerungen sind kein isoliertes Phänomen, sondern in der Regel Bestandteil und Zeichen der komplexen Störung eines Menschen.

Und da kann man nicht helfen?

Auf jeden Fall nicht durch Gutmenschentum mit unkritischer Akzeptanz der falschen Vorstellungen. Ich bin keineswegs ein böser Mensch, ich denke sogar, dass ich mit meinen Gutachten, in denen ich die Weichen ein wenig anders stelle, für die Betroffenen und ihre Entwicklung segensreicher wirke als die, die sie im blinden Glauben immer weiter in die falsche Richtung treiben. Jetzt merken Sie: Ich liege mit Teilen der helfenden Zunft, der Psychotherapeuten, fachlich ziemlich im Clinch und glaube, wir werden noch ein böses Erwachen haben. Weil die Kassen Psychotherapien bezahlen, drängen die Patientien massenhaft in solche Therapien. Das hat natürlich auch Auswirkungen auf die Angebotsseite. Schlecht qualifizierte Leute drängen wiederum in diesen Beruf, und das kann dann zu den beschriebenen schlimmen Auswüchsen führen. Doch irgendwann, denke ich, kommt es zum Zusammenbruch.

Sie selbst wurden vom Bundesgerichtshof 1999 zu Hilfe gerufen, als es darum ging, verbindliche Realitätskennzeichen für eine glaubhafte Aussage aufzustellen.

Ja, es ging um einen Revisionsfall, bei dem ein älteres Kind angegeben hatte, missbraucht worden zu sein. Der Bundesgerichtshof nahm diesen Fall zum Anlass, sozusagen ein paar rechtliche Pflöcke einzuschlagen. In meinem Gutachten legte ich die Vorgehensweise der guten Praxis dar, und der Bundesgerichtshof postulierte in seinem Urteil die Rahmenbedingungen für künftige Begutachtungen. Der Hintergrund waren natürlich die Ausuferungen bei den »Wormser Prozessen«, also unqualifizierte Glaubwürdigkeitsgutachten.

Was sind Realitätskennzeichen?

Ich will Ihnen lieber die Logik erklären: Der Bundesgerichtshof spricht vom Qualitäts-Kompetenz-Vergleich. Der Gutachter muss in der belastenden Aussage Qualitäten erkennen und dann prüfen, ob die Aussageperson mit ihrer spezifischen Kompetenz (also ihrer geistigen Leistungsfähigkeit und ihrem Erfahrungswissen) diese Aussage hätte erfinden können. Stellen Sie sich ein neunjähriges Kind vor, das Folgendes über einen sexuellen Missbrauch erzählt: Mutti war nie da, wenn es mit Vati passiert ist, sie arbeitete immer als Reinmachefrau. Dann korrigiert sich das Kind: Einmal war sie nicht putzen, sondern in der Kirche. Aber weg war sie. Und einmal, als es passierte, klingelte es plötzlich, und der Nachbar stand vor der Tür und fragte nach Zucker, und dann hat Vati es nicht mehr gemacht. So weit die Aussage. Bedenken Sie die motivationale Lage dieses Kindes: Wenn es dem Gutachter eine Lüge auftischen wollte, warum sollte es in die Lüge eine Spontankorrektur und die Schilderung einer Handlungsunterbrechung einfügen? Es will ja, wenn es lügt, etwas erzählen, das Vati belastet. Nur wenn wir davon ausgehen, dass tatsächlich sexuelle Handlungen mit der Neunjährigen stattgefunden haben, ist es plausibel, dass ein Kind seine Geschichte in der beschriebenen Weise schildert. Wer eine Lüge erzählen will, dem kommt es mit hoher Wahrscheinlichkeit nicht in den Sinn, eine Selbstkorrektur und die Schilderung einer »Nicht-Handlung« einzubauen. Der Lügner wird zielführend belastende Inhalte aussagen. Wenn jemand über tatsächliche Erlebnisse spricht, so kommen dabei auch Nebensächlichkeiten, Umwege und Korrekturen vor. Die Logik der Glaubhaftigkeitsbegutachtung besteht in der Suche nach Aussageinhalten (wir sagen: Qualitäten), deren Erfindung dem Lügner nicht zugetraut werden kann. Diese Qualitäten sind die sogenannten Realitätskennzeichen.

Und wie hört sich das bei Erwachsenen an?

Jede erwachsene Frau kann sich ausdenken, zum Zwecke der Vergewaltigung festgehalten und gewürgt worden zu sein. Und dennoch finden Sie auch in den Aussagen vieler erwachsener Frauen solche Qualitätsmerkmale, dass Sie die Frage, kann die Zeugin sich das ausgedacht haben und würde sie das und das behaupten, wenn sie eine Lügnerin wäre, mit einem klaren Nein beantworten können. Etwa neunzig Prozent der Fälle, die ich zu begutachten habe, sind solche Positivfälle. Da kriege ich im Gerichtssaal dann Prügel von der Verteidigung, weil ich auf der Opferseite stehe. Insofern verzerrt unser Interview hier die Fallhäufigkeiten.

Was nutzen Realitätskriterien bei Leuten, die nicht bewusst lügen, sondern in Pseudoerinnerungen oder krankheitsbedingt in einer ganz anderen Realität leben?

Dann geht es ja nicht um Lügen im klassischen Sinne. Pseudoerinnerungen hat sich niemand bewusst ausgedacht. Sie gehen auf dauernde, verzweifelte Beschäftigung mit der Möglichkeit eines Missbrauchs zurück – nichts anderes versteht man unter Autosuggestion. Da greift die eben besprochene Logik natürlich nicht mehr. Das formuliert auch der Bundesgerichtshof. Und deshalb kommt es bei Glaubhaftigkeitsbegutachtungen zusätzlich zu den Realitätskennzeichen auch auf die Diagnose der psychischen Störungsbilder bei der Aussageperson und auf die exakte Rekonstruktion der Aussageentwicklung an.

Entscheidend ist: Hat es suggestive Aufdeckungsarbeit oder suggestive Erinnerungsarbeit in der Psychotherapie gegeben? Platte Suggestivfragen wie: »Hat dein Vater …? Hat dein Opa …?« sind weniger gefährlich als die offensichtlichen Erwartungen wichtiger Bezugspersonen: »Dir ist was Schlimmes passiert, nicht wahr? Wir spüren das, du musst es (nur noch) aussprechen, dann können wir dir helfen«, und so weiter. Das gilt besonders für Kinder und Jugendliche, die von ihren Familien getrennt worden sind. Kognitive und emotionale Mangelzustände hilfsbedürftiger Personen bilden eine »ideale« Grundlage dafür, dass die suggestiven Deutungsangebote von Seiten der vermeintlichen Helfer angenommen werden. Aussagen über angebliche Erinnerungen, die auf diese Weise entstanden sind, erkennt man an den eben erwähnten Merkmalen und dadurch, dass man ihre Entstehungsgeschichte genau unter die Lupe nimmt.

Ist Borderline-Erkrankung bei den Falschbeschuldigungszahlen wegen Missbrauchs eine Größe?

Ja, seit einiger Zeit. Zum einen ist Borderline eine Modediagnose, die bei allen möglichen Auffälligkeiten – und nicht selten auch falsch – gestellt wird. Zum anderen (ich habe es schon angesprochen) neigen die tatsächlich Borderline-Persönlichkeitsgestörten zu Verkennung und Umdeutung zwischenmenschlicher Beziehungen. Sie haben oft Selbstwertprobleme und Schwierigkeiten mit Nähe und Distanz zu anderen Menschen. Aber warum kann es gerade bei dieser Störung zur Ausbildung falscher Missbrauchs-»Erinnerungen« kommen? Ich will es Ihnen an einem einfachen Beispiel erklären: Wenn eine Ufo-Sichtung gemeldet wird oder irgendwo einer im Äther unerklärliche Geräusche zu vernehmen glaubt, melden sich rasch weitere Personen, die so etwas auch gesehen oder gehört haben wollen. Sieht man sich diese Personen dann näher an, so handelt es sich bei ihnen in der Regel um – vorsichtig ausgedrückt – sehr sensible Personen. Früher hätte man sie wohl als hysterisch bezeichnet.

Und jetzt haben wir eben seit zwei Jahrzehnten den Kindesmissbrauch in den Medien mit ausführlichen Beschreibungen über die verheerende Wirkung solcher Erfahrungen auf die seelische Gesundheit. Da liegt es nicht fern – besonders wenn dies durch sogenannte Fachleute befördert wird –, dass labilisierte, sensible beziehungsweise hysterische Persönlichkeiten dieses Erklärungsmuster für sich in Anspruch nehmen. Zu den Kollateralschäden der permanenten Medienpräsenz des Themas Kindesmissbrauch, von denen wir zu Beginn unserer Unterhaltung sprachen, gehört also auch dieser: Falschbeschuldigungen von psychisch belasteten Personen stellen seit einiger Zeit ein Problem von nennenswerter Größenordnung dar.

Ich kann nur hoffen, dass Opferbeistände, Polizei, Staatsanwaltschaften und Gerichte auf die Bewältigung dieser »Welle« besser vorbereitet sind als seinerzeit auf den Umgang mit den Folgen suggestiver Aufdeckungsarbeit bei Kindern.

Hexenjagd in Nordhorn

Auch die drei Berufsrichter der Dritten Großen Strafkammer des Landgerichts Osnabrück hatten es 1994 – kurz bevor sie die Fehlurteile gegen Adolf S. und Bernhard M. verhängten – schon einmal mit fanatisierten Aufdeckern zu tun bekommen. Deren Hysterie suchte von 1991 bis 1994 das niedersächsische Städtchen Nordhorn heim. Die Ereignisse dort haben mit den Fällen des S. und des M. insofern zu tun, als die Vorwürfe und auch ihre Entstehungsgeschichte sich ähneln und dieselbe Osnabrücker Strafkammer, besetzt mit denselben drei Richtern, zuletzt auch über den Angeklagten aus Nordhorn ein Urteil fällte.

Erschreckend an den Nordhorner Ereignissen ist, dass ein völlig unbescholtener Bürger unvermittelt unter den Verdacht des sexuellen Missbrauchs geraten konnte. Der Fall beweist aber auch, dass jener Osnabrücker Vorsitzende und seine beiden Beisitzerinnen, die die Angeklagten M. und S. wenige Monate später zu langen Haftstrafen verurteilten, damals schon sehr genau über die Problematik von Missbrauchsvorwürfen Bescheid wussten, die im Dunstkreis therapeutischer Einrichtungen erhoben werden. Alle drei wussten um die Fragwürdigkeit dieses Einflusses beim sogenannten Aufdeckungsprozess und um den Wert von unbewiesenen Bezichtigungen Halbwüchsiger. Der Fall zeigt jedoch auch, dass die Dritte Große Strafkammer des Landgerichts Osnabrück in der Vergangenheit durchaus in der Lage gewesen war, Falschbeschuldigungen zu erkennen – denn sie beendete das Nordhorner Kesseltreiben schließlich mit einem Freispruch.

Im Zentrum der Begebenheiten in Nordhorn steht ein Lehrer Ende vierzig, der auf der Kinderstation des Kreiskrankenhauses Nordhorn Langzeitpatienten – insbesondere psychosomatisch erkrankte Kinder – unterrichtet, damit diese durch ihr Leiden in der Schule nicht zu weit zurückfallen. Der Schulalltag gestaltet sich mitunter schwierig, denn die Kinder sind nicht nur unterschiedlich leistungsstark, sondern teilweise auch verhaltensauffällig. Trotzdem verläuft die Zusammenarbeit zwischen Lehrer und Station weitgehend unproblematisch – bis zu jenem Tag im Herbst 1990, an dem Mitglieder eines Vereins gegen sexuellen Missbrauch von Kindern mit Namen »Hautnah e.V.« in der Klinik eine Fortbildungsveranstaltung abhalten. Dabei verteilen sie Materialien zur Vorbeugung gegen sexuelle Übergriffe und Informationsblätter über das Erkennen von Missbrauch.

Von diesem Tag an ändert sich die Stimmung auf der Kinderstation. Mitarbeiter geben später bei der Polizei an, man sei von diesem Zeitpunkt an für das Thema doch recht sensibilisiert gewesen und habe an den Kindern zunehmend Symptome festgestellt, die auf Missbrauch schließen ließen. Besonders eine Heilpädagogin, die in sogenannten Spieltherapien eigentlich Psychologenarbeit leistet, bringt nach der Veranstaltung Auffälligkeiten bei Kindern häufig mit der Möglichkeit in Verbindung, sie könnten Übergriffen ausgesetzt gewesen sein.

Als ein psychosomatisch erkranktes pubertierendes Mädchen im März gegenüber der Stationspsychologin behauptet, der besagte Lehrer habe sie unsittlich am Gesäß berührt, reagiert das Personal deshalb alarmiert. Bei einer Gegenüberstellung nimmt die Zwölfjährige die Behauptungen allerdings zurück und entschuldigt sich. Wenige Tage später behauptet dasselbe Mädchen und mit ihr ein Junge, ebenfalls Patient auf der Kinderstation, der Lehrer sei wegen sexuellen Missbrauchs schon mehrfach strafversetzt worden. Die Psychologin spricht den Lehrer nicht selbst auf diese Nachrede an, sondern wendet sich hinter seinem Rücken direkt an die Schulaufsichtsbehörde. Von dort erfährt sie, dass die Behauptung der Kinder aus der Luft gegriffen ist.

Nach den Sommerferien 1991 kommen einer zweiten Psychologin und der Heilpädagogin die Kinder auf der psychosomatischen Station merkwürdig aggressiv und sexualisiert vor. In einer Spielstunde am 20. September 1991 fragt die Heilpädagogin einen auf der Station untergebrachten Jungen, ob er nicht noch Unterricht beim erwähnten Lehrer habe. Der Junge erwidert, zu diesem Lehrer gehe er nicht mehr. Ein zweiter Junge bezeichnet den Lehrer als »Kackfickarsch« und behauptet, er habe kleine Mädchen »gebumst«. Die beiden Jungen steigern sich in wahre Schauergeschichten über den Pädagogen hinein, worauf die Heilpädagogin fassungslos reagiert. Sie ist davon überzeugt, sexuell missbrauchte Kinder vor sich zu haben, und teilt die Schreckensnachricht umgehend der Psychologin mit. Beide Frauen scheinen keinen Augenblick daran zu zweifeln, dass aus den Kindern die lautere Wahrheit spricht.

Ohne dass der Lehrer selbst Gelegenheit zur Klarstellung bekommen hätte, wird ihm am nächsten Schultag Hausverbot erteilt und die Bezirksregierung informiert. Und anstatt die Exploration der betroffenen Kinder geschultem Personal zu überlassen, inquirieren die Psychologin und die Heilpädagogin die Jungen nun selbst – und zwar alle drei auf der psychosomatischen Station behandelten Jungen in einer *gemeinsamen* Sitzung.

Zuerst weigern sich die Befragten, überhaupt etwas zu sagen, lieber malen sie ein Bild, das einen Rettungshubschrauber zeigt. Dieses Motiv deuten die beiden Frauen prompt als ein symbolisches Sich-in-Sicherheit-bringen-Wollen. Erst als die Heilpädagogin die Vorwürfe aus der Spieltherapie erneut vorträgt, bestärken sich alle drei Kinder gegenseitig in der Behauptung, die Aussage sei wahr. Danach werden sie aggressiv, zerstören Spielzeug und prügeln aufeinander ein. Psychologin und Heilpädagogin deuten diese Reaktion als Zeichen, dass die Kinder »von Angstgefühlen überschwemmt« seien und diese Angst durch motorische Unruhe und Aggression abzureagieren suchten. Als die Jungen schließlich zu den ihnen angebotenen anatomisch korrekten Puppen greifen, sie entkleiden und mit ihnen Sexualpraktiken nachstellen, sind die

Therapeutinnen felsenfest davon überzeugt, dass der Lehrer sich an den Kindern vergangen hat.

Bei einem zweiten Gruppengespräch am 27. September 1991 kommt es zur Eskalation der Lage. Wieder spielen die drei Jungen unter den Argusaugen der beiden Betreuerinnen laute und aggressive Sexualspiele mit den anatomisch korrekten Puppen. Die Spielhandlungen werden immer grotesker und absurder, bis die Kinder nur noch gellend schreien und alles, was ihnen in die Hände gerät, sinnlos zerstören. Sie verwüsten das ganze Spielzimmer. Der Psychologin und der Heilpädagogin gelingt es schließlich nicht mehr, die drei zu bändigen, sie müssen weitere Stationskräfte zur Verstärkung rufen.

Obwohl alle drei Jungen ihre belastenden Aussagen gegen den Lehrer in den nächsten Wochen komplett zurücknehmen, schreiben die beiden Frauen und der gleichfalls vom Wahrheitsgehalt der Vorwürfe überzeugte Chefarzt der Kinderstation einen gemeinsamen Brief an das Schulaufsichtsamt. Darin schildern sie den aus den Fugen geratenen Zustand der Kinderstation (die jungen Patienten drohen mit Suizid, bewaffnen sich, attackieren sich gegenseitig sexuell und verbarrikadieren sich gruppenweise in Krankenzimmern) und schieben die Verantwortung dafür dem Lehrer in die Schuhe, der sich an diesen Kindern vergangen habe.

Auch von einer erneuten Befragung jenes zwölfjährigen Mädchens, das sich damals entschuldigen musste, ist in dem Brief die Rede. Sie war inzwischen von den beiden Therapeutinnen im Beisein der eigenen Mutter befragt worden und hatte angeblich, »von Schmerz und Angst überwältigt«, weitere Übergriffe des Lehrers geschildert.

Die »Aufdeckerinnen« geben über Seiten die aus verschiedenen Kindern herausgefragten Vorwürfe wieder und deuten die im Verhör gezeigten Verhaltensauffälligkeiten der mutmaßlichen Opfer. Sie berichten von ekelhaften Praktiken des Lehrers, die die Kinder an Puppen demonstriert hätten. Sie schildern massive Einschüchterungspraktiken des Lehrers, so habe er den Kindern gedroht, sie »totzuschlagen oder totzubumsen«. Und sie schreiben von deren Erleichterung, nun nicht mehr in den Schulunterricht zu müssen. Wörtlich heißt es: »Bei keiner anderen stationär tätigen Lehrperson zeigten die Kinder derart massive Verweigerungstendenzen, äußerten Ekel oder Angst.«

Der Brief wird später im Prozess gegen den Lehrer von einem psychologischen Sachverständigen analysiert werden, der bezüglich des Umgangs der drei »Aufdecker« mit den Kindern und mit dem Tatverdacht »eine lange Liste fachlicher Fehler« aufstellt. Neben dem massiven Einsatz von Suggestivfragen kritisiert er besonders, dass sie in ihrem Schreiben Tatsachen und küchenpsychologische Deutung miteinander vermischt und dem Schulaufsichtsamt den Verdacht als sichere Gewissheit verkauft hätten. Auch seien in dem Brief wesentliche, den Lehrer entlastende Momente nicht zur Sprache gebracht worden. Das Amt reagiert dennoch: Am 9. Dezember wird der Lehrer vom Schuldienst suspendiert, er und seine Frau geraten in große finanzelle Schwierigkeiten.

Es dauert nicht lange, und die Kunde, der Lehrer sei ein Kinderschänder, hat ihren Weg aus dem Krankenhaus in das Nordhorner Wohnviertel des Pädagogen gefunden. Auch dort wird der Verdacht bald als feststehende Tatsache diskutiert. Das Lehrerehepaar gehört ohnehin nicht so richtig dazu in diesem verkehrsberuhigten Viertel, in dem vor allem junge Familien mit Kindern leben. Das Paar ist älter, kinderlos und lebt zurückgezogen. Nur manchmal gehen die beiden mit ihren drei Dackeln spazieren.

Was nun einsetzt, ist mit dem Begriff Rufmord nur unzureichend beschrieben, eher handelt es sich um den gemeinschaftlichen Versuch, einen Menschen systematisch zu vernichten. Ausgehend von der Mutter A, die von der Psychologin und der Heilpädagogin der psychosomatischen Kinderstation in einem Elterngespräch über die Täterschaft des Lehrers »informiert« wurde, greift die Hysterie unter den Nachbarn des Lehrers um sich. Von Frau A geht es zu Frau B, weiter zu Frau C und zu Frau D und von dort zu den Familien E, F und G, und wer weiß, wohin sonst noch. Plötzlich bemerken zahlreiche Eltern in dieser Gegend Nordhorns befremdliche Verhaltensweisen an ihren Kindern. Die Eltern versammeln sich und besprechen die angeblichen Verbrechen des Lehrers im Beisein ihrer Kinder und fragen sie bei diesen Gruppendiskussionen auch gleich noch aus. Die Kinder wiederum geben – angesteckt vom allgemeinen Fieber – unter den suggestiven, inquisitorischen Fragen der Erwachsenen allerlei Belastendes von sich. Schließlich wird ein Rechtsanwalt eingeschaltet, der in der Rolle des Nebenklägervertreters eine Strafanzeige gegen den Lehrer erstattet und zum Schutz der Kinder im ganzen Wohngebiet einen Haftbefehl gegen den Verdächtigen beantragt.

Als die Staatsanwaltschaft nicht mit der – aus Sicht der Eltern und ihres Anwalts – angemessenen Härte reagiert, taucht ein erboster Vater, Herr H, mit dem Anwalt am 12. Dezember 1991 bei der örtlichen Kriminalpolizei auf und behauptet, man verfüge über eine Liste mit den Namen von siebzehn Kindern aus der Umgebung, die der Lehrer geschädigt habe. Die Männer weigern sich jedoch, mit der zuständigen Kriminalbeamtin zu sprechen, da ihnen diese nicht kompetent genug erscheint – sie wollen nur mit dem Dienststellenleiter höchstpersönlich verhandeln. Im Übrigen fordern sie den sofortigen Einsatz eines Krisenstabs, bestehend aus dem Dienststellenleiter, einem Oberstaatsanwalt und einem Richter. Als der Leiter der Dienststelle ein Gespräch mit dem echauffierten Duo ablehnt, geben die Männer nach und lassen es zu, dass der fünfjährige Sohn des Herrn H doch von der polizeilichen Sachbarbeiterin vernommen wird.

Während der nun folgenden Befragung sitzt der Vater dabei und nimmt wieder und wieder durch Suggestivfragen Einfluss auf sein Kind. Unter dem Druck seines Vaters schildert der Sohn einen angeblichen Oralverkehr mit dem Lehrer und beschuldigt auch noch dessen Frau. Den Namen des Lehrers nennt nicht das Kind, sondern der Vater. Als die Kriminalbeamtin Herrn H ermahnt, er möge bitte die dauernde Einwirkung auf sein Kind unterlassen und es von sich aus erzählen lassen, entgegnet der Vater unbeeindruckt, er werde so lange bohren und fragen, bis sein Sohn alles erzählt habe.

Der Informationsaustausch unter den Eltern wird immer intensiver. Als man am Abend des 14. Dezember wieder einmal beisammensitzt, ruft ein Herr I bei der Kripo an und erstattet im Namen aller Anwesenden Anzeige gegen den Lehrer wegen sexuellen Missbrauchs ihrer Kinder. Dann taucht eine Elterndelegation bei der Nordhorner Polizei auf und beschwert sich, dass der Lehrer immer noch frei herumlaufe. Am anderen Tag findet bei dem Lehrer, der nach Angaben der Eltern und ihrer Kinder über pornographisches Foto- und Filmmaterial und diverse Tatwerkzeuge verfügen soll, eine Hausdurchsuchung statt. Irgendetwas Verdächtiges kommt dabei nicht zum Vorschein. Gleichwohl wird das Lehrerehepaar vorläufig festgenommen und nun zum ersten Mal mit den Vorwürfen konfrontiert. Die beiden bestreiten entschieden, jemals ein Kind belästigt zu haben.

Währenddessen nimmt in einer anderen Straße Nordhorns

Frau J ihre fünfzehnjährige geistig retardierte Tochter ins Gebet. Diese schildert unter den Suggestivfragen der Mutter, im Schlafzimmer des Lehrers gewesen zu sein und dort mit ihm Geschlechtsverkehr gehabt zu haben, außerdem berichtet sie, mit zwei weiteren Mädchen und dem Lehrer nach Holland gefahren zu sein, wo fremde Männer sie bedrängt hätten. Ihre Beschreibung des Hausinneren und der Einrichtung des Lehrers entspricht jedoch nicht den tatsächlichen Verhältnissen. Eine gynäkologische Untersuchung ergibt zudem, dass das Mädchen Jungfrau ist.

Am 17. Dezember werden der Lehrer und seine Frau aus der Untersuchungshaft entlassen. Die Beweise gegen sie überzeugen die Strafverfolgungsbehörden offenbar nicht. Als das Paar wieder zu Hause auftaucht, reagiert die Nachbarschaft fassungslos und schaltet die Medien ein. Der Chefarzt der örtlichen Kinderstation, in dessen Verantwortungsbereich die Hetzjagd begonnen hatte, stellt in einem Radiointerview den Lehrer als erwiesenen Sexualdelinquenten hin und prangert die Arbeit der Polizei als schleppend und inkompetent an. Auch andere Medien wittern die Sensation und fallen über den Lehrer her.

Bald sind 61 Kinder aus dem Wohnbereich in die Ermittlungen hineingezogen worden. 27 von ihnen machen belastende Angaben, wobei der Lehrer nicht immer als Täter identifiziert wird. Die Vorwürfe spiegeln alle Varianten sexuellen Missbrauchs wider. Je länger die Ermittlungen dauern, desto umfangreicher werden die kindlichen Aussagen und desto massiver die Beschuldigungen. Auch einige der 120 zusätzlich befragten Kinder, die der Lehrer seit 1988 im Krankenhaus unterrichtet hatte, belasten den Beschuldigten jetzt. An den Ermittlungen sind zeitweise bis zu neun Polizeibeamte beteiligt.

Im Heimatviertel des Lehrers herrscht Panik: Eltern lassen ihre Kinder nicht mehr unbeaufsichtigt zur Schule gehen. Die Spielplätze verwaisen. Wilde Gerüchte kursieren. Als die Eltern vermeintlich geschädigter Kinder erfahren, dass die Angaben ihrer Sprösslinge mit den örtlichen Gegebenheiten der Tatorte nicht übereinstimmen, werden weitere angebliche Täter und Tatorte ins Spiel und bis dahin unbescholtene Bürger in Verruf gebracht. Personen, die sich harmlos nach Straßen erkundigen, lösen als potenzielle Sittlichkeitsverbrecher Großfahndungen aus. Kinderlose Männer und Frauen trauen sich nicht mehr auf die Straße, um keinen Argwohn zu erregen. Das Haus des Lehrers wird bei nächtlichen Anschlägen mit der Parole »Mörder« beschmiert. Er selbst wird am 19. Dezember 1991 erneut in Untersuchungshaft genommen.

Die Eltern im Wohnviertel schließen sich zu einer Initiative zusammen, deren Sprecher die Nähe der Medien sucht. Sie treffen sich häufig, um Erfahrungen über die Erlebnisse ihrer Kinder auszutauschen. Auch die Psychologin aus der psychosomatischen Kinderstation sitzt dabei und berät die Eltern im Umgang mit sexuellen Übergriffen gegen ihre Schützlinge. Gruppen gegen sexuellen Missbrauch nutzen die aufgeheizte Stimmung und fordern eine zusätzliche Beratungsstelle mit der Begründung, die bereits vorhandenen Einrichtungen reichten bei der Vielzahl missbrauchter Kinder nicht aus. Das Vorhaben gelingt ihnen, und sie erhalten zu diesem Zweck eine stattliche Summe aus den Mitteln des Landkreises. »Aufdeckerinnen« tauchen in Kindergärten und Schulen auf, um auch dort das Personal über die Symptome sexuellen Missbrauchs fortzubilden. Das »Nordhorner Frauenbündnis«, die »Autonome Frauenberatungsstelle Nordhorn« und der Verein »Hautnah e.V.« beschweren sich beim niedersächsischen Innenminister über die inkompetenten und befangenen Ermittlungen der örtlichen Kriminalpolizei, die tatsächlich mehr und mehr an den Aussagen der Kinder zweifelt, und fordern die sofortige Einsetzung einer unabhängigen Sonderkommission. Auf die Polizeibeamten geht ein Hagel von Dienstaufsichtsbeschwerden nieder.

Anfang 1992 bietet die Stadt Nordhorn Therapien für die vermeintlich geschädigten Kinder an, die von fast allen Eltern in Anspruch genommen werden. Natürlich glauben Eltern und Therapeuten den verängstigten, seit Wochen von »Aufdeckern« bearbeiteten und inzwischen völlig verwirrten Kindern jedes Wort. Im Frühjahr organisieren die Anwohner des Viertels sogar einen Ostermarsch durchs Wohngebiet. Dabei legen die Demonstranten vor jedem Haus, in dem ihrer Meinung nach ein Tatverdächtiger wohnt, einen Stopp und eine dramatische Schweigeminute ein.

Im August 1992 sind die aufwendigen kriminalpolizeilichen Ermittlungen abgeschlossen. Die Vorwürfe gegen den Lehrer haben sich nicht bestätigt. Bei den meisten Kinder ergaben sich gravierende Widersprüche zwischen ihrer Aussage und den objektiven Gegebenheiten. Viele wollten gar von ihrer früheren Beschuldigung nichts mehr wissen. Die verbliebenen Aussagen wurden von Glaubwürdigkeitssachverständigen als unglaubhaft eingestuft. Von den zahllosen angeblich geschädigten Kindern sind allein drei Mädchen als mögliche Opfer übriggeblieben. Auf deren Angaben ruht die Anklageschrift der Staatsanwaltschaft. Die Osnabrücker Jugendkammer entlässt den Lehrer bis zur Hauptverhandlung aus der Untersuchungshaft, wofür die Richter von der versammelten Elternschaft und den Medien – für die der Beschuldigte jetzt schon Mitglied eines Pornorings ist – scharf angegriffen werden.

Am 11. Januar 1994 beginnt vor der Dritten Großen Strafkammer des Landgerichts Osnabrück der Prozess gegen den Lehrer. Die erste der drei Belastungszeuginnen ist die geistig zurückgebliebene Tochter der Frau J. Als sie in ihrer Vernehmung durch die Richter von sich aus kein Wort über irgendwelche Sexualhandlungen mit dem Angeklagten sagt, legt das Gericht eine Pause ein. Danach werden ihr die eigenen, früher gemachten belastenden Aussagen vorgelesen. Das Mädchen sagt: Ja, das stimme schon alles, sie habe es bloß vergessen zu erzählen. Erst nach einer zweiten Pause, die das Mädchen unter dem Einfluss ihrer Eltern verbringt, fallen ihr die Beschuldigungen gegen den Lehrer plötzlich wieder ein.

Auch die beiden anderen vermeintlichen Opfer überzeugen das Gericht nicht von der Schuld des Angeklagten. Die Aussagen dieser Mädchen waren schon von den Sachverständigen als nicht glaubhaft eingestuft worden. Die Kammer schreibt in ihrer Urteilsbegründung: »Grundsätzlich fiel auf, dass keines der angeblich betroffenen Kinder von sich aus Bekundungen zu einem möglichen erlebten Missbrauch gemacht hatte und die Angaben jeweils auf entsprechenden intensiven Fragen und Vorhalten durch Bezugspersonen beruhten.« Außerdem stimmten die Angaben der drei Mädchen, die ausgesagt hatten, auch gemeinsam vom Lehrer missbraucht worden zu sein, in wesentlichen Teilen nicht überein und wurden von keinem Außenstehenden bestätigt. Eines der Mädchen konnte den Lehrer nicht einmal auf der Lichtbildvorlage der Polizei identifizieren.

Am 17. März 1994 wird der Lehrer freigesprochen. Der Vorsitzende Richter bezeichnet ihn als »voll rehabilitiert«. Dieselbe Kammer, die später schwere Strafen über den Vater und den Onkel der Amelie verhängen wird, führt zur Begründung des Freispruchs unter anderem aus:

Die Verdachtsentwicklung gegen den Angeklagten, die ihren Ursprung im Kreiskrankenhaus fand, begann aus Sicht der Kammer mit einem unter forensisch-psychologischen Gesichtspunkten »klassischen Fehlstart«: Ohne zunächst nach möglichen weiteren Ursachen für die Unterrichtsverweigerung der Krankenhauskinder zu suchen, wurden die – später zurückgenommenen – Äußerungen der Jungen sofort als sicher feststehender sexueller Missbrauch durch den Angeklagten eingeordnet. Dabei wurden alle Auffälligkeiten der psychosomatisch erkrankten Kinder in der Rückschau als Symptome eines Missbrauchs angesehen.

Und ein paar Absätze weiter heißt es:

Durch den Umstand, dass an zahlreichen Stellen »Experten« – die Psychologin und die Heilpädagogin auf der psychologisch-pädagogischen, der Rechtsanwalt auf der juristischen und später die Medien auf der öffentlichen Seite – für die besorgte Elternschaft in den wichtigen aufdeckenden, beratenden und bestätigenden Funktionen aktiv wurden und deren Kompetenz von niemandem angezweifelt wurde, ergaben sich für die Anwohner jenes Viertels zunächst Wahrnehmungsorientierungen zur Untermauerung des Verdachts und später Wahrnehmungsverengungen und -zuspitzungen, die keinen Zweifel an einer Betroffenheit ihrer Kinder und einer Täterschaft des Angeklagten mehr zuließen.

So steht es im Freispruch des Lehrers. Doch nur wenige Monate später erging es den Richtern selbst nicht anders als den Eltern in Nordhorn.

Ein Unbeteiligter wird mitgerissen

Bevor ich auf die Ausweitung der Beschuldigungen zu sprechen kommen und schildern werde, wie Amelie es anstellte, auch ihren Onkel ins Unglück zu reißen, möchte ich noch etwas vorausschicken: Amelie hat – wie sich nach Lektüre des vergangenen Kapitels fälschlich mutmaßen ließe – niemals zu jenen Frauen gehört, die, unter dem Einfluss von Pseudoerinnerungen stehend, fest davon überzeugt waren, ihr Vater/Bruder/Onkel habe sie missbraucht. Sie hatte und hat keinerlei Erinnerungen an irgendwelche Taten, weder echte noch suggerierte. Niemals war sie dem Wahn erlegen, die geschilderten Vergewaltigungen habe sie auch tatsächlich erlebt. Amelie war eine Lügnerin, eine verzweifelte vielleicht, eine geschickte in jedem Fall. Mit großem logistischem und emotionalem Aufwand führte sie Polizei, Therapiepersonal und Richter in die Irre. Sie spürte sicherlich, dass der Zeitgeist auf ihrer Seite war und dass man ihr nur allzu bereitwillig Glauben schenkte. Dass Amelies Beschuldigungen keine Phantastereien, sondern bewusste, durchdachte und zielgerichtete Unwahrheiten waren, hat die Glaubwürdigkeitssachverständige ausführlich erläutert, die im November 2005 in der erneuerten Hauptverhandlung gegen Amelies Onkel Bernhard vom Landgericht Oldenburg mit einer Untersuchung des Mädchens und der Analyse von Amelies Aussage beauftragt worden war. Warum das Mädchen die Falschbeschuldigungen gegen den Onkel ersann und bis heute aufrechterhält, ist während der Hauptverhandlung zwischen den Richtern und dieser Sachverständigen ebenfalls thematisiert worden. Dieses Thema soll jedoch später erörtert werden. Doch nun zurück in das Jahr 1995.

Dieselbe Kriminalbeamtin, die Ende 1994 so erfolgreich gegen Amelies Vater ermittelt hatte, trifft das Mädchen wenige Monate später, am 21. März 1995, zufällig und, wie sie in einem Vermerk selbst schreibt, »privat« in der Fußgängerzone des Städtchens wieder. Das Treffen ist der Auftakt zum nächsten Manöver. Jetzt geht es gegen den Onkel. Tags zuvor hat die Achtzehnjährige mit Frauke, der Krankenschwester ihres Vertrauens von der Kinder- und Jugendpsychiatrischen Station, schon ihre Rechtsanwältin aufgesucht, denn in einer knappen Woche soll vor dem Landgericht Osnabrück die Hauptverhandlung gegen Amelies Vater beginnen. Bei dieser Gelegenheit kam man auch auf den Onkel zu sprechen, und Amelie, inzwischen Nebenklägerin gegen ihren Vater, vertraute ihrer Anwältin unter dem Siegel der Verschwiegenheit an, auch ihr Onkel Bernhard habe ihr sexuelle Gewalt angetan. Die drei Frauen (Anwältin, Nebenklägerin und Zeugin) besprachen daraufhin das weitere Vorgehen, und die Anwältin riet Amelie dringend, den Onkel ebenfalls anzuzeigen. Grund: Dieser sei im Prozess gegen den Vater als Zeuge vorgesehen. »Ich sehe nicht so sehr ein Problem in der Glaubwürdigkeit deiner eigenen Aussage«, sagte die Anwältin zu Amelie, »sondern vielmehr in der Rolle deines Onkels als Zeuge.« Diese Aussage ist aktenkundig. So wird aus dem Zeugen Bernhard M. ein weiterer Beschuldigter.

Bei dem Treffen in der Fußgängerzone macht Amelie – so wird es die Polizistin später aufschreiben – einen eher unsicheren und belasteten Eindruck, der die Beamtin dazu veranlasst, sich ihrer anzunehmen und sie auszufragen. Amelie scheint sich schwerzutun, auszusprechen, was sie so sehr bekümmert, sie druckst herum und gibt schließlich zu, aus der Kinder- und Jugendpsychiatrie »abgehauen« zu sein. »Warum?«, will die Beamtin wissen. Doch alles, was herauskommt, sind finstere Andeutungen: Amelie murmelt etwas von einem weiteren »Problem«, das sie bedrücke, über das sie aber auf keinen Fall sprechen könne. Sie wisse nun gar nicht mehr, was sie machen solle, zumal nächste Woche doch der Prozess gegen ihren Vater losgehe. Derart neugierig gemacht, bohrt die Kriminalbeamtin natürlich weiter, und nach einigem Hin und Her lässt Amelie sich immerhin entlocken, dass das »Problem« mit ihrem Onkel Bernhard zusammenhänge. Aber Genaueres will sie nicht preisgeben, angeblich aus Sorge, ihre Mutter – die ja Onkel Bernhards Schwester ist – könne sich dann etwas antun.

Aber die Beamtin lässt nicht mehr locker. Und schließlich packt Amelie aus: Onkel Bernhard solle nächste Woche im Prozess gegen ihren Vater als Zeuge auftreten. Und vorher, sagt sie, wolle er noch mit ihr selbst sprechen, sie aber habe »Angst vor dieser Unterredung«, denn das »Problem«, das sie zurzeit derart umtreibe, habe etwas mit diesem Onkel zu tun. Mehr sagt Amelie nicht, nimmt aber dankbar das Angebot der Beamtin zur Kenntnis, auf dem Kommissariat jederzeit das Gespräch über das »Problem« fortzusetzen. Noch am selben Abend ruft die Beamtin bei der Kinder- und Jugendpsychiatrischen Station an und informiert die Schwesternschaft, dass ihre Patientin abgängig ist.

Später wird Amelie der Glaubwürdigkeitsgutachterin (es ist dieselbe, die schon ihre Aussagen über die Vergewaltigungen des Vaters geglaubt hat und die nun die Beschuldigungen gegen den Onkel prüfen soll) die Ereignisse so schildern: »Ich bin ungefähr bis halb zwölf nachts weggeblieben und hab mir das überlegt, und den nächsten Tag hab ich dann gesagt zu Frauke, dass ich doch wohl zur Kripo möchte. Da hat sie gesagt: Okay. Und dann ist sie mit mir dahin gegangen.«

Frauke selbst erinnert sich an Folgendes: An diesem Morgen habe Amelie an der Kunsttherapie teilgenommen. »Ich kam rein und sag: Oh, hallo, Amelie, wie sieht's aus? Da sagte sie: Kann ich mal mit dir reden? Ich sag: Ja, was ist denn? Ich will gleich zur Kripo, sagte sie. Da war ich total perplex in dem Moment. Das war richtig standfest. Das war jetzt ohne vorher großartiges Gerede. Sie sagte: Ich will zur Kripo, kannst du mitgehen? … Ich sag: Ja gut, gehn wir hin, kein Problem … Und dann kam sie plötzlich mit der Jacke raus, und mir ist dabei aufgefallen, dass sie ein anderes T-Shirt drunter anhatte, und da hab ich gedacht, oh, heute geht sie in Kurzärmelig, und ich dachte, wenn es mal nicht zu kalt ist. Das waren so meine Gedankengänge.« Weiter fiel der Krankenschwester nichts auf.

»Und auf einmal bei der Polizei, wie wir denn da so saßen und ins Gespräch gekommen sind, da sagte sie: Ich hab Scheiße gemacht, wie die Beamtin raus war. Ich sag: Was hast du gemacht? Sie: Ich hab wieder geschnibbelt. Und da sah ich. Es war alles rot. Sie hatte sich selber schon provisorisch Sachen rumgewickelt und war auch schon mehrmals im Gespräch mit der Beamtin rausgegangen zur Toilette und sagte immer nur: Mir ist so schlecht, ich muss mal raus. Kam dann auch immer wieder. Da hab ich, als ich das gesehen hab, erst mal alles abgewickelt. Da haben die noch 'nen Verbandskasten geholt. Dann bin ich noch mit Amelie zur Toilette, da waren schon überall Blutstropfen auf dem Fußboden, das blutete ganz schön. Und dann abends um fünf, wo wir vom Amtsgericht wiederkamen, ist das genäht worden.«

Schon am nächsten Vormittag folgt Amelie also der Einladung der Kripobeamtin, wieder in Begleitung Fraukes, der sie im August des vergangenen Jahres auch schon als Erster die Vergewaltigungen durch den Vater offenbart hatte. Doch jetzt stammelt Amelie nicht mehr wie am Vortag auf der Straße. Sie macht klare Angaben, die ihren Onkel Bernhard schwer belasten. Sie behauptet, zwischen April 1994 und März 1995 mehrfach (und zuletzt erst vor zwei Wochen) von ihm brutal vergewaltigt worden zu sein. Während sie ihre Beschuldigungen erhebt, geht sie immer wieder auf die Toilette und zeigt schließlich ihre blutig aufgeschnittenenen Arme vor. Die Polizei konstatiert am linken Handgelenk zwei oberflächliche Schnittwunden. Amelie erklärt, sie sei ungeachtet der Verletzung in der Lage, die Vernehmung zu Ende zu führen, und fragt, ob sie Kaffee und Brötchen haben könne. Dann setzt sie die Anzeige gegen ihren Onkel fort. Im Anschluss an Amelies Aussage wird der Staatsanwalt informiert (es ist derselbe, der auch schon gegen ihren Vater ermittelt hatte), der alsbald einen Haftbefehl gegen Bernhard M. beantragt. Danach wird Amelie – nach wie vor »in Begleitung ihrer Vertrauensperson« – zum Ermittlungsrichter gebracht.

Zuvor »kam meine Mutter noch, die von der Kripo haben die angerufen«, wird Amelie später gegenüber der Gutachterin fortfahren. »Und da sagte meine Mutter, ich soll selber wissen, was ich machen soll. Dann bin ich halt zum Amtsgericht gegangen und hab da 'ne Aussage gemacht.« – »Warum ist deine Mutter angerufen worden?«, will die Sachverständige wissen. – »Weil ich ihr vorher noch nie davon Bescheid gesagt hab«, gibt Amelie zu. »Immer nur versucht, drumherum zu reden. Aber sie hat mir gar nicht richtig zugehört. Immer gleich das ganze Thema abgewehrt. Ich hab ihr zum Beispiel gesagt, dass ich Angst vor Männern hätte und auch Angst vor Onkel Bernhard. Und da meinte sie, der wäre der Letzte, der so was machen würde. Da bräuchte ich keine Angst vor zu haben.«

Beim Ermittlungsrichter gibt Amelie die angeblichen Verbrechen des Onkels recht ausführlich zu Protokoll. Angefangen hätten seine Zudringlichkeiten bereits vor einem Jahr, als sie selbst – gerade mit Müh und Not dem Zugriff des Vaters entronnen – bei den Großeltern Unterschlupf gefunden habe. Nach Amelies Aussagen setzte der Onkel förmlich das böse Werk des Vaters fort. Bernhard M. ist damals ein gutverdienender Facharbeiter auf einer Ölbohrinsel in der Nordsee. Ein großer, muskulöser Mann um die vierzig. Trotzdem lebt M. immer noch bei den Eltern, bewohnt sein Zimmer im Elternhaus allerdings nur wochenweise, weil er im mehrwöchigen Turnus auf seiner Ölplattform Dienst tut. Im Garten der Eltern hat er überdies einen Wohnwagen aufgestellt, in dem er manchmal übernachtet, und in diesem Wohnwagen soll es – laut Amelie – an einem Nachmittag Anfang April 1994 zum ersten Übergriff gekommen sein. Der Onkel habe sie gebeten, mit ihm den Wohnwagen aufzuräumen, bei der Gelegenheit habe er sie unsittlich am Busen berührt, und sie habe sich nur knapp aus dem Wohnwagen retten können.

Zwei Wochen später, also Mitte April 1994, sei sie selbst nach einem Barbesuch sehr spät ins Haus der Großeltern zurückgekehrt. Da habe der Onkel sie in den frühen Morgenstunden, gegen 4.30 Uhr, in der Dachkammer heimgesucht. Er habe Zärtlichkeiten verlangt, und als sie sich nicht darauf habe einlassen wollen, sei er brutal geworden. »Er hat mir die Decke weggerissen und mein Nachthemd hochgeschoben«, berichtet Amelie in der richterlichen Vernehmung. Dann habe der Onkel Kondome aus dem Schrank genommen, die Tür verriegelt und »gegen meinen Willen« mit ihr Geschlechtsverkehr gehabt. »Da ich alkoholisiert war, habe ich dann letzt-

endlich den Widerstand sein lassen und alles über mich ergehen lassen.« Einige Stunden später sei der Onkel noch einmal
zurückgekommen und sei erneut in sie eingedrungen, diesmal aber ohne Kondom und ohne die Tür abzuschließen. Sie
selbst, sagt Amelie, habe das alles gar nicht mehr richtig mitbekommen, so betrunken sei sie gewesen.

Im Anschluss an das, was als »Dachkammervorfall« in die
Akten eingehen wird, schildert sie beim Ermittlungsrichter
noch zwei weitere Vergewaltigungen und einen Vergewalti-
gungsversuch, die erst kürzlich bei Wochenendurlauben von
der Psychiatrie in verschiedenen Fahrzeugen stattgefunden
haben sollen. Dazu später mehr.

Nach der Aussage vor dem Richter ist Amelie nicht etwa
gefasst und beruhigt wie jemand, der einem Verbrecher das
Handwerk gelegt hat, sondern sie befindet sich im Zustand
der totalen Auflösung. Sie weint laut im Treppenhaus, ist unruhig, braust wütend auf und äußert, sie wolle sich an ihrem
Onkel, diesem Schwein, rächen. Ihrer Vertrauten Frauke wird
Amelie »richtig unheimlich«. Immer wieder ruft die Patientin: »Mir ist schlecht, ich kann nicht mehr!« – »Du brauchst
jetzt nichts mehr können«, tröstet Frauke, »es ist alles vorbei
erst mal.« Die ganze Heimfahrt über weint Amelie heftig. Ins
Krankenhaus zurückgekehrt, weicht sie den drängenden Fragen des anteilnehmenden Personals (»Sag, wie war's?«) aus.
Sie lässt sich die Armwunden nähen und flüchtet von der Station. Später am Abend findet man sie beim Bahnhof sitzend.
Ihr Zustand wird noch dramatischer, als sie erfährt, dass die
ganze Familie sich von ihr abgewandt hat und ihr von jetzt an
kein Wort mehr abnimmt.

Zehn Jahre später, im Juli 2005, wird Johann Schwenn,
der neue Verteidiger von Berhard M., das Mädchen Amelie
im Wiederaufnahmeverfahren fragen: »Hat Ihnen eigentlich

irgendjemand in der ganzen Zeit mal gesagt, Amelie, was Sie erzählen mit ihrem Vater und Herrn M., das glaube ich Ihnen nicht? Gab es irgendjemanden, der Ihnen nicht geglaubt hat?« Amelie antwortet: »Meine Mutter. Das war so gewesen, als ich meinen Onkel angezeigt habe. Und dann meinte sie: Soll es immer so weitergehen? Nachher zeigst du auch noch Opa an.« Ihre Mutter und deren ganze Familie hätten ihr plötzlich nicht mehr geglaubt. »Und hat im Krankenhaus mal irgendjemand gesagt, Amelie, ist es wirklich so richtig mit Ihrem Onkel?«, fragt der Verteidiger weiter. »Im Krankenhaus, die Pfleger und Schwestern?«, fragt Amelie zurück. »Nicht dass ich wüsste.«

Damals äußerte niemand unter den Fachleuten Zweifel. Vielmehr bestärkte man sich nach dem bewährten Muster gegenseitig. Im März 1995 richtet die Glaubwürdigkeitsgutachterin ihre, wie sie selbst sagt, »fast schon obligatorische Frage« an die Krankenschwester Frauke: »Aus Ihrer Sicht, oder jetzt, was Sie von der Station wissen, gab es da Zweifel an der Glaubwürdigkeit?« Und Frauke antwortet, wie sie es immer tut: »Ich finde nicht. Ich kann jetzt nur für mich sprechen. Ich glaub das!«

Die Familie hat gute Gründe, sich von Amelie abzukehren. Alle Mitglieder kennen Onkel Bernhard als sanftmütigen und freundlichen Mann. Er tut seinen Neffen und Nichten jeden Gefallen, wird von den Erwachsenen als Abendbegleiter für die Jugend in Discos und Bars mitgeschickt und ist der Einzige, der Vater Adolf zur Vernunft bringen kann, wenn der einen Wutanfall hat. Bernhard M. ist tief religiös und begegnet seiner Umwelt mit fast pastoraler Zugewandtheit. Er wirkt bei Auseinandersetzungen stets deeskalierend und beruhigend. Niemand hat ihn je gewalttätig, aufdringlich oder anzüglich erlebt. Niemand aus seiner Umgebung hat je beobachtet, dass er einer Frau oder gar seiner Nichte Amelie zu nahe getreten wäre. Doch kein Ermittler, weder die Staatsanwaltschaft noch das Gericht, wird sich später mit der Frage der totalen Persönlichkeitsveränderung befassen, die der Onkel durchgemacht haben müsste, sollte er die Verbrechen an seiner Nichte begangen haben. Bernhard M. wird keinem forensisch-psychiatrischen Sachverständigen vorgestellt, die Aussagen der zahllosen Zeugen, die seine Friedfertigkeit und Anständigkeit bekunden, spielen bei der »Wahrheitsfindung« keine Rolle.

Als ich bei einer Ortsbegehung des großväterlichen Wohnhauses auch zur Dachkammer hinaufstieg, erschienen mir die Ursachen für die Abwehrhaltung der Familie geradezu handgreiflich. Niemand, der mit der Örtlichkeit vertraut ist, kann nachvollziehen, was Amelie dort oben erlebt haben will. Die angebliche Vergewaltigung müsste völlig lautlos vor sich gegangen sein – unter Amelies Dachkammer schlief in jener Nacht Klara bei ihrem Freund Bernhard M. Die Fußböden und Decken sind aus Holz, und das ganze Haus ist sehr hellhörig. Jede Bewegung, jedes Gespräch im oberen Stockwerk ist unten zu vernehmen. Der Onkel müsste sich also von dem gemeinsamen Lager, das er in jener Nacht mit seiner Freundin teilte, erhoben haben und zweimal nach oben geschlichen sein, um der Nichte sexuelle Gewalt anzutun, ohne dabei das leiseste Geräusch zu verursachen. Amelie berichtet der Glaubwürdigkeitsgutachterin, der Onkel sei unter »Türenknallen« zu ihr gekommen, eine Angabe, die mit der Heimlichkeit, die das Gericht der Tat später zugrunde legt, nicht zu vereinbaren ist. Auf die Frage, warum sie nicht um Hilfe gerufen habe, beteuert Amelie, während der Vergewaltigung habe ihr die Angst vor dem Onkel den Mund versiegelt.

Klara dagegen sagt später vor dem Landgericht Osnabrück

aus, sie habe in jener Nacht, als sie im Zimmer unter Amelie schlief, kein Auge zugetan, weil das unerträglich laute Schnarchen von Bernhard M. sie wachgehalten habe. Er habe sich zu keiner Zeit erhoben, geschweige denn den Raum verlassen. Irgendwelche Aktionen seinerseits hätten ihr unmöglich verborgen bleiben können. Die Aussage der Zeugin Klara werten die Richter so: Sie schließe den Vorfall nicht aus. »Die Zeugin war nicht ständig wach. Sie hat auch gelegentlich geschlafen, so dass sich der Angeklagte unbemerkt entfernen konnte. Von daher ist die Aussage von Amelie auch nicht in diesem Punkt widerlegt.« So steht es im Urteil.

An die richterliche Befragung, die zur Umdeutung ihrer Aussage führte, erinnert sich Klara bis heute nur wutzitternd: »Sie fragten mich, ob ich das bemerkt hätte, wenn er das Bett verlässt«, erzählte sie mir bei meinem Besuch. »Ich hätte das gehört, antwortete ich, man hört alles von oben, und außerdem knarrt die Treppe wie Hecht.« – »Aber könnte es nicht sein, dass Sie *doch* mal eingeschlafen sind?«, hätten die Richter und der Staatsanwalt gebohrt. »Alles *könnte* sein«, habe sie, Klara, derart unter Druck gesetzt, verärgert geantwortet.

Eine Hausdurchsuchung, welche die Polizei am 24. März 1995, zwei Tage nach Amelies Anzeige, in der Dachkammer veranstaltet, führt jedenfalls zu nichts: Im Schrank findet sich alles Mögliche – nur keine Kondome.

Der Beschuldigte Bernhard M. selbst äußert sich nach seiner Festnahme arglos und ohne anwaltlichen Beistand. »Ich hab nichts Böses getan, und drum kann mir nichts passieren«, sagt er sich. Einen Verteidiger glaubt er als Unschuldiger nicht zu brauchen. Er ist sicher: Alles wird sich aufklären, wenn er nur mithilft.

M. ist nicht vorbestraft und gibt bei seiner kriminalpolizeilichen Vernehmung an, »streng katholisch« zu sein und immer nach den Zehn Geboten zu leben. Zu den Vorwürfen sagt er, »dass davon nichts wahr ist«. Er habe bei Amelie »niemals sexuelle Absichten gehabt«, sei nie mit ihr intim gewesen und habe auch keine Kondome im Schrank versteckt. »Ich habe noch nie ein Kondom benutzt«, äußert er bei der Gelegenheit beiläufig. Er habe das Mädchen zwar zu den Wochenendurlauben mit dem Auto von der Psychiatrie abgeholt, sich auch gelegentlich mit ihr unterhalten und sie mit ihren Freunden abends umhergefahren, damit nichts passiere, aber angetan habe er ihr dabei nie etwas. »Das ist frei erfunden.« Nur einmal habe er seine Nichte in den Arm genommen, aus Mitleid, als er sie nach ihrem zweiten Suizidversuch im Landeskrankenhaus Osnabrück besuchte. Doch die Beteuerungen des Bernhard M. bleiben wirkungslos. Er wird in Untersuchungshaft genommen.

Als ich das Mädchen Luise, das ja bis Ende November 1994 Amelies Bettnachbarin auf der Kinder- und Jugendpsychiatrischen Station gewesen ist, danach fragte, ob ihr nicht aufgefallen sei, dass Amelie ihren Onkel gemieden und sich durch seine Besuche bedrängt gefühlt habe, schüttelte sie den Kopf. Amelie habe ihr nur kurz erklärt, dass der *Vater* sie missbraucht habe, darüber, dass der Onkel sie vergewaltigt habe oder ihr auch nur zu nahe getreten sei, habe sie kein Wort verloren. »Ihr Onkel kam oft zu Besuch«, sagte Luise zu mir. »Amelie freute sich sehr darüber. Und wenn er da war, musste ich raus aus unserem Zimmer, weil sie mit dem Onkel allein sprechen wollte. Dass sie vor ihm Angst gehabt haben soll, kann ich mir nicht vorstellen. Gesagt hat sie nichts davon. Und gemerkt habe ich auch nichts.«

Trotzdem hatte Amelie schon drei Wochen nach Luises Entlassung ganz allmählich angefangen, auch ihren Onkel auf der Station verdächtig zu machen. Ihrer Pflegeakte ist zu entnehmen, dass sie am 18. Dezember 1994 schlecht gelaunt von einem Besuchernachmittag bei ihrer Familie auf die Station zurückkehrte und ihrer Lieblingskrankenschwester Frauke sogleich anvertraute, zu Hause sei es wieder mal »ganz schlecht gelaufen«. Das ist mehr als verwunderlich: Adolf S., der ihr früher das Leben schwer machte, ist zu diesem Zeitpunkt doch schon seit sechs Wochen aus dem Verkehr gezogen. Aber überraschenderweise ist es jetzt plötzlich der Onkel, auf den Amelie schlecht zu sprechen ist. Derselbe Onkel Bernhard, der in ihrem kürzlich verfassten Tagebuch noch als Lichtgestalt geschildert wird. Von ihm seien dumme »Sprüche« gekommen, lässt Amelie jetzt verlauten und erzählt, er habe versucht, sie zu küssen und sie in den Arm zu nehmen. Das gehe schon lange so, fährt sie fort, und niemand wisse davon. Als das Gespräch zu Ende ist, hat Amelie bei Frauke das ungute Gefühl hinterlassen, dass da noch mehr ist, was erzählt werden müsse.

Schon drei Tage später wird Amelie konkreter. Sie beschwert sich bei Frauke, ihr Onkel gehe ihr »unheimlich auf die Nerven« mit seinen »Sprüchen über körperliche Überlegenheit und Vergewaltigung«. Sie fühle sich vom Onkel belästigt und fürchte neue Kussversuche. Auch auf die Weihnachtstage, die sie zu Hause im Kreise der Familie verbringen will, könne sie sich gar nicht mehr freuen, weil der zudringliche Onkel ebenfalls da sei.

Andeutungen am Telefon

Und wirklich: Am zweiten Weihnachtsfeiertag 1994 kommt es zu einem – für jemanden, der mit Amelies Bezichtigungsmuster vertraut ist, erwartbaren – Zwischenfall. Bei der vier-

undzwanzigjährigen Stationsleiterin der Kinder- und Jugendpsychiatrie, die an diesem Tag Rufbereitschaft hat, geht gegen 18.30 Uhr ein Notruf ein. Er kommt von einer Mitpatientin Amelies, die aufgeregt meldet, dem Mädchen gehe es zu
Hause schlecht. Amelie hatte sie zuvor von daheim aus angerufen und ihr mit vor Angst zitternder Stimme erzählt, dass
sie nicht mehr wisse, was sie machen solle, und dass sie sich
nicht traue, auf der psychiatrischen Station anzurufen. Die
Angerufene bietet Amelie mitleidig an, für sie den Notdienst
des Krankenhauses zu alarmieren, erreicht die Stationsleiterin und gibt ihr die Nummer durch, unter der Amelie zu erreichen ist.

Die Stationsschwester ruft sofort an, Amelie ist gleich am
Apparat. Sie hält sich nicht bei der Festtagsgesellschaft im
Haus ihrer Großeltern auf, sondern hat den Familienverbund
verlassen und telefoniert im menschenleeren Elternhaus vom
Büro ihres Vaters aus. Sie lässt im Gespräch durchblicken,
auch der Onkel sei in der Nähe, sie sei hilflos. »Geh doch weg
da«, rät die Stationsschwester, doch davon will Amelie nichts
wissen. Als Grund gibt sie an: Das würde die Mutter nicht
verstehen. Für die Stationsschwester hört sich das Mädchen
schrecklich verängstigt und bedrückt an. Sie macht sich solche Sorgen, dass sie den Chefarzt aus seiner Feiertagsruhe
reißt und um Rat fragt. Der schlägt vor, die Patientin solle sich
mit dem Taxi in Sicherheit bringen. Die Fahrtkosten übernäh-
me die Klinik.

Aber Amelie will nicht weg von daheim, angeblich »wegen
Mama«. Aber auch zur Familienfeier will sie nicht zurück.
Der Stationsschwester erzählt sie, dort seien alle total betrunken und könnten sie nicht vor dem Onkel schützen. »Während des Gesprächs wurde Amelies Stimme immer leiser«, gibt
die Schwester der Polizei später zu Protokoll, »sie antworte-

te immer nur ganz kurz.« Nach längerem Hin und Her wird das Telefonat ergebnislos beendet. Vorher muss Amelie aber noch versprechen, sich zu melden, sollte sie zu Hause in weitere Notsituationen geraten. Sie lässt bis zu ihrer Rückkehr auf die Station zum vorgesehenen Zeitpunkt allerdings nichts mehr von sich hören.

Die geschilderte Episode geht später als Vorwurf der Nötigung in die Anklageschrift der Staatsanwaltschaft Osnabrück gegen den Onkel ein. Im Urteil schildert das Landgericht Osnabrück den angeblichen Übergriff des Onkels als sogenannten Weihnachtsvorfall. Dort ist die Geschichte nachzulesen, die Amelie mit Bernhard M. erlebt haben will: Schon während des Weihnachtsfestes habe sie sich – wie so oft – von den bohrenden Blicken ihres Onkels verfolgt und »durchlöchert« gefühlt. Am zweiten Weihnachtsfeiertag sei es ihr seelisch schlecht gegangen, und sie habe sich vom Weihnachtstrubel bei Oma und Opa in ihr Elternhaus zurückgezogen. Während des Telefonats mit der Stationsschwester sei der Onkel in das Haus eingedrungen. Die Richter schreiben wörtlich: »Er war Amelie gefolgt. Wie er zur Tür hereinlangte, vermochte die Kammer nicht aufzuklären. *[Anmerkung: Die Türschlösser waren nach der Festnahme von Adolf S. ausgetauscht worden.]* Jedenfalls betrat er das Büro, in dem Amelie gerade telefonierte. Er ging auf Amelie zu und stellte sich ganz nahe an sie heran. Er fragte sie, mit wem sie telefonieren würde. Dabei schob er sein Knie zwischen die Beine von Amelie. Er umarmte die Zeugin dabei und berührte ihre Brust. Als der Angeklagte das Büro betrat, veränderte Amelie ihre Sprechweise, was sofort der Zeugin am anderen Ende der Leitung auffiel. Sie spürte, dass Amelie plötzlich gehemmt war. Die Schwester fragte, ob der Onkel denn in der Nähe sei, was Amelie mit ›Ich weiß nicht‹ beantwortete. Die Schwester verstand dieses ›Ich weiß nicht‹

als ja, zumal die Zeugin sagte, dass sie jetzt Schluss machen müsse ... Inzwischen kam der Zeuge Roland S. *[Amelies Bruder]* nach Hause. Dieses hörte der Angeklagte und ließ von der Geschädigten ab. Er verließ sofort das Haus S. und begab sich zurück zu seinen Eltern.« Später heißt es im Urteil noch, die glaubhaften Angaben der Amelie seien überdies durch die Aussagen der Krankenschwester »objektiviert worden«.

In Wirklichkeit kann von Objektivierung keine Rede sein. Der Schwester am anderen Ende der Leitung fiel lediglich auf, dass Amelie ihre »Sprechweise« während des Telefonats änderte. Erwartungsgemäß fragte sie das Mädchen, ob denn der Onkel (über den Amelie ja düstere Andeutungen gemacht hatte) in der Nähe sei. »Ich weiß nicht«, antwortete Amelie. Diese Geschichte vom Onkel, der seine Nichte (die den Vater vor kurzem wegen Vergewaltigung hinter Gitter gebracht hat) während des Telefongesprächs belästigt, hält das Gericht für glaubhaft, obwohl niemand die Angaben stützt: Bernhard M. selbst hat keine Ahnung, wovon Amelie redet. Der jüngere Bruder Roland, der im fraglichen Augenblick nach Hause kam, bekundet als Zeuge, keine Seele gesehen zu haben. Überdies kann nicht geklärt werden, wie der Onkel ins Haus gelangt sein soll. Genau besehen ist die Situation, die Amelie den Richtern schildert, nicht nur alles andere als nachvollziehbar, sondern gleitet schon ins Bizarre ab. Wie ein Gespenst taucht der Onkel aus dem Nichts auf, unsichtbar, unhörbar für alle anderen Personen außer Amelie. Er bedrängt seine telefonierende Nichte, versetzt sie in Angst und Schrecken – und löst sich offenbar in Luft auf.

Gleich nach Weihnachten, als Amelie auf die Station zurückgekehrt ist, baut sie ihre Beschuldigungen weiter aus. Der Schwester Frauke berichtet sie, der Onkel habe schon zweimal gegen ihren Willen mit ihr »geschlafen«, das erste Mal am

16. April 1994, das zweite Mal erst vor wenigen Wochen, am Nikolaustag. Beim zweiten Mal habe er sie mit seinem VW-Bus zum Heimaturlaub vom Krankenhaus abgeholt, sei dann auf dem Weg zum Elternhaus in einen nahen Wald abgebogen und habe sie dort auf der unbestuhlten Ladefläche des Transporters vergewaltigt. Er habe ihr dabei gedroht, wenn sie ihrer Mutter ein Wort sage, würde sie nicht nur die Mutter verlieren, sondern auch jede Glaubwürdigkeit. Niemand würde ihr dann noch die Beschuldigungen gegen den Vater abnehmen. Ihrer Mutter habe sie sich nicht anvertrauen können, sagt Amelie verzweifelt, denn die sei – seit Vaters Inhaftierung – auf die finanzielle Unterstützung dieses Onkels angewiesen. Schwester Frauke wird das Aussageverhalten Amelies später bei der Polizei gut rekonstruieren können, denn sie trägt alles, was Amelie ihr anvertraut, in den Pflegebericht der Patientin ein.

Kurz nach der Vertrauten Frauke weiht Amelie auch ihre Therapeutin und den Chefarzt der Psychiatrie in die angeblichen Verbrechen des Onkels ein. Auf der Station betont sie jetzt, keinen Besuch mehr von Onkel Bernhard zu wünschen. Sie wolle ihn nicht mehr sehen, sie wolle auch nicht mehr von ihm abgeholt werden. Diese ungewohnte Distanz entgeht Bernhard M. nicht, er erklärt sie sich aber damit, dass Amelie ja von seinem Schwager vergewaltigt worden sei und sich nun vor allen Männern fürchte. Trotz dieser angeblichen Angst steigt Amelie bis zur Anzeige gegen ihren Onkel Ende März 1995 regelmäßig zu ihm ins Auto. Überhaupt stellt sich – während Amelie den Onkel auf der Station als Bedrohungsfigur aufbaut – ihr Verhältnis zu Bernhard M. außerhalb der Klinikmauern völlig entspannt dar. Weder den Familienmitgliedern noch den Freundinnen, die an den psychiatriefreien Wochenenden mit Amelie und ihrem Onkel in die Discos fahren, fällt auf, dass Amelie ihren Onkel fürchtet oder ihm aus dem Weg geht. Ganz im Gegenteil, Amelies Freundin Anja erzählt, Amelie habe ihnen immer wieder angeboten, den Onkel zu fragen, ob er nicht mitkommen und sie später nach Hause fahren wolle, dann könnten alle Freunde guten Gewissens Alkohol trinken.

Hämatome und ihre Ursachen

Am Donnerstag, den 2. März 1995, entdeckt jene Stationsleiterin, die Amelie schon an Weihnachten telefonisch beistand, morgens einen blauen Fleck am Arm der Patientin. Amelie trägt trotz der kühlen Jahreszeit ein kurzärmeliges T-Shirt, deshalb ist der Fleck gut zu erkennen. »Was hast du denn da?«, fragt die Schwester besorgt. »Gar nichts«, antwortet Amelie zunächst ausweichend, gibt jedoch im folgenden Gespräch gegenüber der jungen Leiterin scheinbar widerstrebend zu, dass sie noch mehr blaue Flecke am Körper trage und zwar »am linken Oberarm, an der Brust und im Genitalbereich«. Zeigen will sie die Verletzungen aber nicht. Mit Engelszungen versucht die Stationsleiterin Amelie zu überreden, dass sie die Verletzungen fotografieren dürfe, Amelie scheint davon nichts wissen zu wollen. Im täglichen Teamgespräch auf der Station berichtet die Leiterin den anderen dann von ihrer Entdeckung, und die alarmierte Betreuergruppe beschließt vorsorglich – obwohl keiner weiß, woher die Flecke stammen –, Amelie zu einer fotografischen Dokumentation der Hämatome zu drängen. Vielleicht könnte so etwas später ja wichtig sein!

Am Nachmittag hat Amelie sich dann dazu »durchgerungen«, wie es eine Schwester formuliert, die Verletzungen fotografieren zu lassen. Niemand ruft einen Polizeifotografen, um den Vorfall zu dokumentieren, niemand verständigt die Gerichtsmedizin, in deren Fach die Bestimmung von Hämatomen aller Art fällt – nein, die mitleidigen Betreuerinnen kümmern sich lieber selbst um die Beweissicherung. Eine Kinderkrankenschwester holt eine Sofortbildkamera, doch die Fotos misslingen. Es ist nichts darauf zu erkennen. Darum bringt der Psychiatriechef Dr. X anderntags, es ist der 3. März 1995, seine eigene Kamera mit, und die Stationsschwester nimmt damit laienhaft Amelies Unterblutungen auf. Vier überbelichtete und unscharfe Bilder fertigt sie an. Auf dem ersten ist verschwommen der Fleck am linken Arm zu sehen, auf dem zweiten ein Hämatom auf Amelies linker Brust (dass die Patientin auch ein großflächiges Hämatom an der rechten Brust hat, übersehen die Krankenschwestern). Das dritte Bild zeigt eine Unterblutung an der Außenseite des linken Oberschenkels in der Nähe der Hüfte. Und Bild Nummer vier einen großen blauen Fleck an der oberen Innenseite des rechten Oberschenkels in der Nähe des Schritts. Außerdem sind auf den Bildern zahllose Schnitte und Kratzer auf dem Bauch und den Beinen der Patientin zu erkennen, die von ihren pausenlosen Selbstverletzungen herrühren. Die Schwestern bemerken auch, dass die blauen Flecken nicht mehr frisch sind, sie fangen schon an zu verblassen, und die Ränder werden gelb.

Jetzt sagt Amelie, woher die Hämatome stammen sollen: vom Onkel. Zwei Wochen zuvor habe Bernhard M. versucht, sie im Auto zu vergewaltigen, es aber nicht geschafft. Amelie kündigt während der Fotoaufnahmen gegenüber dem Stationspersonal an, es noch einmal darauf anzulegen und sich von ihrem Onkel erneut vergewaltigen zu lassen, um endlich »Beweise gegen ihn« in der Hand zu haben. Dann könnte der Gynäkologe bestimmt die Spermien des Täters sicherstellen.

Was soll man davon halten? Eine Vergewaltigte, der angeblich vor dem Krankenbesuch ihres Onkels graut und die ihm deshalb den Zutritt zur Station verwehren lässt, tut überraschend kund, sie wolle sich aus ermittlungstaktischen Gründen erneut seiner Gewalt aussetzen. Und wie reagiert das Klinikpersonal auf ein solches Ansinnen?

An der Reaktion der Belegschaft lässt sich ablesen, welches Ausmaß die Verblendung in der Psychiatrie bereits angenommen hat. Die Schwestern sagen Amelie zwar halbherzig, sie hielten das Vorhaben für »keine so gute Idee«, trotzdem lässt man das vermeintliche Gewaltopfer – mit der Entschuldigung vor sich selbst, das Mädchen sei schließlich volljährig und man verfüge über keine geschlossene Abteilung – am Wochenende einfach nach Hause gehen – wo ein rasender Vergewaltiger auf sie warten soll.

Die Krankenschwestern sind nicht die Einzigen, denen Amelie ihre Verletzungen präsentiert. An jenem Wochenende besucht das Mädchen ihre Freundin Anja. Es ist Sonnabend, der 4. März. Amelie kündigt der Freundin an, ihr Onkel Bernhard habe sich bereit erklärt, sie beide in die Disco zu begleiten, und werde sie gleich abholen. Einstweilen gehen die Mädchen in Anjas Zimmer. »Ich muss dir was zeigen«, sagt Amelie, nachdem sie oben angekommen sind, dann zieht sie ihren Pullover aus, streift die Hose herunter und präsentiert ihre blauen Flecke. Anja bemerkt »an beiden Brüsten zwei etwa handflächengroße blaue Flecke« und ebenso oben an den Beinen. Auf ihre erschrockene Frage, wie das passiert sei, gibt sich Amelie geheimnisvoll. »Ein Mann ist das gewesen«, sagt sie, »einer, den ich nicht kenne.« Er habe sie im Park angegriffen und vergewaltigen wollen, aber sie sei ihm entkommen.

Der Freundin erscheint die Geschichte seltsam, aber auch unangenehm und peinlich, deshalb fragt sie nicht nach. Dann kommt auch schon der Onkel, im geliehenen Toyota seiner Schwester Gabriele, weil sein eigener VW-Bus kaputt ist, und die drei fahren zu McDonald's zum Essen und hinterher in eine Diskothek. Anja hat den Abend als völlig normal in Erinnerung, irgendwelche Spannungen oder Ungereimtheiten zwischen Onkel und Nichte bemerkt sie nicht. Sie erinnert sich später, dass der Onkel am Ende des Ausflugs, nachdem er sie selbst an ihrem Elternhaus abgesetzt hat, mit der Nichte auf dem Beifahrersitz gleich den Heimweg einschlägt.

Am Abend des nächsten Tages (es ist Sonntag, der 5. März) kehrt Amelie »total bedrückt«, wie die Schwestern es formulieren, vom Wochenendurlaub auf die Station zurück. Erst am nächsten Montagmorgen gesteht sie einer Schwester, der Onkel habe sie in der Nacht von Samstag auf Sonntag nach dem Discobesuch schon wieder im Toyota ihrer Tante Gabriele in einem abgelegenen Waldstück überwältigt und mit ihr wieder einmal gewaltsamen Geschlechtsverkehr gehabt. Warum aber meldet die Vergewaltigte, die doch den Onkel so dringend überführen will und dies auch angekündigt hat, den Überfall nicht sofort, sondern verbringt noch den ganzen Sonntag zu Hause und erzählt erst am Montag davon? Niemand fragt sie nach diesem Umstand. Dafür wird Amelie um die Mittagszeit zum Oberarzt der gynäkologischen Abteilung des Krankenhauses geschickt. Dort gibt sie an, sich heftig gewehrt zu haben, der Onkel habe allerdings »fest zugepackt«. Der Frauenarzt konstatiert in seiner Diagnose symmetrische Hämatome auf beiden Brüsten der Patientin, und auch auf den Oberschenkeln jeweils handflächengroße Unterblutungen. Andere Auffälligkeiten kann er aber nicht feststellen. Amelies Jungfernhäutchen ist nach wie vor unversehrt, bei der Untersuchung des Scheidensekretes sind »keine Spermien nachweisbar«. Dann schreibt der Gynäkologe noch: »Erst als dieses der

Patientin mitgeteilt wird, gibt sie an, der Täter habe ein Kondom benutzt.«

Wieder werden die Hämatome abgelichtet, wieder auf dieselbe unprofessionelle Weise. Wieder bleibt die Entstehungsgeschichte der Unterblutungen – wie, wann und unter welchen Umständen sie entdeckt wurden, welche Angaben das Opfer dazu machte und in welchem Allgemeinzustand es sich befand – exklusiv in der Deutungshoheit der Kinder- und Jugendpsychiatrie, dessen Personal aus seiner Solidarität mit der Patientin keinen Hehl macht. Die blauen Flecke sind und bleiben der einzige »Beweis« für Amelies Angaben. Auf den Beistand von Polizei und Gerichtsmedizin wird ein weiteres Mal verzichtet. Eine kriminalbiologische Spurensicherung im Toyota unterbleibt.

Zwei Wochen später, am 18. März – wenige Tage bevor Amelie den Onkel anzeigen wird –, geht Anja noch einmal abends mit der Freundin aus, diesmal ist Bernhard M. nicht dabei. Die Mädchen reden über die anstehende Gerichtsverhandlung gegen Adolf S. Plötzlich bemerkt Amelie bedeutungsschwer, sie wisse nicht, was sie sagen solle, wenn der Richter sie fragen würde, ob ihr Vater der einzige Mann sei, der sie vergewaltigt habe. »Ja bist du denn auch noch von einem anderen vergewaltigt worden?«, fragt Anja erstaunt. »Ja«, sagt Amelie. »Von wem denn?«, will die Freundin wissen. »Ich kenne den Mann nicht«, antwortet Amelie, »die Polizei sucht ihn noch. Aber nächste Woche wirst du erfahren, wer dieser Mann ist.« – »Aber wie ist das möglich?«, fragt Anja zurück. »Die Polizei sucht ihn doch noch!« Da schweigt Amelie und schaut verwirrt und verunsichert zu Boden.

Fünfzehn Monate später, im Juni 1996 – auch der Onkel ist nun längst in Strafhaft –, wird Amelie in eine Fachklinik für abhängigkeitskranke Jugendliche eingewiesen werden. Dort wird sie angeben, seit ihrem siebzehnten Lebensjahr »gezielt« und in großen Mengen nicht verordnete Medikamente zu sich genommen zu haben. Selbst während ihres Aufenthaltes in der Kinder- und Jugendpsychiatrie habe sie mit dem heimlichen Medikamentenmissbrauch nicht aufgehört. Als konsumierte Substanzen zählt sie das Schlafmittel Betadorm, das Schmerzmittel Tramal und das Beruhigungsmittel Tranxilium auf und dazu die Gerinnungshemmer Marcumar und Aspirin, die sie dem Apothekerschränkchen der herzkranken und seit langem auf Marcumar angewiesenen Großmutter entnommen haben muss. Die Blutverdünnungsmittel, erklärt Amelie den Suchtmedizinern, habe sie eingenommen, um »nach dem Schnippeln zu verbluten«.

Die durch Marcumar ausgelöste starke Blutungsneigung führt dazu, dass sich bei Patienten, die dieses Mittel einnehmen, schon bei geringer Gewaltanwendung großflächige Hämatome unter der Haut bilden. Deshalb kommt es bei Marcumarkonsumenten oft zu großen blauen Flecken, auch wenn sie sich nur irgendwo gestoßen haben oder hingefallen sind. Die auf Fotos gebannten Blutergüsse auf Amelies Brüsten und Oberschenkeln, die später von mehreren Rechtsmedizinern unabhängig voneinander als typische Selbstverletzungszeichen diagnostiziert werden, ließen sich also – sollte das Mädchen auch in jenen Tagen den Blutgerinnungshemmer Marcumar heimlich eingenommen haben – durch Kneifen und Kneten leicht und relativ schmerzlos selbst herstellen.

Die Richter des Landgerichts Osnabrück aber ahnen nichts vom Marcumar und werden später im Prozess gegen Amelies Onkel erschüttert sein von der männlichen Gewalt, die nach dem Eindruck, den sie aus den beiden Lichtbildserien gewinnen, auf den Körper der Amelie eingewirkt haben müsse. Zwar wird ein niedergelassener Rechtsmediziner, der mit der Beurteilung der Hämatone beauftragt ist, den Frieden in der Hauptverhandlung stören und deutlich darlegen, warum er Amelies Hämatome für klassische Selbstbeibringungen hält. Aber das kann die Richter nicht erschüttern. Der sachkundige Standpunkt des Gutachters wird im schriftlichen Urteil mit dem beiläufigen Satz erledigt: »Eine weitergehende Aussage dahingehend, dass die Verletzungen auf Selbstbeschädigungen zurückzuführen sein können, wie der Sachverständige Dr. R. als Meinung vertrat, war durch die Lichtbilder nicht weiter zu begründen.« Das Gericht wird zu der Ansicht gelangen, dass sich die blauen Flecken vortrefflich mit der belastenden Aussage der Nebenklägerin Amelie decken. Im Urteil ist später von »massiver Gewalt gegen die Zeugin« die Rede, durch die »erhebliche Hämatome an den Oberschenkeln und der Brust« entstanden seien, und von »erlittenen Schmerzen«.

Auch mit jenem rechtsmedizinischen Sachverständigen, der seinerzeit in der Hauptverhandlung gegen M. gehört worden war, habe ich gesprochen. Leider war er inzwischen schwer erkrankt und traute es sich nun – viele Jahre nach seinem Auftritt in jenem Prozess – nicht mehr zu, ohne die Akten exakte und verlässliche Angaben zu seinem damaligen Gutachten und der darauf folgenden Auseinandersetzung mit den Richtern zu machen. Aber dass er sich damals in der Hauptverhandlung außerordentlich habe aufregen müssen, weiß er noch, und dass er in den Saal gerufen habe, so könne das alles nicht gewesen sein. Aber niemand habe auf ihn gehört.

Der Augenschein

Der Prozess gegen Bernhard M. beginnt am 29. August 1995 vor dem Landgericht Osnabrück. Als Verteidiger steht dem

Angeklagten der Rechtsanwalt Dieter Gerken zur Seite. Die Anklage wird verlesen, der Angeklagte äußert sich, wie es heißt, »zur Sache«, Fotos werden in Augenschein genommen, eine Skizze vom Inneren des Wohnwagens, in dem der erste Übergriff stattgefunden haben soll, angefertigt. Das Hauptverhandlungsprotokoll, in dem der gesamte formale Verlauf jedes Strafprozesses dokumentiert werden muss, zählt die Zeugen auf, die Reihenfolge ihres Auftretens und die Dauer ihrer Aussage. *Was* die Zeugen aussagen, wird allerdings – wie stets in Strafprozessen vor einem Landgericht – nicht aufgeschrieben. Anfangs zeigen sich keine Besonderheiten im Protokoll, außer dass die Nebenklägerin sich – wie schon im Prozess gegen ihren Vater – weigert, an der Verhandlung teilzunehmen, solange der Onkel im Raum ist. Das ist das Recht möglicher Opfer. Also wird Bernhard M. durch Gerichtsbeschluss aus der Hauptverhandlung entfernt, wenn seine Nichte spricht. Er bekommt die Belastungszeugin während des Prozesses gar nicht zu Gesicht.

Dem Gerichtsprotokoll ist auch zu entnehmen, dass Gerken seinen Mandanten mit großem Einsatz verteidigt. Neunzehn Beweisanträge feuert er auf das Gericht ab, die allesamt den Zweck verfolgen, der Opferzeugin Lügen bei ihren diversen Aussagen nachzuweisen. Am zweiten Verhandlungstag, dem 31. August, findet sich im Protokoll folgender um die Mittagszeit notierter Eintrag: »Der Verteidiger beantragte, den Pkw der Zeugin Gabriele M. in Augenschein zu nehmen, zum Beweis der Behauptung, dass der Vergewaltigungsakt, so wie er dem Anklagevorwurf zugunde liegt und wie ihn die Zeugin Amelie S. beschrieben hat, so nicht möglich ist.« Der Vorsitzende entscheidet daraufhin, dem Antrag zu entsprechen. Um 14.36 Uhr begeben sich alle Prozessbeteiligten (Gericht, Staatsanwaltschaft, Angeklagter, Verteidiger und

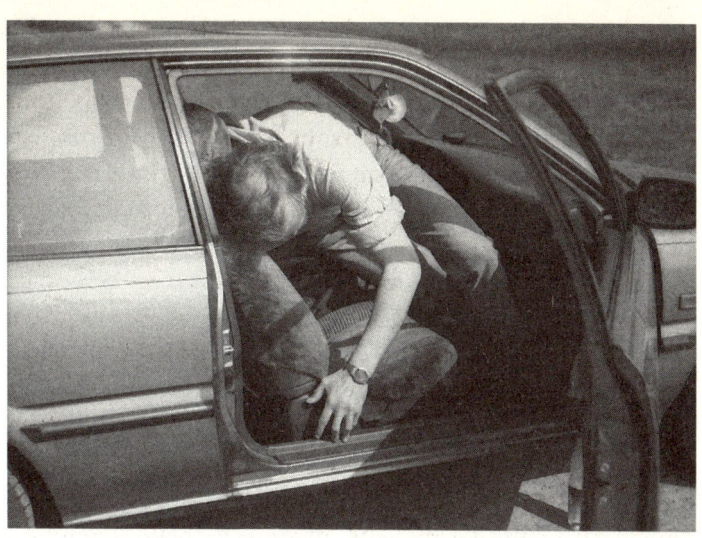

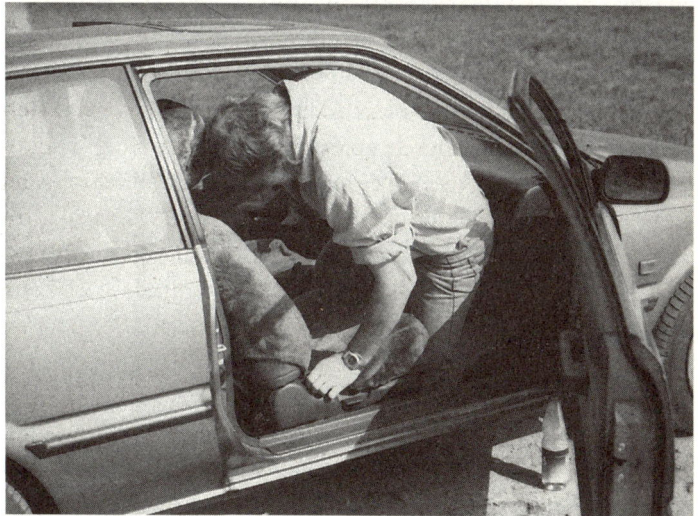

Bernhard M. beim Nachstellen des Toyota-Augenscheins: Er wälzt sich vom Fahrersitz in den Fußraum des Beifahrersitzes.

Nebenklägervertreterin) auf den Gerichtsparkplatz, wo in der Nähe des Eisentores der zweitürige Kleinwagen vom Typ Toyota Corolla vorgefahren worden ist. Amelie hatte behauptet, beim zweiten, diesmal erfolgreichen, Übergriff ihres Onkels in diesem Wagen auf dem Beifahrersitz sitzend von dem vor ihr knienden Bernhard M. ohne Zuhilfenahme der Liegesitze vergewaltigt worden zu sein. Ihr Onkel habe zuerst auf dem Fahrersitz gesessen und sei dann zu ihr herübergeklettert, um gewaltsam den Beischlaf zu vollziehen. Bernhard M. wird gebeten, jetzt vor Publikum diese Turnübung zu demonstrieren. Die Nebenklägerin Amelie ist nicht zugegen, sie fühlt sich nervlich nicht in der Lage, der Prozedur beizuwohnen. M. setzt sich also auf den Fahrersitz, wälzt sich mühsam zum Beifahrersitz hinüber und faltet sich dort im Fußraum zusammen. Nach dem »Augenschein« wird die Verhandlung unterbrochen, sie soll am nächsten Morgen fortgesetzt werden.

Laut Gerichtsprotokoll regt der Vorsitzende Richter am Morgen des 1. September an, die Öffentlichkeit auszuschließen. Die übrigen Prozessbeteiligten stimmen zu, die Zuhörer verlassen den Saal. Über den nun folgenden Vorgang bekundet das Protokoll: »Der Angeklagte erklärte, er fühle sich von seinem Verteidiger nicht mehr richtig vertreten. Er wolle jemand anderen. Der Verteidiger gab dazu eine Stellungnahme ab. Der Angeklagte erklärte: Ich bestehe darauf, dass ich meinen Anwalt wechseln will. Der Verteidiger erklärte, dass er nun keine Möglichkeit mehr sehe, den Angeklagten zu verteidigen, er lege das Mandat nieder.« Damit wird die Hauptverhandlung gegen Bernhard M. abgebrochen, denn jeder Angeklagte muss einen Verteidiger haben, dem er vertraut. Ein neuer Verteidiger muss sich aber erst einarbeiten, und das ist innerhalb von zehn Tagen – so lange durfte damals eine Hauptverhandlung unterbrochen werden – nicht möglich. Deshalb muss die Hauptverhandlung vollständig von Neuem beginnen.

Als ich in der Gerichtsakte von Bernhard M. auf dieses jähe Ende der ersten Hauptverhandlung stieß, wurde ich stutzig. Was war da passiert? Warum hatte der Vorsitzende den Saal räumen lassen? Warum hatte der Angeklagte über Nacht das Vertrauen in seinen Verteidiger verloren und den Prozess platzen lassen? Gerken hatte sich doch offensichtlich um seinen Mandanten bemüht, er hatte gekämpft und den Augenschein des Toyota durchgesetzt. Von einem solchen Beistand trennt man sich doch nicht – und schon gar nicht in einer so misslichen Lage wie jener, in der M. sich damals befand. Das konnte ich nicht verstehen. Deshalb suchte ich Anfang des Jahres 2002 den in Ungnade gefallenen Rechtsanwalt Gerken auf.

Dieter Gerken ist Rechtsanwalt und Notar, seit dreißig Jahren im Geschäft und in seiner Gegend ein angesehener und respektierter Mann. Er saß in einem hellen Büro und war gern bereit, mir Auskunft zu erteilen. An Bernhard M. erinnerte er sich noch sehr gut und auch an den Toyota-Termin. M. sei anfangs ein sehr verschlossener Mandant gewesen, erzählte Gerken, und habe sich geniert, zu den Vorwürfen seiner Nichte überhaupt Angaben zu machen. Über Sexuelles zu sprechen sei ihm generell auffällig schwergefallen. Außerdem habe die Staatsanwaltschaft Osnabrück der Verteidigung die Akten lange vorenthalten, so dass er, Gerken, sich von den Beschuldigungen zunächst kein rechtes Bild habe machen können. Als er dann endlich Akteneinsicht bekommen und das dürftige Dossier der Glaubwürdigkeitsgutachterin gelesen habe, seien ihm schon Zweifel gekommen, ob an den Beschuldigungen viel dran sei.

Gänzlich überzeugt von der Unschuld seines Mandanten sei er aber gewesen, als man Bernhard M. am 31. August 1995 auf dem Gerichtsparkplatz in den winzigen Toyota »hineingestopft« habe. »Es war offenkundig«, sagte Gerken, dass der 1,92 Meter große und 110 Kilo schwere Mann die dicke, 85 Kilo wiegende Nichte in diesem Kleinwagen unmöglich hatte vergewaltigen können. »Das Gericht und die Staatsanwaltschaft hielten sich bedeckt«, fuhr Gerken fort. »Man hatte gesehen, dass es sichtliche Ungereimtheiten gab, und nun wollte man Herrn M. eine goldene Brücke bauen. Wir standen auf dem Parkplatz noch eine Zeitlang beisammen, dann wurde mir vom Vorsitzenden der Vorschlag unterbreitet, mein Mandant sollte morgen ›ein bisschen was‹ gestehen, und dann könnte man es mit einer Bewährungsstrafe von zwei Jahren gut sein lassen.«

Gerken lächelte traurig. »Zwischen Staatsanwalt und Gericht herrschte Einigkeit«, sagte er. »Die Nebenklage signalisierte sogar, die Geschädigte sei schon mit einer Entschuldigung des Angeklagten zufrieden. Das war keine goldene Brücke, das war eine supergoldene Brücke für jemanden, der wegen vierfacher Vergewaltigung und sexueller Nötigung angeklagt ist.« Doch Bernhard M. sei nicht hinübergegangen. Im Gegenteil: Als Gerken ihm das Bewährungsangebot des Gerichts eröffnet habe, sei er sehr aufgebracht gewesen und habe ihn, Gerken, heftig beschimpft: »Es gibt nichts zu gestehen. Was soll ich denn einräumen? Ich habe mit der Sache nicht das Geringste zu tun!«

»Er war wütend und verbittert«, erinnerte sich Gerken. »Er hat es mir schwer verübelt, dass ich ihm die Botschaft des Gerichts überbracht und ihm geraten habe, darüber nachzudenken.« Und als der Vorsitzende am nächsten Morgen in Erwartung eines Geständnisses den Saal räumen ließ, habe sein Mandant nur gesagt: »Ich will einen neuen Verteidiger. Dieser hier glaubt nicht an meine Unschuld.« Gerken machte eine kleine Pause und schaute mich erwartungsvoll an. »Herr M.

hatte die Freiheit vor Augen«, sagte er dann. »So was auszuschlagen ... Mir hat sein Verhalten schwer zu denken gegeben.«

Offenbar nicht dem Gericht. Am 28. November 1995 beginnt die zweite Hauptverhandlung gegen Bernhard M. Und die ist ein Aufguss des Verfahrens gegen Amelies Vater. Die Richterbank ist mit denselben Berufsrichtern besetzt, die ein halbes Jahr zuvor auch schon Adolf S. verurteilt hatten: derselbe Vorsitzende, dieselben Beisitzerinnen. Auch der Staatsanwalt ist derselbe, ebenso die Anwältin, die Amelie vertritt. Die Glaubwürdigkeitsgutachterin und die Kripobeamtin sind dem Gericht ebenfalls schon aus dem Vorgängerprozess gegen S. bekannt, wie auch die meisten Zeugen. Sogar der Gerichtssaal ist derselbe, ebenso der Vorwurf der Vergewaltigung. Allein die Schöffen haben gewechselt – und der Angeklagte.

In diesem zweiten Prozess wird nun kein Augenschein des Autos mehr durchgeführt, obwohl zwei der drei Berufsrichter und auch der Staatsanwalt seinerzeit auf dem Parkplatz mit dabeigestanden hatten. Von sich aus kommt das Gericht nicht mehr darauf zurück, und der neue Verteidiger von Bernhard M. verlangt den Augenschein nicht (und bleibt auch sonst ziemlich still). Wie in der ausgesetzten Hauptverhandlung wird der angebliche Sexualstraftäter M. vor Verhandlungsbeginn weder körperlich noch psychiatrisch untersucht. Dafür lasten *ihm* die Richter im Urteil strafverschärfend an, durch sein Verhalten den Abbruch der ersten Hauptverhandlung verschuldet zu haben: »Zu Lasten des Angeklagten war weiter zu berücksichtigen, dass die Zeugin *[Amelie]* zumindest durch die vom Angeklagten verursachte Verfahrensverlängerung einer besonderen psychischen Belastung ausgesetzt war. Der Angeklagte nämlich hatte es zu vertreten, dass das Verfahren wiederholt werden musste. Er hatte sich von seinem damaligen Verteidiger abgewandt. Die dadurch entstandenen Folgen durch die erneute Vernehmung der Zeugin sind dem Angeklagten zuzurechnen.« Von dem ausgeschlagenen Bewährungsangebot der Kammer steht freilich nichts im Urteil. So strafte man Bernhard M. noch nachträglich dafür ab, dass er an seinen Unschuldsbeteuerungen festgehalten hatte und auf das krumme Geschäft nicht eingegangen war. Derselbe Vorsitzende, der den Angeklagten M. im Sommer 1995 mit einer Bewährungsstrafe lockte, bestätigt im Januar 1996 mit seiner Unterschrift das Urteil: viereinhalb Jahre Freiheitsstrafe.

Nach den Feststellungen des Gerichts, die mit den Angaben der Opferzeugin weitgehend identisch sind, liest sich die Vergewaltigung im Toyota nun so:

Nachdem der Angeklagte die Zeugin Anja, die Freundin der Zeugin Amelie S., abgesetzt hatte, drehte er auf der Bundesstraße und fuhr an dem Haus der Tante vorbei in einen Feldweg. Dort hielt er an. Er hatte die Absicht, erneut mit Amelie sexuelle Befriedigung zu suchen. Er wollte gegebenenfalls gegen den Willen der Geschädigten und gegebenenfalls mit Gewaltanwendung den Geschlechtsverkehr mit ihr ausüben.

Der Angeklagte löste den Sicherheitsgurt und beugte sich zu Amelie S. herüber. Sie bemerkte in seinem Gesicht ein »komisches« Lachen. Amelie befürchtete, dass ein neuer sexueller Übergriff bevorstand. Obwohl sie ursprünglich die Absicht hatte, sich erneut vergewaltigen zu lassen, um Beweise gegen ihren Onkel zu haben, wollte sie doch in der konkreten Situation versuchen, diesen Übergriff abzuwenden. Sie drohte dem Angeklagten für den Fall, dass er sie anfassen würde, endgültig mit einer Anzeige. Das brachte den Angeklagten in Rage. Er wurde wieder sehr wütend. Er lachte wieder und sagte: »Das tust du ja sowieso nicht.« Dabei schlug der Angeklagte auf die Zeugin ein. Amelie empfand die Schläge, die wieder die Brust trafen, im Verhältnis zu den Ereignissen vor 14 Tagen [beim angeblichen ersten, aber erfolglosen Übergriff im Auto] *als härter. Ob sie tatsächlich kräftiger geführt wurden oder ob sie nur mehr schmerzten, weil sie bereits infolge der früheren Schläge empfindlichere Teile des Körpers trafen, vermochte die Kammer nicht sicher festzustellen. Es ist auch möglich, dass die Tatsache des Schlagens für Amelie so demütigend war, dass sie aus diesem Grund die Behandlung gravierender als das erste Mal empfand.*

Die Zeugin hatte jedenfalls große Angst, was der Angeklagte bemerkte und was er auch bezweckte. Er wollte sich diese Situation nun endgültig wieder zunutze machen und mit der Zeugin gegen ihren erkennbaren Willen den Geschlechtsverkehr ausüben. Er hatte bemerkt, dass die Schläge die Zeugin stark beeindruckt hatten.

Die Zeugin hatte aus der für sie ausweglos erscheinenden Situation das Gefühl, der Angeklagte werde sie umbringen, wenn sie seinen Wünschen nicht nachkomme. Deshalb zog sie ohne größere Aufforderung durch den Angeklagten selbst ihre Hose aus und legte sie auf die Rückbank. Der Angeklagte kletterte zu ihr auf den Beifahrersitz, was zwar schwierig, aber nicht unmöglich war. Dabei klappte er die Rückenlehnen nicht zurück. Der besonderen Schwierigkeit des Unterfangens gab er dadurch Ausdruck, dass er wegen der Enge fluchte. Er hatte seine Hose geöffnet und sein Glied, das bereits steif war, herausgeholt. Seine Position war eine kniende vor dem Sitz der Zeugin. Amelie S. saß weit mit dem Oberkörper in ihrem Sitz. Deshalb zog der Angeklagte sie näher zu sich heran, damit er mit seinem Glied in die Scheide des Mädchens eindringen konnte.

Zuvor hatte sich der Angeklagte ein Kondom über sein Glied gestreift. Er drang dann in die Scheide der Zeugin ein und vollzog so den Beischlaf. Während des Geschlechtsverkehrs sah die Zeu-

gin zur Ablenkung aus dem Fenster. Ob es bei dem Angeklagten
zum Samenerguss gekommen ist, war nicht sicher feststellbar.
Nachdem der Angeklagte fertig war, ließ er sich Amelie wieder
anziehen. Er brachte sie dann nach Hause.

Den Toyota hat Bernhard M.s Schwester Gabriele übrigens
noch viele Jahre nach der Verurteilung ihres Bruders aufbe-
wahrt, immer in der Hoffnung, dass sich eines Tages wieder
ein Gericht für den Zweitürer interessieren und die Unschuld
des Verurteilten mit Hilfe dieses Wagens schließlich doch noch
bewiesen werden könnte. Deshalb hat Gabriele das Auto nie
verkauft oder verschrottet. Als im Herbst 2005 die erneuerte
Hauptverhandlung gegen M. stattfindet, rostet die Ruine des
längst fahruntüchtigen und seit Jahren nicht mehr zugelasse-
nen Fahrzeugs immer noch in ihrem Garten vor sich hin. Der
Wiederaufnahmeverteidiger von Bernhard M., der Hamburger Rechtsanwalt Johann Schwenn, bietet dem Gericht auch
prompt an, man könne das Wrack ja anschleppen lassen und
den Augenschein von 1995 wiederholen, doch das Gericht
lehnt dies dankend ab. Die Richter begnügen sich mit der Betrachtung jener eindrucksvollen Fotos, die damals M.s Verteidiger von seinem im Fußraum des Toyota knienden Mandanten hat anfertigen lassen.

Lügengeschichten

Was mag in den Osnabrücker Richtern bei jenem ersten Prozess vorgegangen sein? Die Verwandten von Bernhard M. haben mir wieder und wieder geschildert, das Verhalten des Gerichts sei für sie nicht zu verstehen gewesen. Nach dem Toyota-Termin auf dem Gerichtsparkplatz sei es für Freunde und

Familie von Bernhard M., die im Publikum standen, völlig klar gewesen, dass hier nur ein Freispruch zu erwarten war. Über den Abbruch der Verhandlung sei man bestürzt gewesen. Aber warum waren die Richter – die sich im schriftlichen Urteil selbst als berufserfahren vorstellen – gegenüber der Nebenklägerin nicht misstrauischer? Auch und gerade vor dem Hintergrund, dass sie zuvor Adolf S. ihretwegen für sieben Jahren ins Gefängnis geschickt hatten, hätten sich die Richter gegenüber Amelie kritischer verhalten müssen.

Das Gericht nimmt sogar krasse Falschaussagen Amelies hin. Um deren Entstehungsgeschichte darzustellen, muss ich wieder zurückspringen in die Zeit, als die Polizei die Ermittlungen gegen Bernhard M. aufnahm.

Am 22. März 1995 hatte Amelie ihren Onkel bei der Polizei angezeigt. Da hatte sie nicht nur von den Übergriffen im Auto berichtet, sondern auch behauptet, Bernhard M. habe sie *Anfang April 1994* in seinem Wohnwagen bedrängt und sie *Mitte April,* also zwei Wochen später, in ihrer Dachkammer zweimal nacheinander vergewaltigt, als sie betrunken im Bett lag. Diese Aussage hat sie am 24. März 1995 gegenüber der Glaubwürdigkeitssachverständigen wiederholt.

Am 10. April 1995 erhält die bereits mehrfach erwähnte Kriminalobermeisterin, die mit den Fällen Adolf S. und Bernhard M. befasst ist, einen Anruf. Er kommt aus Süddeutschland, und am Apparat ist Amelies Tante Freya*. Die Frau hat »von der zuständigen Staatsanwaltschaft« Osnabrück auf Anfrage erfahren, dass ihr Schwager Bernhard seine Nichte Amelie im April des Vorjahres in der Dachkammer des großelterlichen Hauses vergewaltigt haben soll. »Das kann aber nicht sein«, sagt die Anruferin zur Polizistin. In der Zeit von 1. April bis 10. April 1994 (Karfreitag bis zum übernächsten Sonntag) sei sie selbst mit ihrem Mann zum Osterfest bei den

Großeltern in Niedersachsen auf Besuch gewesen. Sie hätten beide in dem Durchgangszimmer übernachtet, das zu Amelies Dachkammer führte. Da habe keiner durchlaufen und nebenan vergewaltigen können. Nach dem 10. April aber war kein sexueller Übergriff gegen Amelie mehr möglich, denn man sei geschlossen aufgebrochen: Sie selbst, Freya, sei mit dem Ehemann nach Süddeutschland zurückgekehrt und ihr Schwager Bernhard auf seine Ölbohrinsel gefahren, wo er anschließend drei volle Wochen Dienst getan habe. Die Tiefbohrfirma, bei der M. angestellt ist, bestätigt der Polizei auf Anfrage diese Daten: M. hatte tatsächlich von 3. bis 10. April frei gehabt und den Rest des Monats auf der Plattform gearbeitet. Die Vergewaltigung in der Dachkammer konnte Mitte April nicht stattgefunden haben.

Am übernächsten Tag werden Tante Freya und ihr Ehemann von der örtlichen Polizei vernommen und die Protokolle von der süddeutschen Dienststelle per Fax an die ermittelnde Kommissarin nach Niedersachsen geschickt. Die beiden Zeugen bestätigen in ihrer schriftlichen Aussage die telefonischen Angaben vom 10. April. Tante Freya fügt noch hinzu, ihr sei nicht nur nicht aufgefallen, dass Amelie ihren Onkel Bernhard ablehne, sie habe sogar den Eindruck gehabt, Amelie sei regelrecht »verliebt« in diesen Onkel. Ihr gegenüber habe das Mädchen jedenfalls mehrfach geäußert, sie möge den Onkel schrecklich gern und wolle später genau so einen Mann heiraten. Zum Schluss ihrer Vernehmung macht die Tante noch eine prophetische Bemerkung: »Ich bin mir sicher«, sagt sie, »dass Amelie vermutlich andere Tatzeiten nennt, wenn sie erfährt, dass ich den Bernhard hinsichtlich der Tatzeiten im April 1994 entlaste.« Auf diese Prognose angesprochen, sagte Tante Freya Jahre später zu mir, sie habe förmlich gespürt, dass da noch etwas nachkommen würde. Und sie sollte recht behalten.

Am Nachmittag desselben Tages, als ihre Tante in Süddeutschland vernommen wird, es ist der 12. April 1995, taucht Amelie laut Gerichtsakte während eines Ausgangs plötzlich bei der Kriminalpolizei auf. Der Besuch ist für den Aktenleser eine Überraschung, denn die Belastungszeugin hat nicht den geringsten Anlass, an diesem Tag zur Wache zu gehen, ihre Vernehmung ist längst abgeschlossen. Ob die Kripobeamtin beim Anblick des Mädchens ebenfalls überrascht war, weiß ich nicht. Jedenfalls scheint es mir ein überaus unwahrscheinlicher Zufall zu sein, dass Amelie ausgerechnet an dem Tag und fast exakt zu jener Stunde, als das Faxgerät die ihre Darstellung widerlegende Aussage aus Süddeutschland ausspuckt, das dringende Bedürfnis gehabt haben sollte, ihrer Kripobeamtin einen kleinen Höflichkeitsbesuch abzustatten. Das nämlich gibt sie als Grund für ihre Stippvisite an. Natürlich ist Amelie nicht allein, in ihrem Schlepptau findet sich auch diesmal die unvermeidliche Vertrauensperson Frauke. Amelie hat der Beamtin etwas mitgebracht: Sie überreicht ihr einen Umschlag, in dem eine vorgedruckte Klappkarte steckt. Die Vorderseite zeigt neun kleine niedliche Enten, die sich in neun verschiedenen Sprachen bedanken: Danke! Thank you! Merci! Grazie! Agradecer! Ta! Takke! Gracias! Tacka! In die aufgeschlagene Karte selbst hat Amelie mit der Hand unter den Vordruck EIN HERZLICHES DANKESCHÖN! geschrieben: »Für Ihre Freundlichkeit und Hilfsbereitschaft, die Sie mir entgegengebracht haben, dafür, dass Sie mein Leben lebenswert gemacht haben – einfach dass ich langsam anfangen kann zu leben! Vielen Dank!«

Diese Dankeskarte ist die einzige Anerkennung, die von Amelie in den beiden Verfahren gegen Vater und Onkel aktenkundig wird. Auch sonst habe ich nirgendwo lesen oder erfahren können, dass Amelie sich bei einer einzigen der zahlreichen Personen, die sie im Kampf gegen die beiden Männer unterstützt haben, bedankt hätte. Diese auf eine andere Person als sich selbst bezogene Leistung steht in den Aufzeichnungen über dieses Mädchen einzigartig da.

Der Vorsitzende des 1. Strafsenats des Bundesgerichtshofs Armin Nack und der ehemalige Oberlandesrichter Rolf Bender zählen im zweiten Kapitel ihres juristischen Lehrbuchs *Tatsachenfeststellungen vor Gericht*, das sich mit dem Erkennen von Lügen in der Vernehmung befasst, auch das sogenannte Unterwürfigkeitssignal auf. Sie schreiben: »Je mehr die Auskunftsperson eine übertriebene – manchmal hündisch wirkende – Unterwerfung zum Ausdruck bringt, je mehr sie dem Richter schmeichelt oder ihre Hilfsbedürftigkeit herauskehrt, umso mehr sollte man der Aussage misstrauen.« Diese Warnung sollten nicht nur Richter beherzigen, sondern auch Kriminalbamte. Die Autoren schildern verschiedene typische Szenen der Devotion, in denen Angeklagte dem Staatsanwalt die Tasche tragen und dergleichen, und fahren fort: »Mit diesen Mitteln versuchen manche Auskunftspersonen, sich über die Dürftigkeit oder gar Unglaubwürdigkeit ihrer Aussage hinwegzuretten. Der Vernehmer soll für die Auskunftsperson eingenommen und dadurch unkritischer werden. Wer mag auch einer so offensichtlich fügsamen Person jene Schlechtigkeit zutrauen, deren sie beschuldigt wird? Wer mag an der Beobachtungsfähigkeit und dem Erinnerungsvermögen eines solchen ›Menschenkenners‹ zweifeln, der auf den ersten Blick die überragenden Fähigkeiten des Vernehmers erkannt hat?«

Nicht nur diese Ausführungen bestärken mich in der Vermutung, dass Amelies Besuch bei der Polizei einen weit weniger »gefühligen« Zweck verfolgte, als es den Anschein hat. Im Vorfeld dieser Aktion muss das Mädchen davon erfahren haben, dass sich etwas gegen sie zusammenbraute. Möglicherweise hatte Amelie über irgendeinen Verwandten von der Aussage ihrer Tante Freya erfahren, obwohl sie die Wochenenden nach der Anzeige gegen ihren Onkel nicht mehr bei ihrer Mutter verbringen durfte, sondern in eine andere Stadt zu ihrer Patentante auswich. Allerdings fand gerade in den letzten Märztagen des Jahres 1995 der Prozess gegen ihren Vater statt, deshalb liegt es nahe, dass gerade in dieser Zeit eine intensivere Kommunikation auch mit Angehörigen im weiteren Familienkreis zustande kam.

Die Kriminalbeamtin ist jedenfalls über Amelies Dankeskarte gerührt. Das schreibt sie zwar nicht in ihrem Vermerk über den Besuch des Mädchens, doch wird sie es später als Zeugin vor dem Wiederaufnahmegericht zugeben: Ja, sie habe sich gefreut, denn: »Dies war ungewöhnlich.« Warum ihr Amelie eine Karte geschenkt habe, darüber habe sie »nicht nachgedacht«. Jedenfalls nicht in dem Sinne, dass »bei mir Signallampen angegangen« wären oder dass sie vermutet hätte, sie solle »etwa eingewickelt werden«.

Sie heftet die Karte in der Ermittlungsakte ab und schreibt die Klagen der Besucherin über die eigene ihr fremd gewordene Familie auf. Laut Vermerk wird Amelie »während des Gesprächs der jetzige Stand der Ermittlungen gegen ihren Onkel mitgeteilt«: Die Beamtin unterrichtet das Mädchen also über die Zeugenaussage von Tante Freya, konfrontiert sie aber nicht sofort in einer Vernehmung mit den neuen Tatsachen, sondern begnügt sich damit, Amelie »streng« auf ihre Wahrheitspflicht hinzuweisen und ihr demnächst eine »Nachvernehmung« anzukündigen. Sie wird dem Mädchen volle zwei Wochen Zeit geben, sich zu den Widersprüchen etwas einfallen zu lassen. Trotzdem fällt der sie begleitenden Krankenschwester auf, wie betroffen Amelie reagiert. Auf dem Heimweg sagt Amelie zu Frauke, ihr sei wieder mal bestätigt worden, wie »ätzend« ihre Verwandtschaft sei.

Tante Freya berichtete mir, die Staatsanwaltschaft Osnabrück habe sehr verhalten auf die Kunde von Bernhard M.s Alibi reagiert. Als sie bei ihrem Anruf dem ermittelnden Staatsanwalt spontan mitgeteilt habe, dass die April-Vergewaltigung in der Dachkammer nicht stattgefunden haben könne, habe dieser »sehr ungehalten« reagiert, erzählte Tante Freya. Nach dem Gespräch sei sie nicht erleichtert, sondern »sehr bedrückt« gewesen und habe das Gefühl gehabt, mit diesem Anruf »einen großen Fehler« begangen zu haben.

Amelie braucht keine zwei Wochen, um sich herauszureden. Schon am Abend des nächsten Tages reist sie über die Osterfeiertage (13. bis 18. April 1995) zu ihrer Patentante und setzt sich dort gleich am Sonnabend, den 15. April 1995, hin, um in einer Art Tagebucheintrag schriftlich eine neue Version der angeblichen Taten ihres Onkels zu entwerfen: Den sogenannten Dachkammervorfall verschiebt sie jetzt um vier Wochen von Mitte April 1994 in die Mitte des Mai 1994, heraus aus dem Wahrnehmungsbereich der Tante Freya. In der Aufzeichnung klingt das dann so:

»Dabei fällt mir gerade ein, was ich schon längst hätte sagen müssen. Das erste Mal, wo Onkel Bernhard mich vergewaltigt hat, war, als ich bereits 18 Jahre alt war, also volljährig! Ich habe absichtlich ca. Mitte April angegeben, weil ich da noch minderjährig war. Es ist ein großer Unterschied, von den Gesetzen her gesehen, ob man volljährig oder minderjährig ist ... Was kriegt er denn? Nichts? Ein Jahr, eineinhalb, höchstens zwei ... Ich habe eine falsche Angabe gemacht, weil es mir sehr wichtig war.«

Bei dieser Begründung wird sie bleiben, sie wird in allen weiteren Befragungen behaupten, die Dachkammervergewaltigung habe tatsächlich genau so wie angezeigt stattgefunden, eben nur nicht Mitte April, sondern in Wirklichkeit Mitte Mai 1994, kurz nach ihrem achtzehnten Geburtstag. Und sie habe absichtlich ein falsches Datum genannt, weil sie der Meinung gewesen sei, die Vergewaltigung einer Volljährigen sei nach dem Gesetz nicht oder kaum strafbar. Und alle »Professionellen« werden ihr diesen Unsinn abkaufen: die Therapeutin auf der psychiatrischen Station, die Glaubwürdigkeitsgutachterin, die Kripo, der Staatsanwalt und die Richter. Sie alle trauen einer neunzehnjährigen Frau (die sich vor kurzem noch von ihrem Onkel vergewaltigen lassen wollte, um »Beweise« zu sichern) zu, nicht gewusst zu haben, dass auch die Vergewaltigung einer Erwachsenen eine gravierende Straftat ist.

Gleichzeitig erweitert Amelie die Beschuldigungen gegen ihren Onkel. Sie fügt schon in ihrer Aufzeichnung vom 15. April erste Szenen einer bisher nie erwähnten Vergewaltigung hinzu. »Es haben welche durch die Scheibe seines Scheißbusses geglotzt, und sie haben nicht geholfen!«, schreibt sie. »Es waren zwar welche ungefähr meines Alters, aber sie hätten doch sehen müssen, dass da etwas nicht stimmt. Ich habe eine Sirene gehört und dachte, dass jetzt welche kommen und mich vor diesem Tier schützen, doch es kam niemand.«

Nach Ostern kehrt Amelie guter Dinge in die Psychiatrie zurück. Sie nimmt ihre Vertraute Frauke beiseite, die am nächsten Tag zwecks Zeugenaussage bei der Polizei vorgeladen ist, erzählt ihr von der angeblichen weiteren Vergewaltigung durch den Onkel und gesteht ihr scheinbar reuig, dass sie für den »Dachkammervorfall« ein falsches Datum genannt habe. »Amelie sagt«, schreibt Frauke anschließend in die Pflegeakte, »sie habe große Angst gehabt, dass der Onkel aufgrund ihres achtzehnten Lebensjahres nicht zu belangen sei.« Am Nachmittag des 20. April wandert Frauke solidarisch und ahnungslos (als eine Art Wegbereiterin Amelies) zu ihrer polizeilichen Vernehmung und kündigt dort der Kriminalobermeisterin schon einmal die neuen Versionen an, die Amelie bei ihrer Nachvernehmung zum Besten geben wird.

Wie blind Frauke ihrer Patientin ergeben ist, zeigt sich auch an folgendem Sachverhalt: Als Amelie gegenüber dieser »Vertrauten« im August 1994 zum ersten Mal aufdeckte, dass sie ein vom Vater missbrauchtes Mädchen sei, hatte sie – der Leser wird sich erinnern – auch erwähnt, sie sei außerdem am 16. April 1994 von einem Unbekannten, der sie von einer Party nach Hause habe fahren wollen, in dessen Wagen sexuell angegangen und nachher aus dem Auto gestoßen worden. Diese Geschichte hatte Frauke später auch bei der Polizei erzählt. Doch als Amelie im März 1995 mit den Beschuldigungen gegen ihren Onkel anfing, scheint es Frauke unheimlich geworden zu sein, dass Amelie den bedrohlichen Fremden, der doch zur gleichen Zeit wie ihr Onkel über sie hergefallen war, offenbar völlig vergessen hatte. Der Glaubwürdigkeitsgutachterin erzählte sie mit folgenden Worten von diesem inneren Konflikt: »Und da hab ich gesagt: Du, Amelie. Eine Sache wollte ich dir immer noch mal sagen. Ich hab das damals ja angegeben bei der Polizei … Es ist mir ganz wichtig, dass du das weißt. Ich hab da angegeben, was du mir damals erzählt hast, dass du von einem Unbekannten vergewaltigt worden bist am 16. April 1994, nach dem Diskothekenbesuch. Dieser Mann, der dich schon den ganzen Abend beobachtet hat. Dass der sich angeboten hat, dich nach Hause zu bringen. Das hab ich bei der Polizei gesagt.« Das Problem habe sie immer schon mal mit Amelie erörtern wollen, fährt Frauke gegenüber der Gutachterin fort. Weil ihrer beider Aussagen ja sonst eigentlich immer übereingestimmt hätten. Aber das mit dem Fremden hatte allein Frauke erzählt, und Amelie, die doch das Opfer gewesen sein wollte, hatte diesen Überfall, der sich ja zur selben Zeit wie die Vergewaltigung in der Dachkammer abgespielt haben müsste, mit keinem Wort erwähnt. Von Frauke auf diesen Widerspruch zwischen ihren beiden Aussagen hingewiesen, antwortet Amelie lapidar: »Das ist kein Unbekannter gewesen, das war mein Onkel.« Später wird sie dafür als Grund angeben, er sei ihr beim Vergewaltigen immer so fremd vorgekommen.

Abgesehen davon, dass die Zeugin Frauke bei den Vernehmungen der Belastungszeugin Amelie stets dabeisaß und – wie diese von der Gutachterin auf Band aufgezeichnete Szene zeigt – Zeugenaussagen offensichtlich auch noch mit der Patientin abstimmte, wird durch das Gespräch Folgendes klar: Anfangs wollte Amelie Mitte April überfallen worden sein, erst von einem Fremden im Auto, später vom eigenen Onkel im Bett. Ort und Person wechseln während der Aussage. Gleich geblieben ist nur der Zeitpunkt und das Delikt. Nach Amelies »Datumskorrektur« und der Verlegung der Tat in die Mitte des Mai kippt auch der Zeitpunkt, so dass von der Aussage letztlich gar nichts mehr übrig bleibt als allein der Vergewaltigungsvorwurf. Doch auch das tut Amelies Glaubwürdigkeit keinen Abbruch. Die Gutachterin hört alles und begreift nichts. Und weder die Ermittler noch das Gericht decken diese groteske Aussagenerosion auf.

In der schriftlichen Begründung ihres Urteils gegen Bernhard M. schreiben die Osnabrücker Richter über die »Aussagekorrekturen« der Belastungszeugin Amelie, sie habe durch die »Richtigstellung ihrer falschen Angaben eigenes Fehlverhalten eingeräumt« und es »generell damit begründet, dass sie ein schlechtes Gewissen gehabt habe und wirklich nur habe die Wahrheit sagen wollen«. Sie habe sich selbst erneut bei der Polizei gemeldet und um eine Nachvernehmung »gebeten«. Das Gericht fährt fort: »Es ist nicht so, dass die Zeugin aufgrund eines erdrückenden, gegenteiligen Beweisergebnisses veranlasst wurde, ihre Aussage zu verändern. Sie ist am 27. 04. 1995 *von sich aus* zur Kriminalpolizei gegangen und hat die Fehler offenbart. Der äußere Anlass für dieses Ereignis war, wie sie selber eingeräumt hat, dass sie auf ihre Wahrheitspflicht hingewiesen worden ist. *Es ist also nicht so, dass die Zeugin aufgrund der durch die Polizei getätigten Ermittlungen zur Korrektur der Angaben ›gezwungen‹ worden wäre.«*

Die Dritte Große Strafkammer des Landgerichts Osnabrück stellt also in ihrem Urteil gerade das Gegenteil dessen fest, was tatsächlich geschehen ist. In Wirklichkeit musste Amelie am 27. April polizeilich von der Krankenstation »abgeholt« und in die örtliche Dienststelle »verbracht« werden. So steht es im Polizeibericht. Von einer freiwilligen Meldung und einer Bitte um Nachvernehmung kann keine Rede sein. Bei der Polizei erzählt sie (Tante Freyas Aussage eingedenk) die neue Vergewaltigungsversion und nennt ihr fadenscheiniges angebliches Motiv, die Volljährigkeit – und dieses alles ganz sicher *nicht* »von sich aus«. Tante Freya, ihr Mann und das Alibi des Onkels werden im Urteil gegen Bernhard M. mit keinem einzigen Wort erwähnt, obwohl die beiden auch in der Hauptverhandlung als Zeugen gehört worden sind. Dafür loben die Richter umso inbrünstiger die Integrität des Opfers Amelie, das »unter dem Druck des schlechten Gewissens« schließlich zur Wahrheit zurückgefunden habe.

Für mich ist das Wahrheitsverdrehung. Durch die lückenhafte Darstellung des Verhandlungsinhalts dürfte die Dritte Große Strafkammer des Landgerichts Osnabrück verhindert haben, dass der Bundesgerichtshof das Urteil auf die Revision des Angeklagten aufhob. Denn der überprüft Urteile nur auf Rechtsfehler. Dabei ist er auf die wahrheitsgemäße und vollständige Zusammenfassung der Ergebnisse der Hauptverhandlung durch die Landgerichte angewiesen. Hätte im Osnabrücker Urteil gestanden, was die Zeugin Freya und ihr Mann ausgesagt hatten, so hätten sich dem Bundesgerichtshof Zweifel daran aufgedrängt, dass die Nebenklägerin ihre Aussage »von sich aus berichtigt« hatte.

Auch von der angeblichen weiteren – bisher nicht erwähnten – Vergewaltigung durch den Onkel weiß Amelie der Kriminalbeamtin bei ihrer Nachvernehmung zu berichten. Diese nachgeschobene Tat soll jetzt die allererste Vergewaltigung durch den Onkel gewesen sein. Wenige Tage nach ihrem achtzehnten Geburtstag Anfang Mai 1995 habe der Onkel sie mit seinem VW-Bus nach Essen zu einem Vorstellungsgespräch in die dortige Ruhrklinik gefahren. (Amelie, die sich schon immer für medizinische Berufe interessiert hatte, wollte Krankenschwester oder medizinisch-technische Assistentin werden.) Nach dem Gespräch habe der Onkel sie auf die unbestuhlte Ladefläche des Busses gelockt und ihr dort zunächst fünfhundert Mark für einen Geschlechtsverkehr angeboten. Sie habe jedoch das Geld, das sie eigentlich gut hätte brauchen können, zurückgewiesen: »Unter solchen Umständen nicht!« Sie schildert außerordentlich plastisch, wie sie sich aber über das schmutzige Ansinnen ihres Onkels habe aufregen müssen. So sehr, dass sie »ausgerastet« sei. Sie habe den Onkel angeschrien, er solle »es« doch endlich tun, dann sei es endlich vorbei, und sich vor Wut und Verachtung kochend selbst die Hose und Unterhose heruntergerissen. Dann sei sie wieder zu sich gekommen und habe zu flüchten versucht, doch der Onkel sei schneller gewesen, habe sie ergriffen, ihr die Bluse aufgerissen und sie im VW-Bus vergewaltigt. Das Ejakulat habe er auf eine Decke laufen lassen (die aber von der Polizei *nicht* auf Spermaspuren untersucht wird). Während des gewaltsamen

Verkehrs hätten Jugendliche (die sich nachher anscheinend in Luft aufgelöst hatten) durch die beschlagenen Scheiben geguckt, auch die Sirene eines Rettungswagens sei zu hören gewesen. Die fünfhundert Mark habe sie nach dem Geschlechtsverkehr angenommen und behalten.

Auch diese Geschichte überzeugt eine Vernehmungsperson nach der anderen. Die Glaubwürdigkeitssachverständige zum Beispiel hält die Aussage – obwohl sie erst jetzt nachgereicht wird und ohne dass Amelie einen Grund für diese Verspätung angeben kann – für glaubhaft, zum einen wegen der vielen »originellen Details«, mit denen Amelie ihre Erzählung ausschmückt – wie zum Beispiel die Jugendlichen am Fenster oder die Sirene –, zum anderen wegen der selbstbelastenden Tendenz, die der Schilderung scheinbar innewohnt. Dass Amelie sich anfangs halb auf das Angebot des Onkels eingelassen habe und ihm durch Herunterziehen der eigenen Hose quasi entgegengekommen sei, beeindruckt die Gutachterin. Sie findet darin für die Probandin das Motiv, warum Amelie die Geschichte so lange zurückgehalten hat: »aus Scham«.

Das Lehrbuch *Tatsachenfeststellungen vor Gericht* der Richter Bender und Nack beschäftigt sich ebenfalls mit den Phänomen der Selbstbezichtigung und des Detailreichtums in der Schilderung lügender Zeugen. Beide würden zwar in den meisten Fällen tatsächlich als Merkmale einer wahren Aussage gelten, würden andererseits aber auch von »geschickten Lügnern« gezielt eingesetzt, um die eigene Aussage mit der Anmutung von Realität aufzuladen. Die Autoren warnen das Verhörpersonal, eine Lüge sei gerade dann besonders schlau und schwer zu widerlegen, wenn sie – wie die Lügen der Opferzeugin Amelie – in die Realität eingebaut worden sei: »Kein Lügner wird – wenn er nicht muss – von Anfang bis Ende eine reine Lügengeschichte vortragen«, schreiben sie, »in der Regel wird man es mit einer Mischung aus Wahrheit und Dichtung zu tun haben.«

Diese Beobachtung kann man bei allen geschilderten Vergewaltigungen der Amelie machen, die Begleitumstände, das Vorher und Nachher der Taten hat es ja immer gegeben, und sie wurden von den Angeklagten auch stets als zutreffend bestätigt. So hatte auch die gemeinsame Bewerbungsfahrt von Bernhard M. und Amelie nach Essen wirklich stattgefunden, und der Onkel hatte seiner Nichte zum achtzehnten Geburtstag auch tatsächlich fünfhundert Mark geschenkt. Die Autoren konstatieren, die gewollte »Kontamination (Verschmelzung)« von Lüge und Wahrheit sei »die gefährlichste Art einer Lüge, weil sie am schwierigsten zu durchschauen ist«.

Auf den Detailreichtum einer Geschichte bezogen, mahnen die beiden Richter das aus Justiz- und Polizeikreisen stammende Fachpublikum ihres Buches deshalb: »Lassen Sie sich nicht täuschen! Es kommt immer wieder vor, dass Zeugen, die beim maßgeblichen Geschehen dabei waren, im juristisch relevanten Kern lügen, aber gleichwohl eine – scheinbar – überzeugende Aussage machen. Das rührt daher, dass sie – verständlicherweise – die Begleitumstände mit zahlreichen guten Details schildern können, so dass es kaum auffällt, wenn sie im – relativ knappen – Kern lügen.«

Sogar die Selbstbelastung gehört nach Bender und Nack zum Arsenal des gerissenen Falschbeschuldigers. »Geübte Lügner wissen manchmal instinktiv um das Glaubwürdigkeitskriterium ›Selbstbelastung‹ und setzen eine solche Darstellungsweise gezielt ein, um ihrer Aussage mehr Durchschlagskraft zu sichern. Was dabei jedoch an Selbstbelastung geboten wird, ist kaum einmal wirklich gravierend, ja häufig werden dabei sogar noch Entschuldigungen gleich mitgeliefert«, schreiben sie. Eine Erkenntnis, die auch auf Amelies Aussageverhalten zutrifft: Als Amelie die Vergewaltigung auf dem Essener Klinikparkplatz präsentiert, hat sie bereits Übung im Falschbezichtigen. Ihr Vater ist längst hinter Gittern, und der Onkel sitzt im Untersuchungsgefängnis. Amelie hat die Kriminalbeamtin und die Gutachterin in der Tasche – und sie weiß das. Andererseits hat das Mädchen gerade ein gravierendes Problem: Man hat sie beim Lügen erwischt, und sie ahnt, dass sie nachladen muss, will sie den Opfernimbus nicht verlieren. In dieser Situation erfindet sie noch im Ertapptwerden die nächste Vergewaltigungsstory. Die Gutachterin schreibt voll Verständnis über Amelie, diese sehe bei der angeblichen Vergewaltigung im VW-Bus »durchaus einen Eigenanteil an dem sexuellen Übergriff durch ihren Onkel« ein, betone aber gleichzeitig, »dass sie das Gefühl hat, es letztlich nicht verhindern zu können«.

»Geübte Lügner« wüssten nicht nur um das Glaubwürdigkeitsmerkmal der Selbstbelastung, sondern setzten auch »die Taktik der Entlastung des ›Gegners‹ gezielt ein, um den Vernehmenden über ihre wahren Motive zu täuschen«, schreiben Bender und Nack. »Um möglichst objektiv zu wirken, loben sie die von ihnen abgelehnte Partei in einem Nebenumstand, um ihr in der Hauptsache umso mehr und konkreter schaden zu können.« Außerdem werde das Schuldgefühl, das bei einer falschen Belastung (jedenfalls unterschwellig) doch auch mitschwinge, sozusagen besänftigt, habe man vorher die zu belastende Person ein wenig gelobt oder in Schutz genommen, schreiben die Richter, und: »Jetzt fällt es viel leichter, sie ›ans Messer zu liefern‹.«

Mauern

Am 29. Januar 1996 wird Bernhard M. wegen vierfacher Vergewaltigung und sexueller Nötigung zu einer Freiheitsstrafe
von vier Jahren und sechs Monaten verurteilt. In den Jahren,
die er im Gefängnis verbringt, versucht er mit großen An-
strengungen, doch noch sein Recht zu bekommen:

Natürlich legt sein Verteidiger, es ist immer noch der
Nachfolger des abservierten Herrn Gerken, im Mai 1996,
wenige Wochen nach der Urteilsverkündung, Revision ein.
Amelies Vater Adolf S. hatte diesen Schritt bereits unternommen, seine Revision wurde am 24. November 1995 vom Bundesgerichtshof als »unbegründet« verworfen. »Die Nachprü-
fung des Urteils« hätte »keinen Rechtsfehler zum Nachteil
des Angeklagten ergeben«, schrieben die Obersten Richter.
Als M. in Revision geht, ist das Urteil gegen S. schon rechtskräftig.

Wenige Monate später erleidet Bernhard M. das gleiche
Schicksal wie sein Schwager. Auch seine Beschwerde wird
von der Kontrollinstanz in Karlsruhe auf einem einzigen DIN-
A4-Blatt als »unbegründet« zurückgewiesen. Diese Reaktion
liegt bedauerlicherweise auch an der Qualität der Revisionsbegehren: Der Bundesgerichtshof prüft nämlich ausschließlich die vom Verteidiger vorgebrachten Sach- und Verfahrens-
rügen und macht sich nicht selbst auf die Suche nach Män-
geln im Urteil. Er ist nicht berechtigt, Verfahrensmängel, die
er selbst findet, aufzugreifen, es bedarf der ausdrücklichen
Beanstandung durch den Revisionsverteidiger. Die rechtlichen Fehler im Urteil müssen von diesem exakt benannt und
rechtlich richtig bewertet werden. Das war in den Fällen S.
und M. nicht geschehen.

Trotzdem ist den beiden Männern auch durch den Bundesgerichtshof Unrecht geschehen. Die Obersten Richter hätten die Urteile in jedem Fall aufheben müssen. Keiner Beanstandung durch den Revisionsverteidiger bedarf es nämlich bei ins Auge springendem Unsinn, der sich aus dem Unteil selbst ergibt. Und leider hatten die Bundesrichter solchen Unsinn in beiden Urteilen überlesen: Im Urteil gegen den Vater war keiner über die enorme Zeitspanne von neunzehn Monaten gestolpert, die zwischen der letzten Vergewaltigung und der »Abtreibung« mit dem Kleiderbügel lag. In ihrem Urteil gegen M. hatte die Jugendkammer Osnabrück die beiden verschiedenen Fotoserien von Amelies Hämatomen durcheinandergebracht. Auch das war ein solcher offensichtlicher, gleichwohl übersehener Aufhebungsgrund. Aus diesen Sachverhalten kann der Leser durchaus den Schluss ziehen, dass der Bundesgerichtshof den Fällen von Bernhard M. und Adolf S. keine übermäßige Aufmerksamkeit geschenkt hatte.

Amelies Onkel ist verzweifelt, als man ihm das Scheitern seiner Revision mitteilt. Er sitzt täglich vierundzwanzig Stunden in seiner Zelle, nimmt aus Angst vor den anderen Gefangenen weder am Sport noch an den Freistunden teil. Hier in der Justizvollzugsanstalt steht er als Sexualverbrecher am untersten Ende der Knast-Hackordnung. Jeder kann ungestraft seinen Frust an ihm auslassen. »Ich kann die Beleidigungen und Drohungen meiner Mithäftlinge nicht ertragen!«, schreibt er im August 1996 in einem Hilferuf an die damalige Justizministerin Niedersachsens, Heidi Alm-Merk. »Ich bin unschuldig. Warum lässt man mich hier verrecken?« Antwort erhält er stellvertretend von jenem Osnabrücker Staatsanwalt, dem er seine Freiheitsstrafe mit zu verdanken hat:

Sehr geehrter Herr M.,

in dem obigen Verfahren hat mir das Niedersächsische Justiz-ministerium Ihr Schreiben an die Justizministerin zur weiteren Veranlassung vorgelegt.

Es folgt die Begründung, warum weiter nichts veranlasst wird.

M. wendet sich nun an den Vorgesetzten dieses Staatsanwalts, den Leitenden Oberstaatsanwalt: Wieder beteuert er seine Unschuld und bittet um eine »neue Verhandlung« vor einem »neutralen Gericht«, da er sich durch die Osnabrücker Jugendkammer »ungerecht behandelt« fühle:

Meine Aussage und die der Zeugen, u.a. Ärzte und gerichtl. med. Gutachter, wurden in der Urteilsfindung verdreht bzw. weg-gelassen, so dass eine Verurteilung durch das Gericht gerechtfertigt schien, obwohl es seitens der Gegenseite keine *Beweise gab und das gefertigte Gutachten* [er meint das Glaubwürdigkeits-gutachten] *stark kritisiert wurde.*

Doch auch dieses Schreiben bleibt ohne Wirkung, M. wird von oberster Stelle mit juristischen Formeln und Allgemein-plätzen abgespeist.

Wie groß die Not des M. und seiner Angehörigen ist, kann man auch daraus ersehen, dass Gabriele, Berhard M.s Schwester, sich im Oktober 1996 ein Herz nimmt und noch einmal ausgerechnet an jenen Staatsanwalt, dessen schlampige Ermittlungen das Unglück ihres Bruders mit verursacht haben, persönlich schreibt. Sie will ihn dazu erweichen (»auch im Namen der Familie«), im Fall ihres verurteilten Bruders Bernhard die Ermittlungen wieder aufzunehmen:

Ich setze meine Hoffnungen nun auf Sie (!). Sie als Staatsan-walt sind verpflichtet, das Recht eines jeden Bürgers zu wahren. Dazu gehört auch ein fairer Prozess vor einem unvoreingenom-menen Richter, vor unvoreingenommenen Schöffen und vor al-

lem vor einem unvoreingenommenen Staatsanwalt. Sie müssen sich eingestehen, dass der vorangegangene Prozess meines Bruders nicht reell war, denn wenn von 30 Zeugen ca. 25 für meinen Bruder aussagen (ohne Absprache), die Ärzte erhebliche Zweifel und Verdacht auf Selbstverletzungen bekunden, das Gutachten in Frage gestellt wurde, müssen auch Sie zugeben, dass man es bei der Urteilsfindung mit der Wahrheit nicht so genau genommen hat ...

Ich denke nicht nur an den Angeklagten, sondern auch an meine Nichte Amelie. Es können ihr die besten Psychologen nicht helfen, wenn die Ursache – das Gewissen – nicht bekämpft wird. Solange in der falschen Richtung geholfen wird, wird Amelie ihre Suchtprobleme nie in den Griff bekommen.

Wir, das sind meine Eltern, Geschwister und Freunde, können durch die Engstirnigkeit des Gerichtes einen Menschen und den Glauben an das deutsche Rechtssystem verlieren. Sie, Herr Staatsanwalt, können dazu beitragen, dass dieses nicht geschieht. Das, was Sie durch Ihren Mut zur Selbstkritik gewinnen können, kann man mit Geld nicht aufwiegen, denn unsere Dankbarkeit und Anerkennung werden Ihnen sicher sein und sind unvergänglich.

Doch der »Appell an die Menschlichkeit« des Beamten (so nennt Gabriele M. im Brief ihr Vorbringen) verhallt. Eine Antwort aus der Staatsanwaltschaft erhält sie nicht.

Am 18. November 1997 bekommt die Staatsanwaltschaft wieder Post in der Sache M. Diesmal äußert sich ein Regierungsrat aus der Justizvollzugsanstalt zu diesem Gefangenen. Anlass für seinen Brief ist die Frage, ob für M., der demnächst zwei Drittel seiner Strafhaft abgesessen haben wird, eine vorzeitige Entlassung in Frage kommen könnte. Der Regierungsrat schreibt:

Innerhalb des Vollzuges bereitet Herr M. kaum Probleme. Auffällig ist die Tatsache, dass Herr M. weiterhin bestreitet, der

Täter zu sein. Bei dieser Abwehrhaltung ist eine Tataufarbeitung innerhalb des Vollzuges nicht möglich. Als gewissermaßen »unschuldig Verurteilter« bietet Herr M. dem Vollzug kaum Möglichkeiten, therapeutische Maßnahmen einzuleiten ...

Zusammenfassend kann festgestellt werden, Herr M. ist nicht in der Lage, sein Handeln zu akzeptieren, und kann sich nicht mit der Straftat auseinandersetzen. Das soziale Umfeld [der Regierungsrat meint die Familie von Bernhard M.] *scheint bei dieser ungünstigen Dynamik mitzuwirken und verhindert so eine Auseinandersetzung mit der Straftat.*

Eine Tatwiederholung ist generell umso geringer einzuschätzen, je stärker Tatmotivation und Tatbegehung an spezifische Bedingungen geknüpft waren, auch hierüber lassen sich nur spekulative Angaben machen, weil Herr M. die Tatbegehung bestreitet. Zum gegenwärtigen Zeitpunkt wird eine bedingte Entlassung nicht befürwortet.

Nachdem auch die Staatsanwaltschaft Osnabrück »erhebliche Bedenken« dagegen geltend macht, den Häftling M. vorzeitig auf Bewährung zu entlassen, fasst die Strafvollstreckungskammer des Landgerichts Osnabrück am 16. Januar 1998 folgenden Beschluss: Die Aussetzung des nach Verbüßung von zwei Dritteln verbleibenden Restes der Freiheitsstrafe »wird abgelehnt«. Zur Begründung schreibt die Kammer:

Der Verurteilte ist zwar Erstverbüßer, zeigt aber keinerlei Strafeinsicht, therapeutische Maßnahmen können deshalb keinen Ansatzpunkt haben. Eine positive Prognose kann deshalb nicht gestellt werden, weitere Verbüßung ist erforderlich.

Wehe dem, der in einer solchen Lage allein ist, der keinen Angehörigen, keinen Freund an seiner Seite weiß, der ihn liebt und für ihn kämpft. Für Bernhard M. wird sein »soziales Umfeld«, dessen »ungünstige Dynamik« die Auseinandersetzung des Gefangenen mit der Straftat angeblich verhindert, zur einzigen Rettung: Auch im Gefängnis halten alle Familienmitglieder zu ihm, sie sind von seiner Unschuld überzeugt, er bekommt Besuch und Post – und er erfährt effektive Hilfe. Seine Verwandten setzen durch, dass – da die Staatsanwaltschaft sich taub stellt – Bernhard M.s Verteidiger (der bereits an der Revision scheiterte) eine Wiederaufnahme des Falls in Angriff nimmt. Am 12. Oktober 1998 geht M.s erstes Wiederaufnahmegesuch ein. Adressat ist das Landgericht Oldenburg, das dem Landgericht Osnabrück benachbart ist. Weil der Gesetzgeber den Erstrichtern – in diesem Fall also der Jugendkammer Osnabrück – nicht zutraut, ihre eigenen Fehler zu erkennen und aus der Welt zu schaffen, darf ein Wiederaufnahmeantrag nicht bei dem Gericht bearbeitet werden, das das angegriffene Urteil gefällt hat, sondern muss die Richter des nächstgelegenen Landgerichts beschäftigen.

Im Zentrum des Wiederaufnahmegesuchs steht ein gerichtsmedizinisches Gutachten, um das Bernhard M.s Verteidiger den Direktor des Instituts für Rechtsmedizin in Münster, Bernd Brinkmann, gebeten hatte. Es befasst sich zum einen mit dem Problem, mit welcher Wahrscheinlichkeit ein Jungfernhäutchen mehrfache Vergewaltigungen und einen Abtreibungsversuch mit einem Kleiderbügel unversehrt überstehen kann, und zum anderen mit der Frage, ob Amelies Hämatome nicht als typische Selbstbeibringungen hätten bewertet werden müssen. Genau so hatte es ja der niedergelassene Rechtsmediziner seinerzeit in der Hauptverhandlung gegen M. als Sachverständiger vergeblich beteuert.

Über vierzig Seiten stark ist das Gutachten der beiden Rechtsmediziner aus Münster, Bernd Brinkmann und seines Ersten Oberarztes Alfred Du Chesne. Darin stellen die Ärzte zu Amelies fotografisch festgehaltenen Hämatomen – nachdem sie sich über Seiten mit deren Beschreibung und möglichen Entstehungsursachen auseinandergesetzt haben – Folgendes fest:

Rechtsmedizinisch ist die Annahme der Entstehung des Hämatommusters an den Brüsten durch die von der Zeugin angegebene Art der Fremdbeibringung völlig inakzeptabel. Diese Entstehungsweise ist rechtsmedizinisch absurd ... Die Oberschenkelhämatome müssen – insbesondere mit den Brusthämatomen – als selbst beigebracht bewertet werden ...

Das Fazit der Rechtsmediziner lautet:

Das Gesamtbild der Verletzungen, auch im Verhältnis zur Psychopathologie der Zeugin, führt zwingend zu der Feststellung, dass auch die Hämatome an den Brüsten, den Oberschenkeln und am Bauch selbst beigebracht sind.

Interessant ist in diesem Teil der Expertise außerdem, dass den – bei Fachleuten und Gerichten für ihre außergewöhnliche wissenschaftliche Akribie bekannten – Gutachtern allein durch das Betrachten der mangelhaften Fotodokumentation über Amelies Verletzungsmuster auffällt, das Mädchen könnte an einer Blutgerinnungsstörung leiden. Sie weisen im Gutachten zweimal auf diesen Umstand hin:

Die gegenständlichen Hämatome erscheinen ... ungewöhnlich groß und intensiv. Sie müssten gegebenenfalls an eine Blutungsneigung denken lassen.

Dass Amelie bisweilen missbräuchlich Marcumar einnahm, um intensiver zu bluten, konnten die Sachverständigen damals noch nicht wissen. Diese Tatsache kam erst Jahre später ans Licht, nachdem ich ihre Krankenakten ausgegraben hatte.

Zu den von den Klinikgynäkologen früher erhobenen Befunden Amelies Jungfernschaft betreffend schreiben Brinkmann und Du Chesne, dass

sich die Feststellung der Ärzte zur Plausibilität des bei der gynäkologischen Untersuchung festgestellten Befundes auf die

Annahme eines theoretisch möglichen Ausnahmefalles stützt, für den sich praktisch keine vernünftige Begründung finden lässt.

Und sie sind der Ansicht: Dass es nach einer Vielzahl von Vergewaltigungen und dem Abtreibungsversuch mit dem Kleiderbügel nie zur Entjungferung kam,

*grenzt an ein medizinisches Wunder. Daraus resultiert in kombinierter Beurteilung der in zwei gynäkologischen Untersuchungen festgestellten Unversehrtheit des Jungfernhäutchens und aller Anknüpfungspunkte des gegenständlichen Falls ein Aus-*schluss des von der Zeugin behaupteten Geschehens.

Zusammenfassend stellen die Rechtsmediziner fest, die eiserne Jungfernschaft von Amelie sei ein Konstrukt, das »an Absurdität nicht zu übertreffen« ist:

Mehrere rechtsmedizinische Gesetzmäßigkeiten (zusätzlich kriminalistische, kriminologische und psychologische) würden bei dieser Annahme auf den Kopf gestellt. Bei der prozessualen Bewertung der Angaben der Zeugin und der Verletzungsbefunde liegt hier eine gravierende Fehlbeurteilung vor. Es ist nicht nachvollziehbar, dass angesichts des vorliegenden medizinischen Sachbeweises ein psychologisches Glaubwürdigkeitsgutachten größeres Gewicht erhielt.

Wir weisen darauf hin, dass die Qualität der Befunderhebung sehr zu wünschen übrig lässt. Bei Vorwürfen wie den gegenständlichen ist es völlig unverständlich, dass hier eine rechtsmedizinische Befunderhebung am »Opfer« unterblieb. Gleiches gilt selbstverständlich auch für eine genauere und qualitativ bessere Fotodokumentation. Es ist völlig unverständlich, dass ein solches Instrumentarium nicht eingesetzt wurde. Mit hoher Wahrscheinlichkeit wäre bei sachgerechter Befunderhebung eine Kette von Fehlentscheidungen nicht ausgelöst worden.

Auf Einzelheiten aus dem Gutachten des Rechtsmediziners Brinkmann werde ich im Kapitel *Der Freispruch* noch einmal zurückkommen, denn in der erneuerten Hauptverhandlung vor dem Landgericht Oldenburg wurde dieser Sachverständige im Winter 2005 dann endlich gehört.

Zunächst aber können die Argumente des Gutachtens das Fehlurteil des Landgerichts Osnabrück nicht erschüttern. Am 18. Februar 1999 fasst das Landgericht Oldenburg den Beschluss, diesen ersten Wiederaufnahmeantrag des Verurteilten als »unzulässig« zu verwerfen. In ihrer Begründung schreiben die Richter:

Mit der Benennung der neuen Sachverständigen verfolgt der Antragsteller zwar mit zulässigen Beweismitteln das Wiederaufnahmeziel. Die beigebrachten Beweismittel sind jedoch nicht geeignet, dieses Wiederaufnahmeziel zu erreichen.

Geeignet sind Beweismittel nur dann, wenn sie ernstliche Zweifel an der Richtigkeit der Verurteilung des Antragstellers begründen können. Das Wiederaufnahmegericht hat zunächst eine Wahrscheinlichkeitsprognose darüber zu stellen, ob im Falle einer erfolgreichen Beweisaufnahme die Beweiswürdigung des erkennenden Gerichts anders ausgefallen wäre ...

Wäre ein stattgehabter Geschlechtsverkehr der Zeugin Amelie S. – wie in dem Gutachten der Universität Münster behauptet – tatsächlich ausgeschlossen, so hätte das erkennende Gericht [in Osnabrück] *seine Beweiswürdigung nicht in der Weise treffen können, wie dies der Fall ist.*

Was für eine Perfidie!, dachte ich, als ich diesen Beschluss in den Akten fand. Professor Brinkmann konnte demnach nicht recht haben, da das Osnabrücker Landgericht diese Vergewaltigungen ja schließlich in seiner Beweiswürdigung festgestellt hatte. Hier wurde ein Festhalten am Fehlurteil mit der Existenz dieses falschen Urteils selbst begründet.

Zur Diagnose, dass sich Amelie die Blutergüsse selbst beigebracht haben müsse, schreiben die Oldenburger Richter: Mit diesem Thema habe sich das Gericht in Osnabrück bereits auseinandersetzen müssen. Und dieses habe …

… *die Möglichkeit der Selbstverletzung ausdrücklich in Betracht gezogen, wobei es im Rahmen einer umfassenden Abwägung der erhobenen Beweise zu einem Vorrang der Bekundungen der Zeugin gelangt ist.*

Abschließend stellen die Oldenburger Richter fest:

Auch einer zusammenfassenden Würdigung der vorgetragenen Tatsachen und Beweismittel vermag die Kammer kein derartiges Gewicht zuzuerkennen, dass damit eine hinreichende Wahrscheinlichkeit für einen Freispruch des Verurteilten begründet würde.

Bernhard M.s Verteidiger legt gegen diesen Beschluss beim Oberlandesgericht Oldenburg Beschwerde ein. Die Generalstaatsanwaltschaft in Oldenburg gibt ein negatives Votum zu dieser Anstrengung ab und empfiehlt den Oberlandesrichtern, die Beschwerde von M. als »unbegründet« zurückzuweisen.

Am 18. Juni 1999 wird die sofortige Beschwerde des Verurteilten auf seine eigenen Kosten verworfen. Die Begründung lautet, zum Thema der Jungfernschaft nach diversen Vergewaltigungen plus »Kleiderbügelangriff« hätten die Osnabrücker Richter in der Hauptverhandlung den Klinikgynäkologen gehört, der bei Amelie das unverletzte Hymen diagnostiziert habe. Diese Beschäftigung mit dem Thema sei ausreichend gewesen.

Allein die Tatsache, dass nunmehr andere Sachverständige, wie hier Prof. med. Brinkmann und Dr. Du Chesne, als Angehörige einer anderen medizinischen Fachrichtung aufgrund ihres Erfahrungswissens bei Bewertung derselben Tatsachen zu einem anderen Ergebnis kommen, macht sie nicht schlechthin zu neuen Beweismitteln.

Obwohl selbst der Laie stutzig wird, wenn er von einer vielfach vergewaltigten Jungfrau hört, können die naturwissenschaftlichen Feststellungen der sachverständigen Rechtsmediziner die Oberlandesrichter in ihrer Haltung nicht wankend machen.

Der Sachverständige Professor Brinkmann ist empört, als er von der Zurückweisung des Gesuchs hört. Er lebt danach mit dem Wissen, dass zwei Männer in niedersächsischen Gefängnissen für etwas büßen müssen, das sie nicht getan haben, und dass er nichts dagegen unternehmen kann. Er hatte versucht, die Justiz auf das von ihr geschaffene Unrecht hinzuweisen, aber sie ist offensichtlich nicht bereit, ihre Fehlleistungen zu korrigieren. Deshalb kam er 2001, als ich ihn als Gerichtsreporterin anlässlich eines Interviews zu einem anderen Thema aufsuchte, auch auf die Schicksale von Bernhard M. und Adolf S. zu sprechen.

Nach seiner Haftentlassung am 19. September 1999 wird Bernhard M. jedenfalls noch für weitere drei Jahre unter Führungsaufsicht gestellt, eine staatliche Maßnahme, die in seiner schlechten Rückfallprognose begründet ist. Führungsaufsicht bedeutet die amtliche Überwachung der Lebensführung eines entlassenen Strafgefangenen, der seine Schuld zwar voll verbüßt, von einem Psychologen aber eine schlechte Prognose bekommen hat. Bernhard M. gilt weiterhin als uneinsichtiger Sexualstraftäter. Die Behörden drangsalieren ihn und verbieten ihm, seinen Wohnort ohne ihr Wissen zu verlassen. Ohnehin gelingt es M. nach der Zeit in der Justizvollzuganstalt nicht mehr, im normalen Leben Fuß zu fassen. Sein guter Job ist weg, seine Ersparnisse sind geplündert, der Kampf um sein Recht hat ihn ruiniert. Verstört verkriecht er sich – nun fünfundvierzigjährig – in einem Zimmer im Haus seiner Eltern und weigert sich, die Straße zu betreten. Muss er doch einmal einen unumgänglichen Termin wahrnehmen und etwa zum Arzt gehen, so führt M. stets das Gutachten des Professor Brinkmann mit sich und gibt es allen Menschen, mit denen er in Berührung kommt, zu lesen. Diese Handlung kommentiert er immer mit den Worten, das Gutachten sei der Beweis seiner Unschuld.

Das Geheimnis des Onkels

Im Herbst 2001 suchte ich den verurteilten Bernhard M. auf. Jetzt fand ich ihn in einer psychiatrischen Reha-Klinik in Nordrhein-Westfalen. Nachdem er das ganze Jahr kaum aus dem Zimmer herausgekommen war, hatten seine Verwandten ihn in die Psychiatrie gebracht. Er wurde in einem Nervenkrankenhaus behandelt und flüchtete sich anschließend gebrochen und dem Selbstmord nahe in die Rehabilitationsklinik. Zu Beginn wollte Bernhard M. mich nicht sehen und lehnte jede Unterhaltung mit mir ab. Er litt unter Verfolgungsängsten und glaubte zunächst, ich sei ein Spion des Landgerichts Osnabrück, beauftragt vom Vorsitzenden jener Dritten Großen Strafkammer, die das Fehlurteil über ihn gefällt hatte, weitere Erkundigungen über ihn einzuziehen. Daraus, so fürchtete er, würde ihm dann weiteres Übel erwachsen. Sein Verfolgungswahn und die daraus resultierenden Anwürfe bestürzten mich, und ich zeigte ihm meinen Presseausweis, um ihn zu beruhigen. Ganz gelang es mir bei meinem ersten Besuch nicht, das Misstrauen des unschuldig Verurteilten zu zerstreuen. Immerhin konnte ich wenigstens seinen Betreuer davon überzeugen, dass ich ihm nichts Böses wollte.

Schließlich nahmen wir zu dritt in einem mit alten Sofas ausgestatteten Besprechungszimmer Platz. M. saß links von mir, ein Riese von beinahe zwei Metern. Aus seinem bärtigen Rübezahlgesicht blickten mich helle Augen an. Man konnte sehen, dass in M. ein kindliches Gemüt wohnte. Er beteuerte gleich seine Unschuld und trug, nachdem er sich ein wenig an mich gewöhnt hatte, gehetzt und durcheinandergewürfelt alle Niederträchtigkeiten vor, die ihm während der Ermittlungen und der Prozesse von Seiten der Behörden und ihrer Helfer widerfahren waren. »Ich suche nach Gründen für mein Leid«, sagte er immer wieder, »ich zermartere mir den Kopf, aber ich finde keine, ich finde einfach keine.« M. ruderte verzweifelt mit den Armen in der Luft. »Wenn ich kein Christ wäre, hätte ich den Strick genommen.« Das hat er mir seither öfter gesagt, sogar am 14. Dezember 2005, dem Tag seiner Freisprechung: dass er nach seiner Verurteilung immer wieder an Suizid gedacht und sich allein deshalb nicht das Leben genommen habe, weil er ein sehr religiöser Mensch und Selbstmord für die katholische Kirche eine schwere Sünde sei. Was wäre wohl geworden, hätte M. seinem Leben tatsächlich ein Ende gesetzt? Der Justizirrtum, dessen Opfer er geworden war, wäre niemals ans Licht gekommen, und so mancher hätte vermutlich mit den Schultern gezuckt und konstatiert, M. sei mit seiner Schuld eben nicht mehr fertig geworden.

Als der Betreuer sah, dass unsere Unterhaltung Herrn M. immer mehr aufregte, schaltete er sich ein. Er klärte mich über M.s seelische Krankheit auf. Die Diagnose lautete: posttraumatische Belastungsstörung auf der Basis einer Persönlichkeitsstörung mit starken Ängsten. Herr M. kranke am Gram über seine Verurteilung, sagte der Betreuer, dieser Gram führe bei ihm immer wieder zu »schweren depressiven Episoden«. M. fühle sich »von allem Guten im Leben abgeschnitten« und interpretiere jedes freundliche Erlebnis zum Bösen und Schlechten um. Das also hatte die Strafjustiz aus diesem zugewandten, zufriedenen und anerkannten Mann gemacht. Ein Wrack. Einen Fall für den Psychiater.

Allerdings, fügte der Betreuer hinzu, seien die Beschwerden des Herrn M. nicht allein psychisch bedingt. Gefördert werde seine Depression auch durch körperliche Mangelerscheinungen. Der Patient leide nämlich an einem zu niedrigen Testosteronspiegel, oder deutlicher: Er habe zu wenig männliche Hormone. Daher rühre auch seine generelle Lustlosigkeit und Apathie. Sexuell sei M. inaktiv. Sonderbarerweise habe Herr M. in letzter Zeit auch das Gefühl, dass ihm Brüste wüchsen, deshalb sei man kürzlich gemeinsam bei einem Facharzt in der Universitätsklinik Essen gewesen. Der habe festgestellt, dass M. wohl schon immer recht wenig Testosteron gehabt habe, doch nun – da er als Endvierziger in die »Wechseljahre« gekommen sei – gehe ihm das Hormon regelrecht aus. Der Arzt habe M. deshalb zusätzlich zu den Antidepressiva auch Testosteroninjektionen verordnet. Seit etwa drei Wochen werde Herr M. mit Hormonen substituiert. Jetzt gehe es ihm etwas besser.

Ich traute meinen Ohren nicht. Ein Sexualstraftäter mit Hormonmangel. War so etwas möglich? Bernhard M. selbst fühlte sich während dieser Unterhaltung über seinen Hormonstatus sichtlich unwohl. Er erhob sich während der Ausführungen seines Betreuers sogar und ging zeitweise hinaus, versuchte aber nicht, ihn zum Schweigen zu bringen. Als er sich wieder zu uns gesellte, gelang es mir nicht, mit ihm selbst über seine Potenz oder auch nur über Sexualität im Allgemeinen zu sprechen. Er wand sich, murmelte unverständlich in sich hinein und versuchte ständig, das Thema zu wechseln. Er litt unter meinen Fragen – obwohl er doch begreifen musste, dass diese Informationen bei den ihm vorgeworfenen Verbrechen von brennendem Interesse waren. Irgendwann ließ ich ihn in Ruhe, verabschiedete mich und ging. M.s Betreuer begleitete mich zum Auto. Als ich einsteigen wollte, sagte er noch: »Frau Rückert, Herr M. hat mir erzählt, dass er noch nie in seinem ganzen Leben mit einer Frau Geschlechtsverkehr gehabt hat.« Dann winkte er freundlich und ging ins Haus zurück. Da begriff ich, dass Bernhard M. einen guten Verteidiger brauchte.

Auf der Rückfahrt dachte ich über das Gehörte nach, und jetzt kam mir auch jenes seltsame Polizeiprotokoll über die Vernehmung von Klara wieder in den Sinn, mit der Bernhard M. kurz vor Amelies Anzeige eine Liebesbeziehung gehabt hatte.

Am 31. März 1995 – Bernhard M. sitzt bereits in Untersuchungshaft – erscheint auf telefonische Vorladung die Zeugin Klara, dreiundzwanzig Jahre alt, auf der Polizeidienststelle des Städtchens. Sie schildert der Kommissarin den liebenswürdigen Charakter des Beschuldigten und gibt an, im Vorjahr, also 1994, einige Monate mit ihm zusammengewesen zu sein. Ende November 1994 habe man sich aber getrennt. »Unsere Interessen waren zu verschieden«, lautet Klaras nebulöse Begründung. Trotzdem sei man »im Guten« auseinandergegangen. »Was meinen Sie damit, wenn Sie sagen, dass Sie mit ihm richtig zusammen waren?«, fragt die Beamtin. »Damit meine ich«, antwortet Klara, »dass wir auch eine sexuelle Beziehung hatten.« Sie hätten 1994 das erste Mal sexuellen Kontakt gehabt und danach ein paarmal miteinander geschlafen. »Gab es zwischen Ihnen und Herrn M. irgendwelche sexuellen Probleme?«, will die Polizistin wissen. Klara ist peinlich berührt. »Ich weiß nicht genau, wie ich das richtig sagen soll. Ich glaube, dass wir so einige Schwierigkeiten damit hatten. Die begründeten sich aber von Bernhards Seite her.« Dann möchte Klara zu diesem Thema nichts mehr sagen, ohne mit ihrem ehemaligen Liebhaber darüber gesprochen zu haben. Sie möchte Bernhard M. nicht bloßstellen. Nur wenn er selbst damit einverstanden sei, wolle sie deutlicher werden, sagt sie. »Waren Sie die erste Frau, mit der Bernhard sexuelle Kontakte hatte?«, fragt die Beamtin trotzdem noch. »So, wie er mir das gesagt hat, war ich das«, gibt Klara zur Antwort. »Er hat mir gesagt, dass ich die erste Frau war, mit der er geschlafen habe.«

M. verweigert der Freundin die Einwilligung, aus ihrer beider Intimleben zu erzählen. Er möchte nicht, dass sein Geschlechtsleben an die Öffentlichkeit gezerrt wird. Doch Klara hält sich nicht an das Verbot. Ihr Gewissen zwingt sie dazu, sich jemandem anzuvertrauen. Kurz nach dem Polizeiverhör taucht sie bei Bernhard M.s damaligem Verteidiger Dieter Gerken auf. Sie setzt sich in sein Besprechungszimmer und schüttet ihr Herz aus: Bernhard habe niemals mit ihr den Geschlechtsverkehr vollzogen. »Er konnte nicht.« Gerken sagte mir später, er sei nach dieser Offenbarung unschlüssig gewesen, er habe nicht gewusst, was er von Klaras Mitteilung halten sollte. Sexualstraftäter stellen nicht selten die Behauptung auf, sie seien impotent, wenn sie sich herausreden wollen. Und Freundinnen, die aus Solidarität solch unüberprüfbare Behauptungen mittrügen, kämen auch vor.

Aber Klara sagt die Wahrheit. Am 8. Juli schreibt sie dem Beschuldigten M. ins Untersuchungsgefängnis. Es ist das herzzerreißende Dokument einer schmerzlichen, unerfüllten Liebe. Zum Schluss heißt es:

Was hältst Du von meinem Gespräch mit Herrn Gerken, Deinem Rechtsanwalt? Es war echt schwer und doof für mich, das alles zu erzählen, aber es war doch so, oder hast Du etwas ande-

res in Erinnerung?? Ich frage mich oft, wie es Dir gerade geht,
was Du gerade machst, und denke, dass Du doch gar kein Pri-
vatleben mehr hast, dass wir unser Intimleben nicht mal für uns
behalten können, man alles sagen muss, ob es geklappt hat oder
ob es nicht geklappt hat, wie es war, jede Kleinigkeit. Trotzdem
habe ich aber nicht versäumt zu sagen, dass es wirklich nichts
zu bereuen gibt! Ich fand es so beschissen und schwer, das alles
über uns zu erzählen und wir somit nichts Geheimes bzw. Priva-
tes mehr haben. Schade eigentlich!

Nach der Aussage gegenüber dem Verteidiger fühlt sich
Klara verpflichtet, auch die Richter des Landgerichts Osnabrück über die sexuellen Probleme Bernhard M.s zu informieren. In der ersten Hauptverhandlung gegen ihn (die am To-
yota-Augenschein scheitern wird) betritt sie am 31. August
1995 kurz nach neun Uhr morgens den Verhandlungssaal. Sie
weigert sich, in Anwesenheit der Öffentlichkeit eine Aussage
zu machen, denn sie möchte »Umstände aus dem Intimleben
erörtern«. Als die Öffentlichkeit ausgeschlossen ist, berichtet
Klara von ihren Schwierigkeiten mit Bernhard M. In seiner
Mitschrift aus der Hauptverhandlung, die der Verteidiger Dieter Gerken mir in Kopie überließ, steht unter »Aussage Klara«: »Mit B. M. nie eingedrungen.« Bei meinem Besuch bei ihr
wurde die Zeugin wieder von Verzweiflung überschwemmt,
als sie mir diese Zeugenaussage und die ungläubigen Gesich-
ter auf der Richterbank schilderte: »Sie glaubten niemandem,
der Amelie widersprach. Ich habe ihnen alles erzählt, aber sie
haben mir kein Wort geglaubt. Sie haben alles nur für eine
Ausrede gehalten.«

Diese erste Hauptverhandlung findet dann am anderen
Morgen – wie schon berichtet – ein jähes Ende. Im Nachfolge-
prozess, der schließlich mit der Verurteilung M.s endet, spielt
das Geschlechtsleben des Angeklagten, dem schwere Sexual-

delikte vorgeworfen werden, ebensowenig eine Rolle wie der Toyota. Es hakt auch niemand nach, warum M. keine Ehefrau hat. Er lebt mit seinen vierzig Jahren immer noch bei den Eltern. Liebschaften und Bettgeschichten gibt es nicht in seinem Leben – nur eben Klara. Aber zu ihrem Liebesleben mit Bernhard M. stellen die Richter keine Fragen mehr.

Erst im Wiederaufnahmeverfahren wurde M.s Intimleben für die Justiz interessant. Ich berichtete dem Hamburger Verteidiger Johann Schwenn von meinem Zusammentreffen mit Berhard M., seinem psychischen Zusammenbruch und seinen Potenzproblemen. M.s Eltern, bei denen ich auf dem Rückweg vorbeigefahren war, hatten mir außerdem erzählt, ihr Sohn Bernhard sei als Säugling schwer krank gewesen und habe, an einer Hirnhautentzündung leidend, monatelang in der Klinik um sein Leben gekämpft. Ich zog bei diversen Medizinern Erkundigungen ein und hörte, dass Zusammenhänge zwischen infektiösen Gerhirnerkrankungen und Potenzstörungen tatsächlich möglich sind. Darum machte ich mich auf die Suche, und es gelang mir tatsächlich, alte Fieberkurven aus den fünfziger Jahren aus den Tiefen jener Klinik auszugraben, in der M. behandelt worden war. Sie belegten, dass der Säugling Bernhard M. in den ersten Lebensmonaten an einer schweren Meningitis gelitten hatte.

Bald danach stattete ich M. in der Reha-Klinik einen weiteren Besuch ab und erzählte ihm, dass ich einen guten Verteidiger kenne, den ich um Beistand für ihn gebeten hätte. »Sie müssen das aber wirklich wollen«, sagte ich zu M., »vielleicht kann eine Wiederaufnahme Ihres Falles gelingen. Aber dann müssen Sie diesen Anwalt selbst bitten, sich Ihrer anzunehmen, und auch bereit sein, offen mit ihm über Ihr Geschlechtsleben zu sprechen.« Als ich heimfuhr, hinterließ ich einen in sich zerrissenen Menschen, in dem die Hoffnung, doch noch Gerechtigkeit zu finden, im Widerstreit stand mit der Angst, eine weitere Enttäuschung verkraften zu müssen. Ich war mir nicht sicher, ob M. das Risiko wagen würde.

Wenige Wochen später war Johann Schwenn der Wiederaufnahmeverteidiger des Bernhard M. Der Verurteilte hatte sich tatsächlich noch einmal zum Kampf aufgerafft. Obwohl Schwenn zu den bekannten deutschen Verteidigern zählt, hatte er den mittellosen M. als Mandanten angenommen und war bereit, sich nach dem Erfolg der Wiederaufnahme aus der Staatskasse bezahlen zu lassen. Sollte es ihm nicht gelingen, so hatte er eben für Gotteslohn gearbeitet. Später hat Amelies Anwältin vor Gericht in einem gehässigen Seitenhieb auf Schwenn einmal laut den Verdacht geäußert, er lasse sich sein Engagement ja sowieso von der Wochenzeitung DIE ZEIT bezahlen und reiche ihrer Gerichtsreporterin, also mir, als kleines Dankeschön die Akten weiter. So war es allerdings nicht. Schwenn hat von der ZEIT für die Verteidigung des Bernhard M. keine Mark und keinen Euro bekommen.

Anfang 2002 schickte Schwenn seinen neuen Mandanten zur Abklärung seiner sexuellen Beschaffenheit in die Praxis des renommierten Kieler Sexualmediziners Professor Reinhard Wille. Der untersuchte Bernhard M. und beschreibt in seinem Gutachten einen großen Mann mit ausgesprochen virilem Körperbau, breiten Schultern, schmalen Hüften und einer starken Behaarung am ganzen Körper. Auf den ersten Blick wirkte M. offenbar völlig normal, dem Gutachter fiel lediglich auf, dass »die gut geschnittenen männlichen Gesichtszüge durch eine ausgesprochen resignative Mimik überlagert« waren und dass es schwerfiel, »Herrn M. auf der Ebene zwischenmenschlicher Gemeinsamkeit zu erreichen«. Der Professor fand den Zugang zu M. erst, als er auf dessen aktenkundige außerordentliche Wahrheitsliebe zu sprechen kam. Während der mehrtägigen Exploration betonte M. immer wieder, wie sehr er Unklarheiten oder gar bewusste Unwahrheiten im tiefsten Inneren ablehne. Deshalb habe er 1995 auch seinem Verteidiger Dieter Gerken das Vertrauen entzogen, als der ihm antrug, sich das Wohlwollen des Gerichts durch kleine Geständnisse zu erkaufen.

Ganz langsam gelang es Wille, Amelies Onkel Einzelheiten aus seinem Geschlechts- und Liebesleben zu entlocken. In seinem Gutachten schreibt der Professor:

Die Frage nach präpuberalen Neugiererlebnissen muss erst an Beispielen näher erläutert werden, bis sie mit einer Mimik des Erstaunens und Unverständnisses verneint wird. Er kann auch nicht den Zeitpunkt seiner Pubertät nennen, weil diese völlig undramatisch eintrat.

M. habe zwar die Schambehaarung bei sich bemerkt, desgleichen den Wachstumsschub, aber keine psychisch aufwühlenden Umwälzungen, etwa durch neuartige Interessen für das andere Geschlecht. Er habe immer weiter im Elternhaus gelebt, sei eben nur größer und kräftiger geworden. Auch habe er niemals für jemanden geschwärmt oder ein Mädchen angehimmelt. Auch Selbstbefriedigung habe so gut wie keine Rolle gespielt, nur vereinzelt nach dem fünfundzwanzigsten Lebensjahr. Seit seinem fünfunddreißigsten Lebensjahr komme es etwa drei- bis viermal im Jahr zu diffusen Erregungszuständen.

M. gesteht dem Professor, dass er noch nie verliebt gewesen sei, auch wenn ihm einige Frauen – darunter Klara – menschlich durchaus gefallen hätten. Zustände der Leidenschaft und Triebhaftigkeit seien ihm fremd, und er lehne sie auch ab. Wenn seine Arbeitskameraden auf der Ölbohrinsel über ihre Eskapaden mit leichtlebigen Frauen berichtet hätten, so habe ihn das abgestoßen. Manchmal sei er auch selbst in Berührung mit Frauen gekommen, die einem Abenteuer nicht abgeneigt waren, doch solche Begegnungen hätten ihn nie gelockt, und als Anfechtungen habe er sie schon gar nicht empfunden.

»Sind Sie nie in eine Situation gekommen – etwa mit Kollegen in Hafenkneipen oder mit käuflichen Damen –, wo sich eine Intimintät anzubahnen drohte?«, wollte der Professor von Bernhard M. wissen. »Was heißt hier drohte?«, fragte der zurück. »Ich bin doch stets Herr meiner selbst.« Er habe sogar früher, als er einmal in einem Winkel der Pfalz auf Arbeit gewesen sei, mangels Ablenkung allein eine Nachtbar aufgesucht, sich bei einer Tasse Kaffee das dortige Treiben angesehen und klar und ohne einen Anflug des Bedauerns alle lokalüblichen Angebote zurückgewiesen. »Das ist doch ganz normal«, stellte M. fest. »Nun, wenn Ihr Verhalten allgemeingültig wäre«, entgegnete der Gutachter, »dann wäre die Menschheit wohl schon lange ausgestorben.« Das brachte auch M. ins Grübeln, und er schien sich plötzlich zu wundern, warum er, ein erwachsener, sozial funktionierender Mann, noch nie einen richtigen Geschlechtsverkehr erlebt hatte.

Auch mit Bernhard M.s Freundin Klara, der einzigen Frau, die über ihn Auskunft geben konnte, redete der Sexualmediziner lange. Wille verabredete sich mit ihr in einer kleinen Stadt an der Nordsee. In seinem Gutachten beschreibt er sie später als »aufgeschlossene und kooperative, psychisch unkomplizierte junge Frau mit weiblicher Ausstrahlung«, die einen intelligenten und kompetenten Eindruck machte. Klara erzählte dem Gutachter, wie sie M. als Dreizehnjährige kennengelernt habe. Die Beziehung sei durch Amelie gestiftet worden, die ihrer beider Adressen ausgetauscht habe. Drei Jahre habe eine Brieffreundschaft mit dem viel älteren Mann angehalten. »Ich war total verknallt in den großen, bärtigen, ruhigen, zuhörenden Mann, der mich als Mädchen ernst nahm«, vertraute Klara dem Professor an. Leider aber sei außer Briefen zwischen M. und ihr nichts weiter ausgetauscht worden, sosehr sie sich das auch gewünscht und so eindeutig sie ihre Gefühle zwischen die Zeilen der Briefe gepresst habe. Einmal zwar habe M., mehr zufällig, seinen Arm um sie gelegt, aber mehr sei nicht gewesen. Sie selbst habe gehofft, er möge sie endlich festhalten. M. aber war auf erotische Themen nicht ansprechbar.

Nach zwei bis drei Jahren schlief diese erste Phase zwischen Klara und Berhard M. ganz undramatisch ein. Klara lernte jüngere Männer kennen und fand bald Partner in ihrem Alter. Erst im September 1994, nach dem vierzigsten Geburtstag von Bernhard M., flammte die alte Liebe wieder auf. Klara wohnte jetzt sogar zeitweise bei M. und schlief mit ihm im selben Bett. Doch ein richtiges Liebespaar wurden die beiden trotzdem nie.

Klara berichtete dem Professor, sie habe niemals den Geschlechtsverkehr mit M. ausführen können. Geküsst habe er »wie ein Weltmeister«, aber sobald die Zärtlichkeiten unter die Nabellinie wanderten, war er blockiert. Die Initiative habe immer sie ergreifen müssen. Ein paarmal konnte sie ihn so weit überwältigen, dass er wenigstens halbherzige Versuche anstellte, mit ihr zu schlafen, doch waren sie nie von Erfolg gekrönt. M. blieb zurückhaltend und irgendwie abwesend wie ein Heiliger, und so trennte man sich nach wenigen Wochen im freundlichen Einvernehmen – und in stiller Trauer.

Ein Endokrinologe und ein Reproduktionsmediziner verschiedener Universitätskliniken, die M. aufsuchte, stellten bei ihm Testosteronmangel, leichte Brustvergrößerung, eine verringerte Aktivität der Geschlechtsdrüsen und eine pathologische Serumskonzentration von Prolaktin (ein weibliches

Hormon, das für die Ausschüttung der Muttermilch zuständig ist) fest. Basierend auf diesen Befunden und den Schilderungen der Liebesleute kommt Wille in seinem Gutachten zu dem Schluss, Bernhard M. leide an einer »extrem seltenen und für den Laien kaum zu diagnostizierenden Alibido/primären sexuell-erotischen Inappetenz«, die innerhalb der ohnehin kleinen Patientengruppe mit männlicher Alibido nicht mehr als 0,1 bis drei Prozent der Fälle ausmache. Nur drei Patienten dieses Typs seien ihm in vierzig Berufsjahren begegnet, schreibt der Professor, und alle hätten die Gemeinsamkeit gehabt, ihre »sozial-sexuellen Defizienzen in unübersehbar sozial betreuende Aktivitäten zu sublimieren«. Sie stellten förmlich das natürliche Gegenstück zum dominanten Macho dar. Als Ursache für dieses Phänomen der primären Alibido von M. hält Wille »entzündliche Prozesse in endokrinologisch sensiblen Hirnarealen im Kleinkindalter« für plausibel.

Die Vermeidung der Sexualität und des Gesprächs darüber sei ein typisches Verhalten dieser Patientengruppe, fährt Wille fort. Die Männer litten zwar keineswegs unter dem vollständigen Fehlen ihres sexuellen Begehrens, sie fühlten sich in ihrem Körper zufrieden und völlig normal, fürchteten aber eine gesellschaftliche Stigmatisierung, sollte ihr Defizit zutage treten. Deshalb habe M. auch in den Hauptverhandlungen nicht auf der Thematisierung seines Leidens bestanden.

Insbesondere kann man wegen der schon eingeschliffenen Scham, als nicht normal angesehen zu werden, nicht eine über das ganze Prozessverfahren konsistente oder gar auftrumpfende Gegenvorstellung zur effektiven Entkräftung der staatsanwaltlichen und durch gerichtlichen Zulassungsbeschluss bekräftigten strafrechtlichen Vorwürfe erwarten, schreibt der Sachverständige. Und dies erst recht nicht bei einem nicht nur unbescholtenen, sondern auch einfach strukturierten, wenn auch latent dys-

harmonischen Angeklagten, der in mitmenschlicher und auch finanzieller Fürsorge für die Familie ein allseits anerkanntes altruistisches Surrogat für die ihm versagte eigene Familie sucht und findet.

Wille kommt in seinem Gutachten zu dem Ergebnis, dass der Verurteilte die ihm zur Last gelegten sexuellen Aggressionstaten nicht begangen haben kann, und schließt seine Expertise mit den Worten ab:

Nie in meiner Berufstätigkeit als forensischer Sexualmediziner stieß ich auf eine krassere Diskrepanz zwischen den minimalen (gegen null hin tendierenden) Freuden und dem immensen Leiden, die einem Menschen aufgrund seiner sexuell-erotischen Besonderheit zuteilwurden.

Die Grenzgängerin

Die Tatsache, dass Bernhard M. körperlich gar nicht in der Lage gewesen war, seine Nichte zu vergewaltigen, war immer noch nicht die letzte Erkenntnis über das ihm widerfahrene Unrecht, die ich im Laufe meiner Recherchen gewann. Es sollte noch schlimmer kommen. Der Verteidiger Schwenn, mit dem ich inzwischen während meiner Erkundigungen immer wieder Rücksprache hielt, hatte mir geraten, doch auch einmal einen gründlichen Blick in die Akten jenes Zivilprozesses zu werfen, den Amelies Krankenkasse und das Land Niedersachsen mittlerweile gegen die beiden Verurteilten angestrengt hatten. Seine Erfahrung sage ihm, dass in diesen Zivilakten oft interessante zusätzliche Informationen enthalten sein könnten, die im Strafprozess nicht zur Sprache gekommen waren. Mit diesem Rat traf er ins Schwarze, wie ich bald merken sollte.

Ich setzte mich also mit Rechtsanwalt Robert Koop in Verbindung, der in jenem Rechtsstreit Amelies Vater Adolf S. vertrat. Der zeigte sich sehr freundlich und kooperativ, und ich reiste zu ihm. Koop ließ mich nach telefonischer Rücksprache mit seinem Mandanten auch gleich die Akten studieren: Es ging darin zum einen um den »Ersatz von Heilungskosten«, also um die Finanzierung diverser Behandlungen der offenbar kranken Amelie, und zum anderen um ihre finanzielle Sicherung und ihren künftigen Lebensunterhalt. Klägerinnen waren die Barmer Ersatzkasse, die »im Wege des Rückgriffs« vorerst einmal mehrere hunderttausend Mark von den beiden Verurteilten einforderte, und das Land Niedersachsen, dem ein Antrag Amelies »auf Gewährung von Beschädigtenversorgung« vorlag und das sich die »Aufwendungen, die dem klagenden Land nach dem Gesetz über die Entschädigung für Opfer von Gewalttaten (OEG) obliegen«, bei den Verurteilten holen wollte.

Die Barmer Ersatzkasse trug vor, dass Amelie S. »infolge der zu ihrem Nachteil verübten Straftaten durch die Beklagten in erheblichem Maße erkrankt« sei. So habe sie sich bereits zum wiederholten Mal in stationärer psychiatrischer Behandlung des Landeskrankenhauses Osnabrück befunden. Seit dem Beginn ihrer stationären Behandlung im Mai 1994 auf der Kinder- und Jugendpsychiatrischen Station des Krankenhauses ihres Heimatstädtchens habe sie enorme Kosten verursacht. Bis zum heutigen Tage (der Schriftsatz stammte vom 14. September 1999) sei Amelie immer noch »schwer psychisch geschädigt« und lebe in einer betreuten Wohneinheit. Wörtlich schreibt die Kasse: »Die im Bericht des Landeskrankenhauses geschilderten Krankheitsbilder beruhen kausal einzig und allein auf den durch die Beklagten verübten Vergewaltigungshandlungen und Handlungen des sexuellen Missbrauchs.«

Andere Ursachen seien auszuschließen. Außerdem seien diese Spätfolgen bei Amelie seit Oktober 1996 nach dem Opferentschädigungsgesetz anerkannt. Folglich fordert die Barmer Ersatzkasse: »Die Beklagten sind deshalb zum Ersatz der durch ihre Handlungen entstandenen Heilkosten verpflichtet.«

Ins gleiche Horn stößt das Land Niedersachsen. In dessen Klageschrift heißt es, »der psychische Leidensdruck« Amelies habe bei ihr zu »schweren psychischen Störungen« geführt. »Wegen der Folgen des durch beide Beklagten über Jahre begangenen sexuellen Missbrauchs« habe das Mädchen »von Mai 1994 bis November 1997 beinahe durchgehend stationär in psychiatrischen Einrichtungen behandelt« werden müssen. Weiterhin sei es möglich, dass »Versorgung nach einer höheren Minderung der Erwerbsfähigkeit zu gewähren sein wird«, denn Amelie könnte durch die an ihr verübten Verbrechen womöglich so stark geschädigt sein, »dass eine Berufsausübung nicht in Betracht kommt«. Außerdem müsse damit gerechnet werden, »dass in Zukunft weitere ärztliche und psychotherapeutische Maßnahmen erforderlich werden«. Deswegen habe das Land Niedersachsen durchaus »ein Feststellungsinteresse« daran, dass die beiden Beklagten Adolf S. und Bernhard M. »auch für die dann entstehenden Kosten als Gesamtschuldner aufzukommen haben«. Beiden Klageschriften waren etliche Diagnosen und Rechnungen, Gutachten und Anträge beigefügt, in denen die elende Verfassung Amelies festgestellt wurde, und auch sie selbst hatte zur Feder gegriffen und den Behörden ihre Befindlichkeit geschildert.

Warum ist sie aus der Psychiatrie nicht mehr herausgekommen?, fragte ich mich. Es schien ja alles immer schlimmer mit ihr geworden zu sein. Dass Amelie an seelischen Ausnahmezuständen gelitten hatte, wusste ich schon lange, als ich in Koops Büro die Akten durchstöberte. Ihre Labilität hatte sich ja während der Ermittlungen gegen die beiden Beschuldigten und während der Hauptverhandlungen deutlich genug gezeigt. Trotzdem hatte der Chefarzt der Kinder- und Jugendpsychiatrischen Station bei ihr keine ernstere psychische Erkrankung diagnostiziert. Im Mai 1995 – also zwischen den beiden Prozessen gegen Vater und Onkel – schrieb er in einer Stellungnahme an die örtliche Kriminalpolizei: Die Patientin füge sich am ganzen Körper tiefe Schnittwunden zu. Sie erbreche regelmäßig oder verweigere Nahrung und Flüssigkeit. Als Grund gebe sie an, durch »hochsteigende bildhafte Erinnerungen« an die Vergewaltigungen gequält zu werden. Sie habe Albträume, nässe mehrfach in der Woche ein, hasse und verachte ihren Körper und denke häufig an Selbstmord. Aus der Gesamtschau dieses Verhaltens zieht der Arzt jedoch lediglich den diagnostischen Schluss einer »längerdauernden Belastungsreaktion«, bedingt durch die Vergewaltigungen. Mit unterschrieben ist das Schriftstück von Amelies behandelnder Psychologin. Als der Text verfasst wurde, war Amelie schon mehr als ein Jahr Patientin der Kinder- und Jugendpsychiatrischen Station.

Sechs Wochen nach dem Schreiben, am 22. Juni 1995, kommt es zu einem längeren Gespräch zwischen der behandelnden Psychologin und der Glaubwürdigkeitsgutachterin, die sich gerade auf den Prozess gegen M. vorbereitet. Hier berichtet die Psychologin, dass Amelie unter starken Gefühlsausbrüchen ihre traumatischen Erlebnisse wiedergebe, viel weine und auch sonst einen emotional stark erschütterten Eindruck mache. Vor dem Mädchen, so die Psychologin, tauchten immer wieder Bilder auf, die ihr stark zusetzten und dieses auffällige Verhalten auslösten. Auch suche Amelie wie unter Zwang den Bahnhof auf, wobei sie immer den gleichen Weg nehme. Sie spreche dort fremde Leute an und präsentiere sich unter Tränen als schwache und hilflose Person. Amelie habe ihr erklärt, sie suche am Bahnhof die Gefahr, sie müsse raus und etwas »ganz Blödes« und »völlig Bescheuertes« machen.

Auch im Prozess gegen ihren Onkel entgeht niemandem die besondere Belastung der Zeugin Amelie. Die Prozessphasen sind flankiert von dramatischen Auftritten, Selbstverletzungen und Suizidversuchen. Einmal kann die Hauptverhandlung nicht pünktlich beginnen, weil sich Amelie auf dem Osnabrücker Bahnhof vor den Zug werfen will. Wenn ihr mir nicht glaubt, bring ich mich um, lautet ihre tägliche Botschaft. Auf den Richtern lastet ein enormer Druck: Wer will schon schuld daran sein, wenn die Hauptbelastungszeugin sich das Leben nimmt? Das Gericht zeigt sich voller Mitgefühl: Die Öffentlichkeit wird ausgeschlossen, wenn Amelie ihre Aussagen zu Protokoll gibt. Auch der Angeklagte muss dann den Saal verlassen, weil die Nichte sich durch seine Anwesenheit gehemmt fühlt. Und Amelies Angehörige, die ihr – wie die Richter wissen – inzwischen kein Wort mehr glauben, werden sogar aufgefordert, sich doch bitte außerhalb des Gerichtsgebäudes aufzuhalten, wenn das Mädchen eine Aussage zu machen hat. So haben sie es mir persönlich später erzählt. Der neue Verteidiger sitzt kleinlaut dabei und wird auch noch ermahnt, sich gegenüber der Belastungszeugin mit kritischen Fragen zurückzuhalten. Auch das hat er mir selbst berichtet.

Immerhin macht sich die Dritte Große Strafkammer des Landgerichts Osnabrück in ihrem Urteil Gedanken zur »Persönlichkeit der Zeugin« und zur »Analyse ihrer Aussage«. Man sei der Frage nachgegangen, schreiben die Richter im Urteil, wie es um Amelies Zeugentauglichkeit bestellt sei und ob es sich bei ihren Bezichtigungen um krankheitsbedingte Falschaussagen handeln könnte. Allerdings unterlassen es die Richter, dieses Problem mit Hilfe eines psychiatrischen Sachverständigen klären zu lassen, den allein die Frage interessiert, woran diese verhaltensauffällige Frau leidet.

Das Gericht zieht es vor, die Psychologin des Landeskrankenhauses Osnabrück anzuhören, wo Amelie während des zweiten Prozesses gegen den Onkel behandelt wird und immer wieder auf die geschlossene Abteilung verlegt werden muss. Der Strafprozess setze ihre Patientin einer sehr starken Belastung aus, bekundet die Psychologin. Das sehen auch die Richter: »Die Zeugin saß in sich zurückgezogen am Tisch«, steht im Urteil, »und traute sich nicht, die Verfahrensbeteiligten anzublicken. Ersichtlich war, dass sie unter starkem Stress stand und es ihr infolgedessen nur schwer gelang, sich auf die gestellten Fragen zu konzentrieren.«

Als die Kammer sich erkundigt, ob irgendwelche speziellen Einflüsse die Zeugin derart beunruhigt hätten, ergreift Amelies Anwältin das Wort. Das Mädchen sei zufällig vor dem Gerichtssaal den Geschwistern des Angeklagten (also ihren eigenen Onkeln und Tanten) begegnet, sagt sie an Stelle ihrer Mandantin, und obwohl bei dieser Begegnung kein Wort gefallen sei, hätte doch schon die bloße visuelle Konfrontation mit den Verwandten sie derart schockiert, dass sie nun längere Zeit brauche, um die Fassung zurückzugewinnen. Dem naheliegenden Gedanken, der Schock könnte Ausdruck schlechten Gewissens sein, gehen die Richter nicht nach. Für alle Verfahrensbeteiligten sei »die emotionale Beteiligung der Zeugin aufgrund dieser flüchtigen Begegnung beeindruckend« gewesen, steht im Urteil.

In der weiteren Vernehmung soll sich Amelie dann aber konzentriert, sachlich und überlegt präsentiert haben und »erkennbar bemüht, nur zu sagen, was sie auch tatsächlich erinnerte«. Dass das Mädchen die Ereignisse »fast wortwörtlich« genauso schildert wie bei der Exploration durch die

Glaubwürdigkeitsgutachterin einige Monate zuvor, fällt den Richtern zwar auf, wird von ihnen aber hingenommen. Die Frage, ob Amelie ihre Aussage auswendig gelernt haben könnte wie ein Theaterschauspieler seinen Text, wird in der Hauptverhandlung jedenfalls nicht aufgeworfen. Dagegen merken die Richter an, dass Amelie über eine völlig normale Auffassungsgabe verfüge und dass auch ihre Fähigkeit, Erlebtes zu reproduzieren, ungestört sei.

Das sehen auch die vier sachverständigen Zeugen so. Es handelt sich um die Psychiater und die beiden Psychologinnen, die Amelie in der Kinder- und Jugendpsychiatrie ihres Heimatortes und dem Landeskrankenhaus Osnabrück behandelt haben. Alle vier sind sich mit der Glaubwürdigkeitsgutachterin darin zwar einig, dass Amelie genügend Verstand hat, eine Falschaussage zu konstruieren und dann vorzutragen. Auch sei sie aufgrund ihrer intellektuellen Kapazität durchaus in der Lage, eine solche Falschaussage über ein ganzes Jahr durchzuhalten. Nach allgemeiner Überzeugung hat sie das aber nicht getan. Denn es sei, wie die Richter schreiben, »kein Motiv« erkennbar, das sie zur falschen Belastung ihres Onkels bewegt haben könnte. Darum schenkt man ihr rückhaltlos Glauben.

Bei ihrem Urteil über die geistige Gesundheit der Zeugin verlässt sich die Jugendkammer ebenfalls vollständig auf das Behandlungspersonal, das die Patientin gegenüber dem Gericht von der Schweigepflicht entbunden hat. Aufgrund solcher »umfassender Beurteilungshilfen« fühlen sich die Richter in die Lage versetzt, »selbst zu beurteilen, ob eine krankheitsbedingte Falschaussage in Betracht zu ziehen ist«. Einen Beweisantrag der Verteidigung auf Einschaltung eines unabhängigen Sachverständigen für Kriminalpsychiatrie, der die Zeugin auf ihren Geisteszustand hin untersuchen soll, lehnen sie deshalb ab.

Laut Urteil sind beide angehörten Psychiater sicher, eine »krankheitsbedingte Realitätsverzerrung« liege bei Amelie nicht vor. Auch ein Borderline-Syndrom, eine schwere Persönlichkeitsstörung, schließen die sachverständigen Zeugen ausdrücklich aus. Borderliner leiden an Realitätsverzerrungen und gelten bei Richtern als unzuverlässig und wenig wahrheitsliebend. Die Psychologinnen bekunden überdies, Amelie habe sich auf allen Stationen der Kliniken »normal« verhalten. Diese Aussagen decken sich mit dem »persönlichen Eindruck«, den die Opferzeugin Amelie bei der Kammer hinterlassen habe. Das schreiben die Richter voll Wohlwollen. Ihre Anwandlungen führt man auf die nervliche Belastung durch die Prozesse zurück.

Als der Leitende Arzt der Allgemeinen Psychiatrie des Landeskrankenhauses Osnabrück am 29. Januar 1996 kurz vor der Urteilsverkündung als allerletzter Zeuge im Prozess gegen Bernhard M. aussagt, befindet sich Amelie schon seit fünf Monaten in seiner Obhut. Von Mai 1994 bis Ende Juli 1995 war sie auf der Jugendpsychiatrischen Station ihrer Heimatklinik behandelt worden. Nachdem sie den Monat August in einer betreuten Wohneinheit verbracht hatte, ist sie seit Anfang September 1995 wieder in nervenärztlicher Behandlung – diesmal in der psychiatrischen Abteilung des Landeskrankenhauses Osnabrück. Wie sein Kollege aus Amelies Heimatort hat auch der Osnabrücker Psychiater bei dem Mädchen nur eine »schwere posttraumatische Belastungsstörung mit einer erheblichen Störung der Gefühlswelt« ausmachen können. Andere während der Hauptverhandlung diskutierte Erkrankungen waren dem Psychiater dagegen »nicht feststellbar«. Im Urteil steht:

So zeigte die Zeugin gegenüber den behandelnden Ärzten im Landeskrankenhaus keinerlei Wahnsymptome. Es lag auch kei-

ne Borderline-Störung vor. Sie berichtete nie über Störungen, die in den Bereich der Wahnsymptomatik und der Halluzinationen einzuordnen sind. So hat sie nie davon gesprochen, dass sie etwa Stimmen höre, dass nachts auf sie eingeredet werde oder dass sie irgendwelche Aufträge von fremden Mächten erhalte.

Das Gericht fasst die Aussage des Nervenarztes in dem Fazit zusammen:

Während der Beobachtungsdauer ist nie ein Zweifel daran aufgekommen, dass es sich bei der Zeugin um eine beständige, ehrliche Patientin handelt, die nie an hysterischen Persönlichkeitsstörungen litt.

Das war mein Wissensstand, als ich Anfang 2002 im Büro des Rechtsanwalts Koop saß und die Zivilakten durchging. Allerdings zeigte sich darin ein ganz anderes Bild der Patientin Amelie und ihrer behandelnden Ärzte. Hier, in den Diagnosen, die an die Krankenkasse oder anlässlich verschiedener Überweisungen an andere Kliniken geschickt worden waren, war keine Rede mehr von der »ehrlichen, beständigen Patientin«, sondern von schwerer Alkohol- und Medikamentensucht, massiven Essstörungen und autoaggressivem Verhalten. Derselbe Psychiater des Landeskrankenhauses, der im Januar 1996 vor der Strafkammer des Landgerichts Osnabrück ausgesagt hatte, bei Amelie liege allenfalls eine Belastungsstörung vor, schreibt im Dezember desselben Jahres in den Abschlussbericht über die Patientin, die er nun seit anderthalb Jahren fast ununterbrochen behandelt hat, die folgenden Diagnosen:

- *Emotional instabile Persönlichkeitsstörung vom Borderline-Typus,*
- *Alkohol- und Medikamentenabhängigkeit,*
- *Bulimarexie (Ess-Brech-Sucht).*

Was war hier vorgegangen? Warum hatte der Arzt vor Gericht die schwere Borderline-Störung der Amelie nicht nur verschwiegen, sondern auf Nachfrage der Richter sogar bestritten? Mit dieser Diagnose wäre das Mädchen vor Gericht niemals als zuverlässige Zeugin durchgegangen! Ich wusste, dass erst vor kurzem – am 6. Februar 2002 – der Bundesgerichtshof auf die Revision eines Angeklagten ein Urteil des Landgerichts Nürnberg aufgehoben hatte. Auch in jenem Fall ging es um den Vorwurf der Vergewaltigung. Beanstandet hatten die Obersten Richter, dass das Nürnberger Gericht die tiefen Schnittverletzungen nicht berücksichtigt hatte, die sich die Zeugin der Anklage seit Jahren zufügte. Dieses selbstverletzende Verhalten aber deute auf eine Borderline-Störung hin, argumentierten die Bundesrichter, die die Glaubwürdigkeit der Zeugin erheblich beeinträchtigen könne. Diese Sicht des Bundesgerichtshofs bedeutet, dass die Nürnberger Richter ohne Anhörung eines psychiatrischen Sachverständigen und eines die Glaubwürdigkeit der Zeugin prüfenden Psychologen den Angeklagten nicht hätten verurteilen dürfen.

In Amelies Fall war es nicht viel anders. Hier war zwar eine Glaubwürdigkeitsgutachterin tätig geworden, aber das Gericht hatte die Borderline-Erkrankung der Nebenklägerin nicht berücksichtigt. Und warum nicht? Hatte die richterliche »Beurteilungshilfe«, jener Leitende Psychiater in Osnabrück, ihre Erkrankung erst nach der Hauptverhandlung erkannt? Oder hatte er Mitleid mit dem vermeintlichen Opfer? Und wie war es um Amelies Alkoholismus und Medikamentensucht bestellt? Laut den vor mir liegenden Unterlagen trank sie seit ihrem fünfzehnten Lebensjahr starke Alkoholika, manchmal bis zum »Filmriss«. Ebenso lang schon stopfte sie wahllos alle Medikamente in sich hinein, deren sie habhaft werden konnte – Politoxikomanie lautet der Fachausdruck für dieses Verhalten, den ich in den Unterlagen des Zivilprozesses fand.

Bereits im Februar 1996, so las ich, hatte sie sich einer ersten Entgiftungskur unterziehen müssen – das war unmittelbar im Anschluss an die Verurteilung des Onkels. Sie hatte also zur Zeit der beiden Hauptverhandlungen gegen Vater und Onkel ein Drogenproblem. Hat das niemand bemerkt? Weitere Entgiftungen und Entwöhnungen Amelies im Landeskrankenhaus folgten, bis sie schließlich Ende November 1996 in eine Klinik für abhängigkeitskranke Jugendliche überwiesen wurde. Wenn eine Neunzehnjährige derart massive Maßnahmen über sich ergehen lassen muss, dann hat ihre Sucht nicht nur ein enormes Ausmaß erreicht, sondern besteht auch schon seit langer Zeit. Doch im Urteil gegen Bernhard M. kein Wort von einer Suchtproblematik. Stattdessen wird die »beständige, ehrliche Patientin« gelobt.

Um es kurz zu machen: Nach der Verurteilung ihres Onkels tritt alles andere als die zu erwartende Genesung Amelies ein. Im Gegenteil: Ihre Zustände verschlimmern sich von Tag zu Tag, und ihre nervliche Zerrüttung schreitet fort. Wenn sie aus dem Landeskrankenhaus Osnabrück entlassen wird, ist sie stets nach kurzer Zeit wieder zurück, wegen akuter Neurosen oder weil sie sich umbringen wollte. Die pausenlosen Therapien greifen offenbar nicht. Allein im Mai 1996 begeht Amelie fünf Selbstmordversuche. Das Magenauspumpen wird zur Alltagsmaßnahme. Bei der Patientin zeigen sich schwere Identitätsstörungen, sie läuft zunehmend aus dem Ruder, deshalb beschließen die Ärzte, sie längerfristig auf die geschlossene Akut-Station des Landeskrankenhauses zu verlegen. Von gravierenden Symptomen berichtet der Psychiater, von »depressiven Zuständen, Angstzuständen, Selbstwertproblemen, Beziehungs- und Kommunikationsproblemen, dissoziativen Zuständen sowie körperlichen und psychosomatischen Beschwerden«. Später erzählte mir eine Freundin Amelies, die die Kranke in jenen Tagen im Landeskrankenhaus besucht hat, sie sei dort auf eine mitleiderregende Gestalt getroffen. Aufgedunsen und »völlig weggetreten« habe Amelie dagesessen. Sie habe unter schwersten Medikamenten gestanden, Speichelfäden seien ihr aus dem Mund gelaufen und die Extremitäten von den Selbstverletzungen blutig aufgerissen gewesen. In ihrer totalen Zerstörung habe sie ein so bejammernswertes und herzzerreißendes Bild abgegeben, dass sich ihr, der Freundin, der Eindruck der Leidenden bis heute ins Gedächtnis eingebrannt habe.

Irgendwann hat sich der Zustand der Patientin Amelie derart verschlechtert, hat ihre Lebensmüdigkeit ein solches Ausmaß erreicht, dass sie über acht Wochen dauerfixiert, also festgeschnallt, werden muss. Die »mangelnde Veränderungsmotivation sowie die eindeutige Abgabe der Eigenverantwortung erforderten eine Intensivierung der Außenkontrolle«, schreibt derselbe Leitende Arzt, der eine psychische Erkrankung Amelies noch wenige Monate zuvor gegenüber dem Gericht ausgeschlossen hatte.

Vom Landeskrankenhaus wird Amelie Ende 1996 zur Bekämpfung ihrer Suchterkrankungen in die bereits erwähnte Entzugseinrichtung überwiesen, von dort wechselt sie nach einem halben Jahr in eine Nachsorgeeinrichtung, ein Haus für soziale Integration irgendwo in Deutschland, und von dort in ein Wohnheim für psychisch belastete Frauen. Die Umzüge sind von Abschiedsschmerz und großen Ängsten überschattet, Amelie gilt – laut Unterlagen – ohnehin als anstrengende und übermäßig zuwendungsbedürftige Patientin, die immer wieder der intensiven Einzelbetreuung bedarf. Dem Leser der

Akten kommt es vor, als hole sie sich jetzt mit Gewalt all die vermisste Liebe und Wärme von denen, die ihr die Zuwendung nicht verweigern können, weil Zuwendung ihr Beruf ist. Auch das macht sie für die Krankenkasse zu einer teuren Patientin.

Ich will hier vorgreifen und mitteilen, dass Amelie sich bis heute nicht erholt hat. Der fulminante Sieg, den sie vor dem Landgericht Osnabrück gegen Vater und Onkel errungen hat, war ein Pyrrhussieg. Heute, zehn Jahre später, lebt sie immer noch in jenem betreuten Frauenwohnheim, zusammen mit anderen Opfern männlicher Gewalt. Sie hat keinen Beruf, keine Familie, keine Kinder. Sie muss starke Medikamente einnehmen, wird von einer ambulanten Nervenärztin versorgt und – wenn es zu akuten Krisen kommt – immer wieder in der psychiatrischen Abteilung einer großen Klinik stationär behandelt. So geht es seit vielen Jahren. Auch als das Wiederaufnahmegericht im Sommer 2005 anrückt, um Amelie, die aus psychischen Gründen nicht bei der erneuerten Hauptverhandlung gegen Bernhard M. erscheinen kann, ein weiteres Mal zu den Vorwürfen gegen ihren Onkel zu vernehmen, müssen die Prozessbeteiligten die Belastungszeugin in der psychiatrischen Abteilung eines Krankenhauses aufsuchen. Bei ihren Beschuldigungen gegen den Onkel aber ist sie bis heute geblieben, gegenüber der neuen Glaubwürdigkeitsgutachterin, gegenüber dem forensischen Psychiater, der sie – viele Jahre zu spät – endlich untersucht hat, und gegenüber dem Gericht.

Am 10. April 1996, acht Wochen nach der Verurteilung ihres Onkels Bernhard, erhielt Amelie einen Brief in die Psychiatrie. Absender war ihr Vater Adolf S., der schon seit über einem Jahr für die angeblichen Vergewaltigungen seiner Tochter im Gefängnis büßte. Er schrieb:

Hallo mein Kind!!!

Als Erstes muss ich Dir die Frage stellen: Bist Du wirklich krank? Oder hast Du vor, den Rest Deines Lebens mit Tabletten und Alkohol zu verleben? Ich habe erst seitdem ich hier unschuldig sitze (wie Du ja weißt), erfahren, dass Du Tabletten nimmst, Alkohol trinkst und sogar Lösungsmittel geschnüffelt hast. Letzteres muss Dein Gehirn, Abteilung Gewissen, vernichtet haben. Du kannst die Tage zählen, bis Du neunzehn wirst, und ich weiß heute schon, dass Du mit dieser Lüge und Falschanschuldigung nicht alt wirst. Du bist ein Teil von mir, ich kann mit Dir fühlen, kenne Deine Gedanken und weiß sogar von hier aus, dass Dich Deine detaillierten Lügen schwer belasten.

Und, mein liebes Kind, merke Dir bitte, wohin Du auch gehst, Du wirst nirgendwo ankommen. Wirf Dein gerade begonnenes Leben nicht einfach so weg. Ich habe seit meiner Festnahme versucht, Dich für die Falschanschuldigung zu hassen, aber ich schaffe es bis heute nicht, da ich sicherlich auch meine Fehler habe und durch Eure, von mir eingeschränkte Freiheit, nicht ganz schuldlos bin an Deiner Krankheit …

Der Weg zur Wahrheit ist nicht einfach, aber man fühlt sich danach sehr viel wohler. Man sagt ja, wer nachtragend ist, der schleppt sich durchs Leben, aber für Deine Krankheit kannst Du ja nichts. Ich kann Dir von hier aus sagen: Beginn schnell Dein Gewissen zu entlasten, ansonsten kannst Du Dir für den Rest Deines Lebens Vorwürfe machen, dass Du Deinen Onkel auf dem Gewissen hast. Der steht es sicherlich nicht durch. Der hat nicht meine Nerven. Du kennst ihn ja!!!

Das, was Du ihm zu verdanken hast, kannst Du im ganzen Leben nicht wieder gutmachen. Er hat Euch alle schon als ganz kleine Kinder wie richtige Menschen behandelt, und er wäre wirklich der Allerletzte, der das tun würde, was Du ihm vorwirfst. Mein Kind, ich bin ein strenger Katholik, ich bete schon mein ganzes Leben morgens und abends. Und ich möchte sicherlich nicht spotten, aber wenn Du gesagt hättest, der liebe Gott hätte Dich vergewaltigt, mein Kind, das hätte ich Dir eher geglaubt. Trotzdem ich schon seit Jahren ein schlechtes Verhältnis zu ihm habe – er wäre der Aller-, Allerletzte, der so etwas machen würde ...

Ich wünsche Dir ein frohes Osterfest und hoffe auf Deine schnelle Reaktion, ansonsten sehe ich schwarz für Deine weitere Zukunft und für das Leben von Deinem Onkel. Ich warte auf ein Wort von Dir. Morgen sind es noch 2402 Tage, und ich zähle weiter. Täglich, bis zur Wahrheit. Und ich wünschte mir, sie käme von Dir und würde nicht anderweitig aufgedeckt!!! Bis hoffentlich bald.

Papa!!!

Die Justiz kratzt und beißt

Noch bei Rechtsanwalt Koop machte ich mir Kopien aus den Akten des Zivilprozesses und fuhr damit nach Hamburg zurück. Was ich da in der Hand hielt, war mir noch nicht ganz klar. Erkannt hatte ich nur, dass in den internen diagnostischen Berichten jenes Psychiaters, der vor dem Landgericht Osnabrück eine Borderline-Störung der einzigen Belastungszeugin ausgeschlossen hatte, das Gegenteil seiner gerichtlichen Stellungnahme stand. Auch Rechtsanwalt Schwenn hatte einen solchen Volltreffer nicht erwartet. Jetzt war er als Verteidiger an der Reihe und der Fall Bernhard M. wieder ein Fall für die Justiz.

Die Wiederaufnahme ist die schwerste und mühsamste Schlacht im Strafverfahren. Der Gesetzgeber hat fast unüberwindliche Hindernisse aufgebaut. *Neue* Tatsachen oder *neue* Beweise muss der Verurteilte beibringen, will er erzwingen, dass sich ein Gericht noch einmal mit seiner rechtskräftig abgeschlossenen Sache beschäftigt.

Die Tatsachen und Beweismittel müssen aber nicht nur neu, sie müssen auch geeignet sein, »allein oder in Verbindung mit den früher erhobenen Beweisen die Freisprechung des Angeklagten ... zu begründen«, so steht es in der Strafprozessordnung unter dem Paragraphen 359 in Nummer 5. Über die Wiederaufnahme entscheidet zwar nicht jenes Gericht, das das Urteil gesprochen hat, aber das nun zuständige Wiederaufnahmegericht muss die Perspektive des ersten Richters einnehmen. Nur wenn die neuen Tatsachen oder Beweismittel sogar das für das mögliche Fehlurteil verantwortliche Gericht beeindrucken, wird die Wiederaufnahme zugelassen. Sind die Richter, die das erste Urteil gefällt haben, mit einem Thema oder mit einem Beweismittel inkompetent oder auch nur oberflächlich umgegangen, so gilt das Wiederaufnahmevorbringen zu dem fraglichen Sachverhalt entweder nicht mehr als neu oder als ungeeignet. Mit diesen strengen Regeln soll der Konflikt zwischen der Gerechtigkeit im Einzelfall und dem Rechtsfrieden für die Allgemeinheit gelöst werden.

Als Erstes schickte der Verteidiger alle Unterlagen, die ich zu Amelies Seelenleben zusammengetragen hatte, an eine psychiatrische Sachverständige und bat sie um eine Stellungnahme. Er wandte sich an Dr. Marianne Röhl, eine erfahrene Klinikärztin, die als forensische Gutachterin häufig im Auftrag von Gerichten und Staatsanwaltschaften mit der psychiatrischen Begutachtung von Beschuldigten beauftragt wird. Zwar konnte Marianne Röhl Amelie nicht selbst explorieren – dass diese einem vom Verteidiger ausgewählten Sachverständigen Rede und Antwort stehen würde, war nicht zu erwarten –, aber es gab ja zahlreiche an Einzelheiten reiche fachärztliche Dokumentationen von Amelies Verhalten und Befindlichkeit, es gab Langzeitbeobachtungen dieser Patientin, Angaben über ihre Medikation und – es gab das Urteil gegen Bernhard M., in dem die Kranke und die mit ihr beruflich befassten Menschen ausführlich zu Wort kommen.

Am 20. April 2002 schloss die Sachverständige ihre »Fachpsychiatrische Stellungnahme betreffend die Strafsache gegen Herrn Bernhard M.« ab und übersandte sie dem Verteidiger. Darin stellt sie zunächst fest, dass sich die diagnostischen Einschätzungen bezüglich Amelie S. im Laufe der Behandlungen durch mehrere Kliniken zwischen den Jahren 1994 und 1997

»drastisch verändert« hätten und die Borderline-Störung zunehmend in den Vordergrund getreten sei. Sie schreibt:

Es handelt sich bei der Borderline-Störung nicht um eine Erkrankung, die gelegentlich auftritt. Es ist eine anhaltende Störung. Es ist also nicht vorstellbar, dass in dem Jahr 1994/95, als Frau S. in der Kinder- und Jugendpsychiatrie des Krankenhauses ihres Heimatortes behandelt wurde, die bei ihr zugrunde liegende Borderline-Störung noch nicht zu diagnostizieren gewesen wäre.

Vor diesem Hintergrund sei es »gänzlich unverständlich, dass einer Patientin, die wiederholt schwere depressive Verstimmungszustände mit suizidalen Tendenzen aufweist«, in einem Gerichtsurteil bescheinigt wird, sie habe »keinen psychopathologischen Befund«. Kaum vermittelbar sei außerdem, dass man eine Patientin ohne schwerwiegende psychiatrische Diagnose über ein Jahr stationär in Kliniken behandelt habe.

Fast alle Merkmale der Borderline-Störung, die in den international gebräuchlichen Krankheitsklassifikationen ICD-10 und DSM IV aufgeführt sind (wie die pathologische Angst, verlassen zu werden, Identitätsstörungen, Substanzmissbrauch, Fressanfälle, suizidale Handlungen, selbstverletzendes Verhalten, affektive Instabilität, chronische Gefühle von Leere und dissoziative Zustände, also eine Art geistiges Weggetretensein), hat die Sachverständige Dr. Röhl in den Unterlagen die Patientin Amelie betreffend gefunden.

Amelies Psychiater hätten den Fehler gemacht, die »sehr umfassenden Auffälligkeiten« der Patientin allein auf eine von ihnen vermutete sexuelle Traumatisierung zurückzuführen. Nach allgemeinem Fachwissen entstehe die Borderline-Störung aber durch schwerwiegende Irritationen im ersten und zweiten Lebensjahr eines Kindes. In dieser frühen Phase sei der Keim der Krankheit zu suchen. Vernachlässigung, Trennung, der Verlust wichtiger Bezugspersonen oder gestörte, gewalttätige oder hochpathologische Familienverhältnisse seien als auslösende Faktoren anzusehen.

Dass Amelie in einem problematischen Milieu aufgewachsen ist, in der Rohheit und Alkoholabusus an der Tagesordnung waren, habe ich im Kapitel *Vater und Tochter* bereits berichtet. Trotzdem muss ich an dieser Stelle das Gutachten der Sachverständigen Röhl unterbrechen und noch einmal auf Amelies Vergangenheit zurückkommen – auf ihre allerersten Lebensjahre nämlich. Amelie war nicht in jener norddeutschen Stadt geboren worden, in der sich die hier aufgeschriebene Geschichte zutrug. Sie war als Kind zugezogen, und Edeltraud, die Frau von Adolf S., an der sie so hing und zu der sie »Mama« sagte, ist auch nicht Amelies leibliche Mutter, sondern ihre Stiefmutter.

Die Katastrophe war hereingebrochen, als Amelie im Kleinkindalter war. Adolf S. hat mir bei meinem Besuch im Gefängnis ausführlich geschildert, wie er seine erste Frau Eleonore verloren hatte. Sie war die leibliche Mutter der Kinder Sophia und Amelie, zum Zeitpunkt ihres Todes vier und anderthalb Jahre alt. Die Familie lebte damals in R., als die Frau wenige Tage nach ihrem sechsundzwanzigsten Geburtstag schwer erkankte. Sie bekam hohes Fieber und litt brennenden Durst. »Vier Tage und Nächte lag sie auf dem Sofa und wollte nur trinken«, erzählte mir S. Bleierne Müdigkeit habe die Kranke umfangen gehalten, und er habe ihr unentwegt Flüssigkeit bringen müssen, »erst in Gläsern, dann in Flaschen, zuletzt in Kisten«. Sie trank, ging zur Toilette und trank. Das Wasser schien förmlich durch sie hindurchzulaufen. Dann habe er ihr Speiseeis gekauft gegen die unerträgliche Hitze im Hals. »Sie verschlang es kiloweise«, erinnerte sich Adolf S. »Warum haben Sie denn keinen Arzt gerufen?«, fragte ich ihn. »Das hört sich doch bedrohlich an.« − »Unser Hausarzt war mehrfach da«, erwidert S. »Er sagte, meine Frau habe die Grippe. Deshalb sei sie so durstig.«

In der vierten Nacht, er selbst sei gerade am Esstisch sitzend eingenickt, habe ihn ein dumpfes Geräusch aus dem Schlaf gerissen. Eleonore war auf der Toilette zusammengebrochen und ins Koma gefallen. Jetzt rief der Hausarzt endlich den Rettungswagen, doch Amelies Mutter war nicht mehr zu retten. Sie starb wenige Stunden später auf der Intensivstation an einem Zuckerschock. Sie hatte an einem schweren *Diabetes insipidus* gelitten, den der Hausarzt nicht erkannt hatte. Und die noch nicht zweijährige Amelie, berichtete mir Adolf S., sei die ganze Zeit über dabei gewesen, als die Mutter auf dem Sofa starb.

Welche Szenen mögen sich damals in der Familie abgespielt haben? Welche Ängste mag die kleine Amelie in jenen Tagen ausgestanden haben? Welche Vorwürfe mag Adolf S. sich nach dem Tod der Frau gemacht haben? Viele Jahre später schreibt er seiner Tochter Amelie in einem aufschlussreichen Brief aus dem Gefängnis in die Psychiatrie:

Als ich am 28. Februar 1978 Deine leibliche Mutter verloren habe, da bin ich auch mitgestorben. Ich habe noch am selben Abend versucht, meiner Frau mit Tabletten hinterherzugehen, und dass ich heute noch lebe, habe ich meiner Mutter und meiner Cousine zu verdanken. Ich hatte an diesem Dienstagabend nicht mehr den Mut weiterzuleben, und als ich am anderen Tag zu mir kam, stand meine Mutter neben dem Bett und hatte Dich auf dem Arm. Und Du lachtest mich so lieb an, ich werde dieses Lächeln mein ganzes Leben nicht vergessen. Und Sophia stand neben dem Bett und hielt mir ganz fest die Hand, ich dachte, sie wollte sie zerdrücken. Ich habe mich in diesem Moment vor

Euch dreien geschämt, so dass ich meine Tränen nicht zurück-
halten konnte, und in diesem Augenblick habe ich erkannt, was
ich getan hatte und dass ich mich aus der Verantwortung Euch
gegenüber wegschleichen wollte. Und, mein Kind, wir haben nie
darüber geredet, was ich auch nicht konnte, aber ich weiß heute,
dass ich es jetzt schon über siebzehn Jahre mit mir rumgeschleppt
habe und endlich los bin. Ich habe aber mein Leben und das mei-
ner Familie damit zerstört. Ich konnte mit keinem darüber re-
den und hatte ständig das schlechte Gewissen, was mich fast ver-
rückt gemacht hat. Und möchtest Du Dein weiteres Leben auch
mit so einer Belastung führen?

Warum drückt Adolf S. das Gewissen? Weil er sich das Leben nehmen und »davonschleichen« wollte? Weil er den Ernst
der Lage seiner Frau verkannt und sie nicht in die Klinik geschafft hatte? Weil er sich nicht entschieden genug für die
Kranke eingesetzt hatte? Seine Schwiegermutter soll ihn später beschuldigt haben, am Tod ihrer Tochter Eleonore schuld
zu sein. Auch mir gegenüber äußerte sie sich in einem Telefonat hasserfüllt über ihren ehemaligen Schwiegersohn Adolf.
Was davon hat Amelie – so klein sie war – mitbekommen? Wie
viel von diesen Vorwürfen hat sie verinnerlicht?

Und noch eine weitere Frage drängt sich auf: Auf welchem
Weg mag Amelie erfahren haben, dass Edeltraud S., in deren
Obhut sie groß wurde, gar nicht ihre leibliche Mutter war?
Adolf S. hat darauf keine Antwort: »Gesagt hat es ihr nie-
mand.« Man wollte sie erst erwachsen werden lassen, bevor
man sie in die Wahrheit einweihte. Sie sollte Edeltraud für
ihre echte Mutter halten. »Doch als sie groß war«, sagte Adolf
S. zu mir, »wusste sie es plötzlich.« Woher, wisse er nicht.

Nach dem Gutachten der forensischen Psychiaterin Dr. Röhl
führt »ein multifaktorielles Geschehen« zu einer Persönlich-

keitsstörung vom Borderline-Typus. Neben einer genetischen Disposition spielten schwere Traumatisierungen in der Kindheit eine wichtige Rolle. Dass Amelie ein schwer traumatisiertes Kind war, meint auch die Sachverständige: Nach dem frühen Verlust der Mutter …

… folgt eine notdürftige Versorgung durch den Vater oder fremde Personen, danach kommt es zur Betreuung durch die Stiefmutter. Sie hat weiterhin mehrfache Prügelszenen mit dem Vater durchleiden müssen. Es gibt keinerlei Gründe, davon auszugehen, dass sie nicht unter diesen schweren Entgleisungen des Vaters und seinen hoch aggressiven Impulsdurchbrüchen gelitten hat und sich machtlos und hilflos erlebt hat.

Zwar gelte auch sexueller Missbrauch als Auslöser der Borderline-Erkrankung, fährt die Sachverständige fort. »Der Anteil von Patientinnen, die *angeben*, sexuell missbraucht worden zu sein, ist gegenüber einem vergleichbaren Patientenkollektiv mit anderen Erkrankungen hoch, weshalb diese Traumatisierung oder deren Behauptung eine wichtige Rolle spielen dürfte.« Jedoch sei es nicht vertretbar, von der Borderline-Störung auf das Vorliegen einer sexuellen Traumatisierung zu schließen. Immerhin gäben vierzig Prozent der Patientinnen an, *nicht* missbraucht worden zu sein.

Borderline-Patienten hätten erfahrungsgemäß häufig Schwierigkeiten, zwischen inneren Bildern und äußeren Gegebenheiten – also der Realität – zu unterscheiden, was sich natürlich auf die Validität ihrer Zeugenaussagen auswirke. Phantasiertes, Gewünschtes, Befürchtetes würden so geschildert, als sei es geschehen. So habe sich Amelie laut Akten vielfach durch den »grinsenden« und »bohrenden« Blick ihres Onkels Bernhard verfolgt gefühlt.

Typisch für solche Patienten sei auch deren »außerordentlich manipulatives« Verhalten, schreibt Dr. Röhl. Auch das

Vortäuschen von Straftaten mit Hilfe von Selbstverletzungen gehöre zu ihrem Repertoire. Borderliner neigten dazu, »Personen ihrer Umgebung zu instrumentalisieren und für eigene Zwecke einzusetzen«. Sie tendierten zu dramatischen Inszenierungen, um ihre innere Situation darzustellen und erträglich zu machen. Dieses Verhalten diene dazu, eigener Ängste Herr zu werden.

Borderline-Patienten erleben nicht intrapsychisch, sondern machen ihren inneren Druck, ihre Anspannung im Außenbereich (im Team oder im sozialen Raum) erlebbar. Sie handeln hochdramatisch, um Entspannung zu finden. Sie erzählen unter Umständen jedem Teammitglied eine andere »Geschichte«. Sie »lügen«, sie sind suggestibel.

Amelie sei in allen fachlichen Stellungnahmen immer als Opfer dargestellt worden, das unter den Folgen einer angenommenen Traumatisierung zu leiden habe. Das ärztliche Personal, das ja später in der Zeugenrolle vor Gericht auftrat, sei bei der Wahrnehmung dieser Patientin stets »auf Missbrauch fixiert« und deshalb völlig ungeeignet gewesen, sachverständige Aussagen zu machen.

Für die Gutachterin Marianne Röhl ist es unerlässlich, dass der Sachverständige den Abstand zum Probanden einhält und seine eigene Rolle niemals vergisst. Zwischen der Aufgabe des behandelnden Psychiaters und der des Sachverständigen bestehe nämlich ein wesentlicher Unterschied: Während der behandelnde Arzt sich einfühlsam und durchaus auch parteilich dem Patienten zuwende, der von ihm geschützt und aufgefangen werden wolle, habe der Sachverständige unabhängig und objektiv, und nur seiner wissenschaftlichen Erfahrung verpflichtet, Distanz zum Probanden zu halten.

Um Amelie aber habe sich im Krankenhaus ein Team von Menschen gebildet, die sich nicht nur als Therapeuten verstanden und die Genesung des Mädchens im Blick gehabt hätten, sondern in ihrer Parteilichkeit so weit gegangen seien, auch in die Rolle von Ermittlern zu schlüpfen, was bis zur Anfertigung »beweiserheblicher Fotografien« durch das Klinikpersonal geführt habe.

Am Ende ihres Gutachtens kommt die Sachverständige Dr. Röhl zu dem Fazit, dass die Patientin Amelie in den Akten der verschiedenen Prozesse als »geradezu klassische Borderline-Patientin« beschrieben wird, und hält deren Begutachtung durch einen unabhängigen forensischen Psychiater für unumgänglich.

Jahre später – das Wiederaufnahmegesuch von Bernhard M. war inzwischen längst zugelassen und für begründet erklärt worden – habe ich Marianne Röhl, eine sachliche Ärztin Ende fünfzig, an ihrer Arbeitsstelle im Hamburger Klinikum Nord/ Ochsenzoll aufgesucht, um mir über das Phänomen Amelie Klarheit zu verschaffen. In den neunziger Jahren seien auch in Ochsenzoll plötzlich »extrem viele Frauen« aufgetaucht, die angegeben hätten, missbraucht worden zu sein, erzählte sie mir. Natürlich habe es diesen Vorwurf – berechtigt oder unberechtigt – vorher auch schon gegeben, in jener Zeit habe sich die Missbrauchsbehauptung auf den Stationen jedoch zu einer Massenerscheinung entwickelt. »Das Thema Missbrauch war *en vogue,* und manche Patientin erlebte: Mit so einer Geschichte bin ich interessant«, sagte die Psychiaterin. Es komme vor, dass Patienten behaupteten, Stimmen zu hören oder Gespenster zu sehen, damit die Ärzte ihnen bei der Visite länger zuhörten. Andere probierten es eben mit dem Missbrauch. »Man kann krankhafte Symptome durch Zuwendung erheblich verstärken. Eine Frau, die auf die psychiatrische Station kommt, gilt schnell als Vergewaltigte oder Missbrauchte«, räumte Dr. Röhl ein, da werde oft nicht lange nachgefragt. »Ärzte sind häufig blind und taub für die Frage, ob auch alles stimmt, was der Patient erzählt und was über ihn kursiert.«

Auch im psychiatrischen Standardwerk *Handbuch der Borderline-Störungen* (Verlag Schattauer, Stuttgart/New York 2000) wird diese Problematik angesprochen. Dort steht auf Seite 237:

Sexueller Missbrauch wurde für alles und jedes als Erklärungsschablone herangezogen, und es wurde mit Schlussbildungen gearbeitet, die sich schon während der Inquisition bewährt hatten: Gab jemand seine Täterschaft zu, war er überführt – leugnete er, war er ein besonders hartnäckiger Schuldiger und musste erst recht hart bestraft werden. Diese Problematik erfasste auch Großbritannien. In Deutschland warfen Prozesse in Münster (»Montessori«) und Mainz viele gesellschaftspolitische, juristische und wissenschaftliche Fragen auf.

Umso verantwortungsvoller hätte sich das Fachpersonal der Kinder- und Jugendpsychiatrischen Stationen, auf denen Amelie behandelt wurde, verhalten sollen. Die Ärzte und Psychologen hätten – auch um der Patientin willen – das Gegenteil von dem tun sollen, was sie schließlich taten. Sie hätten sich allein um das verstörte Mädchen bemühen und völlig davon absehen müssen, sich an den Ermittlungen gegen die vermeintlichen Täter zu beteiligen. Sie hätten Polizei, Staatsanwaltschaft und Gerichtsgutachtern die Wahrheitsfindung überlassen und sich ganz auf ihre ärztlichen und pflegerischen Pflichten beschränken müssen. Peter Riedesser, Direktor der Klinik für Psychiatrie und Psychotherapie des Kindes- und Jugendalters am Universitätsklinikum Eppendorf, und sein Oberarzt Georg Romer fordern in einem gemeinsamen Beitrag zum Thema »Beziehungstrauma und Bewältigung bei sexuellem Kindesmissbrauch«, dass für Psychiater und Psychologen jede Form von Ermittlung oder Begutachtung in einer therapeutischen Beziehung obsolet sein müsse. Sie schreiben:

Dies ist keineswegs für alle mit sexuellem Missbrauch befassten Institutionen selbstverständlich. Es kommt immer wieder vor, dass behandelnde Therapeuten vom Gericht als Gutachter oder sachverständige Zeugen bestellt werden, was gegebenenfalls unter Aufbietung unverrückbarer professioneller Standards abgewehrt werden muss. In Fällen von nichtgesichertem Missbrauchsverdacht oder wenn die Möglichkeit bedacht werden muss, dass es sich bei entsprechenden Angaben eines Kindes um fantasieüberlagerte oder durch Dritte manipulierte Schilderungen von real nicht stattgefundenen sexuellen Übergriffen handelt, zeichnet sich eine therapeutische Haltung durch den Verzicht auf jeden Versuch kriminalistischer Aufklärung aus. Konkret bedeutet dies, dass ein Therapeut sich allein für die so oder so bestehende massive seelische Not eines Kindes zuständig fühlt. Die Empathie mit dem inneren Erleben des Kindes sollte diesem jederzeit ermöglichen, im Verlauf einer Therapie von einer bisherigen Schilderung abzuweichen, ohne dass die Beziehung zum Therapeuten oder die Legitimation der therapeutischen Zuwendung dadurch in Frage gestellt wird.

Und eine Seite weiter heißt es, diese professionelle Abstinenz bedeute auch …

… dass die Therapeuten eigene emotionale Bedürfnisse, die sie als fühlende Menschen selbstverständlich haben, so aus der therapeutischen Beziehung heraushalten, dass sie nicht das Geschehen bestimmen. Auch wenn sie zum Beispiel ein Bedürfnis nach Genugtuung durch Strafverfolgung des Täters fühlen, muss dennoch allein das, was dem betroffenen Kind oder Jugendlichen in seiner Bewältigung der Situation nützt, für die Ausgestaltung einer angemessenen Intervention wegweisend sein.

Welche *Motive* könnte Amelie gehabt haben, ihren Onkel falsch zu beschuldigen?

Nach Meinung der Sachverständigen Röhl kamen eine ganze Reihe von Motiven in Betracht: So könnte sich Amelie dadurch bedroht gefühlt haben, dass der Onkel ihr die Vergewaltigungsgeschichte über ihren Vater nicht abnahm.

Bei ihrer Vernehmung durch das Wiederaufnahmegericht im Jahre 2005 wird Amelie auf die entsprechende Frage des Verteidigers einräumen, sie habe damals erfahren, dass Onkel Bernhard mit ihrer schriftlichen Bezichtigung des Vaters »überall hingelaufen« sei, sogar zum Hausarzt und zum Pfarrer. Jeden habe er gefragt, ob man dem Brief trauen könne, und auf diese Weise erfahren wollen, ob man sie allgemein für eine verlässliche Zeugin halte. Und in einem Brief, den Bernhard M. im August 1996 aus dem Gefängnis an die damalige niedersächsische Justizministerin schreibt, heißt es: »Ich glaubte ihr die Taten ihres Vaters nicht! Deshalb hat sie mich angezeigt!«

Ein weiteres mögliches Motiv sah Dr. Röhl in der übersteigerten Anhänglichkeit der Patientin gegenüber dem Personal ihrer psychiatrischen Station. So könnte sich das Mädchen unter Druck gefühlt haben, ihre Beschuldigungen auszudehnen und immer weitere Vorwürfe zu erheben, weil sie fürchtete, andernfalls das warme Nest der Psychiatrie verlassen zu müssen. Damit wäre exakt jene Situation eingetreten, vor der die Hamburger Kinderpsychiater Riedesser und Romer warnen.

Am 2. Mai 2002, einem Donnerstag, ging beim Landgericht Osnabrück ein fast dreihundert Seiten starkes Wiederaufnahmegesuch des Verteidigers Johann Schwenn ein. Darin griff er die Verurteilung von Bernhard M. durch die Dritte Große

Strafkammer in sieben Punkten an. Folgende »neue Tatsachen und Beweismittel« machte er unter anderem geltend:

- Den Osnabrücker Richtern sei die *Borderline-Erkrankung* der Nebenklägerin Amelie nicht bekannt gewesen, sie hätten angenommen, eine psychisch gesunde Belastungszeugin vor sich zu haben.
- Die Richter hätten auch nicht gewusst, dass Amelie heimlich die Blutgerinnungshemmer *Marcumar* und Aspirin eingenommen habe, um die Hämatome eindrucksvoller aussehen zu lassen.
- Die engen räumlichen Verhältnisse im *Toyota* seien mit dem beschriebenen Vergewaltigungsvorgang in dem Fahrzeug nicht vereinbar.
- Anders als im Urteil behauptet, habe Amelie ihre *Falschaussage* mitnichten »aus freien Stücken« modifiziert.
- Nicht gesehen hätte das Landgericht Osnabrück außerdem, dass die Belastungszeugin ihre Aussage mit der ihrer Vertrauten, der Krankenschwester Frauke, *abgesprochen* habe.
- Und von den *Potenzstörungen* des Angeklagten Bernhard M. hätten die Richter auch nichts gewusst.

Am Gewicht all dieser »neuen Tatsachen und Beweismittel« änderte es nichts, dass die meisten von ihnen nicht in Wirklichkeit, sondern nur im Rechtssinne – also gemessen an den Feststellungen im Urteil – neu waren: Freilich war den Osnabrücker Berufsrichtern bewusst, dass Amelie sich mit Frauke abgesprochen hatte, es stand ja unübersehbar in den Akten. Hatten sie die mit der gebotenen Aufmerksamkeit gelesen, so wussten sie auch, dass Amelie ihre Aussage keineswegs »von sich aus«, sondern allein auf äußeren Druck geändert hatte.

Auch das ergab sich aus den Strafprozessakten, durch deren Lektüre ich ja selbst darauf gestoßen war.

Dass in dem zweitürigen Toyota-Kleinwagen keine Vergewaltigung stattgefunden haben konnte, hatten in der *ersten, abgebrochenen* Hauptverhandlung gegen M. der Vorsitzende und ein weiterer Berufsrichter mit eigenen Augen gesehen. Die damals gewonnenen Erkenntnisse kamen im Urteil dann aber nicht mehr vor. In einem Strafurteil darf nämlich nur verwertet werden, was das Gericht in der unmittelbar voraufgegangenen Hauptverhandlung gehört oder gesehen hat. Und auf einen zweiten Toyota-Termin hatte das Gericht ja verzichtet.

Mühelos hätten die Osnabrücker Richter sich die jetzt vorgebrachten »neuen Tatsachen« verschaffen können. Hätten sie die Akten sorgfältiger gelesen und Amelie – wie es geboten gewesen wäre – durch einen psychiatrischen Sachverständigen untersuchen lassen, so hätten sie auch von der Krankheit des Mädchens erfahren. Vielleicht hätten sie sogar von M.s Impotenz Kenntnis erhalten, wenn sie Klara nur zugehört hätten. Dann wären sie womöglich auf den Gedanken gekommen, eine Sexualanamnese des Angeklagten vornehmen zu lassen.

Ein Artikel und seine Folgen

An jenem 2. Mai 2002, an dem das Wiederaufnahmegesuch beim Landgericht Osnabrück einging, erschien unter der Überschrift »Unrecht im Namen des Volkes« mein vierseitiges Dossier in der ZEIT. Darin breitete ich alle bisher gewonnenen Erkenntnisse aus und behauptete – ohne meine Ausführungen mit einem »Vielleicht« oder einem sonst presseüblichen Fragezeichen zu versehen –, dass am Landgericht Osnabrück nacheinander zwei Justizirrtümer begangen worden seien. Der Schluss des Dossiers lautete:

Die Geschichte der Amelie, ihres Vaters und ihres Onkels ist nicht nur die Chronik eines Justizirrtums, sie zeigt auch, in welchem Rechtssystem wir leben. Denn die Strafjustiz soll der Wahrheit verpflichtet sein und gebrochenes Recht wiederherstellen. Dieser Anspruch gründet sich auf das Vertrauen in die Akribie der Polizei und die Verlässlichkeit der Staatsanwaltschaft, auf die Erfahrung von Sachverständigen, auf den Mut und die Hartnäckigkeit der Verteidiger, auf die professionelle Leidenschaft der Richter, alles Erfahrbare zu erfahren, auf die Unbestechlichkeit und die Weisheit ihres Urteils. »Im Namen des Volkes« wird geurteilt, aber die Idee des Volkes vom Recht und sein Glauben an Gerechtigkeit beruhen letztlich auf den Tugenden all jener Menschen, die das Recht verkörpern. Einfalt, Nachlässigkeit, Feigheit, Ignoranz, Selbstherrlichkeit und sozialer Ekel sind dabei nicht vorgesehen. Treten sie aber auf, setzen sie den Mechanismus der Wahrheitsfindung außer Kraft.

Nicht anders als sonst hatte ich zuvor versucht, mit allen Personen, die zu diesem doppelten Justizirrtum beigetragen hatten, zu sprechen. Der Vorsitzende Richter der betroffenen Kammer, er war im Jahr zuvor in den Ruhestand getreten, wies darauf hin, das niedersächsische Pressegesetz verbiete es Justizangehörigen, sich zu alten Fällen zu äußern. Ich möge mich mit Fragen an die Pressestelle wenden.

Die Glaubwürdigkeitsgutachterin, die Amelies Wahrheitsliebe in zwei emotional aufgeladenen Gutachten gepriesen hatte, wollte ihren Expertisen nichts hinzufügen.

Und die beiden behandelnden Psychiater, die das Gericht von der geistigen Gesundheit der Zeugin überzeugt hatten, beriefen sich auf ihre ärztliche Schweigepflicht.

Auch im Wohnheim von Amelie rief ich an und geriet an

eine Betreuerin. Ich teilte ihr mit, dass ich an Amelies Geschichte recherchiere, und bat sie, der Patientin meinen Wunsch nach einem Interview auszurichten. Das versprach die Frau. Ebenso sagte sie zu, mich sogleich von der Entscheidung ihres Schützlings zu unterrichten. Auf diesen Anruf wartete ich vergeblich. Ich hörte nie wieder von der Frau. Alle meine weiteren Versuche, zu Amelie durchzudringen, endeten bei einem Anrufbeantworter.

Nach dem Artikel kam haufenweise Post – viele Briefe von feministisch engagierten Frauen, die mir vorwarfen, durch die Veröffentlichung der Fälle des Adolf S. und des Bernhard M. das tatsächliche Problem, nämlich die enorme Dunkelziffer bei sexuellem Missbrauch und Vergewaltigung in der Familie, zu verschleiern. Die Quelle ihrer Dunkelzifferzahlen teilte allerdings keine der Schreiberinnen mit. Manche von ihnen äußerten sich trotz einer frauenrechtlerischen Grundhaltung nachdenklich und vom Schicksal der Verurteilten berührt. Andere vertraten offen die Meinung, im Kampf um gerechtere Machtverhältnisse zwischen den Geschlechtern kämen Kollateralschäden eben vor. Vier ZEIT-Seiten mit Männerschicksalen zu füllen, hielten sie für Platzverschwendung.

Die Absenderin eines handschriftlichen Leserbriefes, der die ZEIT am 25. Mai 2002 erreichte, schien zu dieser Gruppe der Empörten zu gehören. Der Brief begann:

Sehr geehrte Damen und Herren,

ich habe Ihren Artikel gelesen und war schon ziemlich entrüstet! Erst einmal haben Sie mit Sicherheit vielen Frauen den Mut zu einer Anzeige genommen …

… und beim Weiterlesen wurde klar, wer diesen Leserbrief geschrieben hatte …

… als zweites haben Sie meinen Vater und meinen Onkel als die totalen Opfer hingestellt und in kurzen, wie mir scheint In-

terviews, das ganze Leben und deren Lebenseinstellung darge-
stellt. Zu guter Letzt haben Sie mich überhaupt nicht mal in-
terviewt, nur die eine Seite gesehen, nur weil Sie eine gute Story
haben wollten. Sind Sie sich als sehr große Zeitung dafür nicht
zu schade?

Mein Vater und mein Onkel sind bestimmt nicht unschuldig
und für so lange Zeit ins Gefängnis gekommen. Wenn Sie mich
wirklich hätten interviewen wollen, hätten Sie es bestimmt ge-
schafft. Ich lebe schließlich nicht auf dem Mond. Aber das war
Ihnen anscheinend unwichtig. In Zukunft wünsche ich auch ge-
hört zu werden und nicht nur die eine Seite!

Mit freundlichem Gruß
Amelie

Am Anfang des Briefes steht die politisch korrekte Phrase,
kritische Berichterstattung über unglaubhafte Aussagen von
Frauen schrecke Missbrauchs- und Vergewaltigungsopfer von
der Strafanzeige ab. Dabei zeigt gerade ihr eigenes Schicksal,
wie entschlossen sich der Staat an die Seite derer stellt, die
angeben, Opfer eines Sexualdelikts geworden zu sein. Dann
schiebt sie eine weitere falsche Behauptung nach und stellt
sich selbst abermals als Opfer vor, diesmal der ruchlosen
Presse.

Amelies Anwältin, die zur Verurteilung von Adolf S. und
Bernhard M. nach Kräften beigetragen hatte, ließ – per E-Mail
– ebenfalls von sich hören. Sie schrieb, der Schlag habe sie getroffen, als sie am Wochenende auf dem Sofa liegend das Dossier der ZEIT aufschlug.

Ich habe in diesem Verfahren das Opfer vertreten, und zu-
nächst war mir, als habe ich etwas verpasst. Gab es ein neu-
es Wiederaufnahmeverfahren, von dem ich nichts wusste? Ihre
Feststellungen im Dossier basieren allein auf Ihrem Aktenstudi-

um und Ihren Gesprächen mit den Verurteilten und einigen ihrer Zeugen. Mit anderen Verfahrensbeteiligten haben Sie nicht gesprochen. Warum nicht?

Ihr Fazit, dass alle schweigen, ist unredlich. Denn ein Arzt unterliegt natürlich, wie Sie wissen, der Schweigepflicht. Ein Richter unterliegt bei öffentlichen Äußerungen über ein Verfahren dienstlichen Beschränkungen. Aber wenn man sich an die Richtigen wendet, wird man auch möglicherweise Antworten bekommen. Man muss nur an der richtigen Stelle fragen. Zum Beispiel die Anwältin der Geschädigten, die sicher am ehesten in der Lage ist, eine Schweigepflichtsentbindung zu erwirken. Gleiches gilt für ein Interview mit dem Opfer. Auch hier wäre eine solche Kontaktaufnahme hilfreich gewesen, insbesondere da Sie aus den Akten wussten, dass selbst die Sachverständigen der Verurteilten vor Bekanntgabe des Inhalts ihrer Gutachten an die Geschädigte wegen besonderer Suizidgefahr warnten.

Ich schrieb zurück:

Mein Dossier schildert Tatsachen, die jeder Überprüfung standhalten. Es beruht auch nicht auf Auskünften der Verurteilten oder anderer an deren Schicksal Interessierter, sondern auf meinen Recherchen.

Deren Ergebnisse hat der neue Verteidiger des Bernhard M. in ein neues Wiederaufnahmegesuch umgesetzt. Darin wird das gegen M. ausgesprochene Urteil in sieben Punkten angegriffen, von denen jeder einzelne das Urteil insgesamt zu Fall bringen dürfte. Die jetzt vorgebrachten Wiederaufnahmegründe sind auch nur im Rechtssinne neu. Erkennbar waren sie auch schon zur Zeit der Hauptverhandlungen gegen M. Das sehen Sie offenbar genauso. Wie anders soll ich es verstehen, wenn Sie mir schreiben, meine Feststellungen basierten allein auf meiner Aktenkenntnis?

Gespräche mit Verfahrensbeteiligten konnten an deren teils protokollierten, teils im Urteil wiedergegebenen Zeugenaussa-

gen, ihren Gutachten und Briefen nichts ändern. Und ein Richter muss sich nun einmal daran messen lassen, was in seinem Urteil steht.

Warum, Frau Y, hätte ich mich ausgerechnet an Sie wenden sollen? Ihre Rolle an der Seite der Nebenklägerin hindert Sie doch gerade, zur Wahrheitsfindung beizutragen. Ihre Mandantin habe ich allerdings zu kontaktieren versucht. Als klar war, dass sie nicht mit mir sprechen wollte – sie hat übrigens auch im Zivilprozess das Zeugnis verweigert –, habe ich ihre Betreuer gebeten, sich nach dem Erscheinen der ZEIT um sie zu kümmern. Ob das allerdings nötig war, muss ich nachträglich bezweifeln. Amelie S. hat nämlich vor einigen Tagen bei meiner Sekretärin angerufen und mir ausrichten lassen, sie fände den Artikel »superblöd«. Diese Reaktion finde ich wiederum aufschlussreich.

Über ein Jahr später ließ sich anlässlich eines weiteren ähnlichen Beitrags, den ich in der ZEIT veröffentlicht hatte, noch jemand aus dem Umfeld des Mädchens vernehmen. Es war eine Sozialarbeiterin, von der ich einen vorwurfsvollen Brief erhielt. Zwar wollte die Absenderin nicht verraten, wo sie beschäftigt war, gleichwohl aber nahm sie für sich in Anspruch, den Fall Amelie »ganz genau. Zu genau« zu kennen. Die Frau schrieb:

Und niemand ist hier froh, dass die beiden Männer rehabilitiert werden. Weil der Vater amtlich und stadtbekannt seine Familie gequält, gedemütigt, misshandelt hat, psychisch und vor allem physisch. Und der andere, der hat nichts dagegen unternommen, sondern seine emotionale Zuwendung bei dem geschundenen Mädchen geholt, anstatt dem Jugendamt zu helfen, der Frau und den Kindern zu einem menschenwürdigen Leben zu verhelfen. Dazu war er zu feige und zu schwach. Und all die anderen, die zugesehen haben, wie Menschen zugrunde gerichtet wurden, aber nichts getan haben, die werden auch jetzt nichts sagen. Und die, die sich bemüht haben, der Gerechtigkeit ihren Platz zu geben, die waren mit den Aussagen der jungen Frau bereits in einer Sackgasse gelandet.

Wie oft passiert das: Eine Kleinstadt, ein Dorf, ein Stadtteil wissen, was in bestimmten Familien abläuft, aber niemand tut was, Schweigen! Und wenn etwas in Bewegung gerät, dann ist nie vorher zu sagen, wo das endet. Und so strampeln sich Sozialarbeiter, ambulante Familiendienste und Beratungsstellen, psychiatrische Einrichtungen ab, die Schäden zu begrenzen. Wir Sozialarbeiter sind dabei oft nur noch die Müllabfuhr dieser Gesellschaft. Und wie häufig dabei Eltern ihre Kinder verstoßen, ja, davon machen Sie sich schon gar kein Bild. Sie sitzen da in Gerichtssälen und sehen die schluchzenden Schuldig-Unschuldigen und machen sich ihre eigene Gerechtigkeit ... Und indem Sie einzelne zwiespältige Fälle und damit Menschen an den Pranger der Republik stellen, dabei nebenbei noch ganze Berufsstände diskreditieren, leisten Sie der Ungerechtigkeit noch Vorschub.

Ich antwortete der Frau:

Sie deuten einigermaßen unverblümt an, es sei doch letztlich gleichgültig, ob die beiden Männer aus Ihrer Stadt zu Unrecht verurteilt seien. Irgendetwas Verachtenswertes hätten doch beide getan: der Vater seine Tochter geprügelt und der Onkel nicht geholfen.

Von einer Behördenangehörigen sollte man schon etwas mehr Rechtstreue erwarten. Wegen Vergewaltigung darf nur verurteilt werden, wer sie auch begangen hat. Wenn Sie meinen Bericht aufmerksam gelesen haben, dann müssen Sie wissen, dass ich mich gerade nicht zum Anwalt des Vaters gemacht habe. Dessen Gewalttätigkeit steht am Anfang der Geschichte.

Mich wundert aber, dass Sie den Onkel für dessen vermeintliche Untätigkeit einstehen lassen wollen; wann immer er dem

Vater in den Arm fallen konnte, hat er das getan. Untätig waren allerdings die Behörden, die über die Verhältnisse sehr wohl im Bilde waren und nicht eingeschritten sind. Dass die Aufdeckung solcher Zusammenhänge keinem gefallen kann, der selbst dazu beigetragen hat, überrascht mich nicht.

Ich habe in meinem Dossier keine »Berufsstände diskreditiert«, sondern einzelne Menschen angegriffen, die ihre Sache schlecht machen. Auch das ist die Aufgabe der Presse. Die Berufsstände werden diskreditiert von jenen Mitarbeitern, die verantwortungslos handeln oder von ihrer Arbeit nichts verstehen.

Und was Sie zu meinem Berufsleben als Gerichtsreporterin schreiben, ist von jeder Realität weit entfernt. Weder sitze ich in Gerichtssälen herum, noch glaube ich jedem, der heult. Wer heult, kann natürlich schuldig sein, aber eben auch unschuldig. Heulen oder nicht – das spielt bei der Wahrheitsfindung keine Rolle.

Post von Männern kam auch: massenweise von solchen, die durch Beschuldigungen einer Frau ins Visier der Behörden geraten sein wollten. Die meisten versuchten, eine Anschlussrecherche in ihrer eigenen Sache anzuregen. Ich musste mehrere Ordner mit der Aufschrift »Hilferufe« anlegen. Manchen Fällen ging ich nach, aus vereinzelten wurden weitere Beiträge in der ZEIT; andere stellten sich als falsche Fährten heraus, bei denen klar war, dass mich hier ein überführter Sexualstraftäter für seine Zwecke einzuspannen suchte.

Auch ein Vorsitzender Richter schrieb. Sein Brief kam nicht aus Osnabrück, aber aus einer nicht allzu weit entfernten Stadt. Darin ist die Stimmung spürbar, die der Beitrag »Unrecht im Namen des Volkes« offenbar in der Richterschaft dieser Region ausgelöst hatte:

Hier ist einer Journalistin (?) ein Forum eröffnet worden, das es ihr erlaubt, ihr Halbwissen in eine perfide Berichterstattung unter völliger Außerachtlassung rechtlicher Grundlagen einzubetten, alle an den betroffenen Strafverfahren Beteiligten bis hin zum Bundesgerichtshof für unfähig zu bezeichnen und schließlich in einem Rundumschlag das Rechtssystem in Zweifel zu ziehen.

Um mit den eigenen Worten der Verfasserin zu sprechen: Einfältiger, nachlässiger und selbstherrlicher kann eine Berichterstattung nicht sein, was sie letztlich ekelerregend macht.

Der Artikel offenbart leider wieder einmal, dass Gerichtsberichterstattung eine besondere, zusätzliche Ausbildung des Journalisten erfordert und bei fehlender Qualifikation zu einem Zerrbild der Erkenntnisgrundlagen im Zeitpunkt der Urteilsfindung, nachträglicher Erkenntnisse und eigener, für das Strafverfahren seinerzeit nicht relevanter Aspekte führen kann. Der Beitrag trieft vor einseitiger Sichtweise und Unkenntnis strafprozessualer Anforderungen. Revisionsrechtliche Kenntnisse haben Sie nie erreicht. So ist der Artikel zu einem schmutzigen Zerrbild Ihrer eigenen Unfähigkeit entartet.

In diesem Ton fuhr der Vorsitzende über die nächsten Seiten fort. Seine Ausführungen liefen darauf hinaus, mir seien heute Fakten bekannt, die dem Osnabrücker Landgericht seinerzeit verborgen gewesen seien, und ich schwinge mich nun im Nachhinein beckmesserisch zum Richter über das Gericht auf. Dass es sich nicht so verhielt, hatte der Leser allerdings schon meinem Dossier entnehmen können. Alle Tatsachen lagen schon 1995 greifbar nahe. Nur deshalb hatte ich sie in den Akten ja entdecken können. Das schrieb ich ihm und fügte hinzu:

Kann ein juristischer Laie wie ich all das erkennen, so drängt sich in der Tat die Frage nach der Qualifikation auf – allerdings nicht nach meiner. Fragwürdig ist die Qualifikation derer, die solche Verfahren und solche Urteile verantworten, und erst recht derer, sehr geehrter Herr, die sie verteidigen und damit das An-

sehen der Justiz zu retten glauben. Würden Sie Verständnis für einen Arzt fordern, der Ihnen aus Inkompetenz bleibende Schäden zugefügt hat? Oder für einen Piloten, der – Menschen machen eben Fehler – ein Verkehrsflugzeug zum Absturz bringt, in dem Sie sitzen? Auch in diesen Fällen geht es doch bloß darum, dass Menschen ihre Arbeit schlecht machen. Der Unterschied ist nur, dass Richter dafür nicht bestraft werden.

Die Wut der niedersächsischen Richter entlud sich auch über dem damaligen Justizminister des Landes, Professor Christian Pfeiffer. Schon am Tag des Erscheinens der ZEIT war er vor die Fernsehkameras getreten, hatte sich dort über den ZEIT-Beitrag moderat geäußert und auf rasche Aufklärung gedrängt. Zu voreiligen Angriffen auf die Wochenzeitung ließ er sich nicht hinreißen. Diese Zurückhaltung entrüstete die Osnabrücker Richterschaft dermaßen, dass Pfeiffer sich gezwungen sah, sich ihnen am Mittag des 13. Mai in einem Gespräch zu stellen. Er wurde von den Richtern heftig attackiert mit dem Vorwurf, er habe sich als Minister nicht entschlossen genug vor die betroffenen Richter gestellt und die Justiz ganz allgemein zu wenig verteidigt. Dass er nicht blind auf die ZEIT losschlug, hat ihm in der Justiz viele Sympathien gekostet.

Inzwischen hatte die Pressestelle des Justizministeriums der Öffentlichkeit signalisiert, dass die Justiz solche Vorwürfe nicht auf sich beruhen lässt, sondern handelt. In einer Pressemitteilung war am Tag nach dem Erscheinen der ZEIT zu lesen: Die Urteile gegen Adolf S. und Bernhard M. seien »seinerzeit durch alle Instanzen bis hin zum Bundesgerichtshof bestätigt worden« und damit »rechtskräftig«, wodurch der falsche Eindruck entstand, es gäbe »bis hin zum Bundesgerichtshof« mehr als eine Instanz. Tatsächlich ist der BGH die einzige Kontrollinstanz für Urteile der Landgerichte. Doch es heißt weiter:

[Wegen des] *gravierenden Vorwurfs und der Komplexität der Sachverhalte wäre der Zusatz eines Fragezeichens zu der Überschrift der Presseveröffentlichung sicherlich geboten gewesen. Aus den gleichen Gründen halten das Niedersächsische Justizministerium und die zuständige Generalstaatsanwaltschaft Oldenburg es jedoch für notwendig, den durch die Strafprozessordnung vorgegebenen Weg zu beschreiten. Heute wurde deshalb der Osnabrücker Staatsanwalt Andreas H. als Sonderdezernent mit der Prüfung der Frage beauftragt, ob die gesetzlich vorgeschriebenen Bedingungen für eine Wiederaufnahme eines oder beider Verfahren von Amts wegen vorliegen. H. war seinerzeit in keiner Weise mit dem Verfahrenskomplex befasst.*

Mit dieser prompten und entschlossenen Reaktion der Justiz hatte ich nicht gerechnet. Die Justizbehörden hatten offenbar die ernste Absicht, die Urteile gegen Bernhard M. und Adolf S. zu prüfen – und wenn sie das wirklich mit der verlautbarten Akribie tun würden, dann *musste* sich ihnen die ganze Fehlerhaftigkeit der Beweiserhebung in Osnabrück erschließen. An diesem Tag glaubte ich fest daran, dass sich alles rasch aufklären und den Verurteilten Gerechtigkeit widerfahren würde.

Hauen und Stechen

Nachdem ihm die Pressemitteilung des Landesministeriums bekannt geworden war, schrieb Rechtsanwalt Schwenn sofort an die Staatsanwaltschaft Osnabrück. Er wollte verhindern, dass eine langwierige Prüfung die Zulassung seines eigenen Wiederaufnahmegesuchs für Bernhard M. verzögerte. Doch da hätte er sich keine Sorgen machen müssen. Der Sonderdezernent in Osnabrück saß zwei Wochen lang auf den Akten und gab sie dann ohne – jedenfalls offiziellen – Kommentar, wie in der Frage einer Wiederaufnahme zu verfahren sei, an einen Kollegen weiter. Das wurde Schwenn, der von der Sache M. nichts mehr hörte und sich deshalb beim Sonderdezernenten persönlich telefonisch nach dem Fortgang der Dinge erkundigte, von diesem mit eisiger Stimme mitgeteilt. Die überraschende Begründung des Sonderdezernenten für den Rückzug aus der Sache M. lautete, er habe mit ihr als Staatsanwalt seinerzeit sehr wohl peripher zu tun gehabt, dies sei ihm aber bei der Übernahme der Sonderdezernenten-Rolle nicht gegenwärtig gewesen.

Der Kollege des Sonderdezernenten war freundlicher am Telefon, beklagte sich aber gleich über den »üblen Artikel« in der ZEIT. Immerhin hielt er sein Versprechen, das Aktenkonvolut des Falles M. rasch an die Staatsanwaltschaft im gut hundert Kilometer entfernten Oldenburg weiterzugeben. Von dort sollten sie dann – das ist Teil des sogenannten Aditionsverfahrens bei der Wiederaufnahme – mit einer befürwortenden oder abschlägigen Stellungnahme des bearbeitenden Staatsanwalts an die zuständige Kammer des Landgerichts Oldenburg weitergereicht werden, wo über die Zulassung entschieden würde.

Als das Wiederaufnahmegesuch einen vollen Monat nach seinem Eingang in Osnabrück am 6. Juni 2002 noch immer nicht bei den Richtern in Oldenburg angekommen war, schrieb der Verteidiger an den dortigen Generalstaatsanwalt. Er beklagte sich über das schleppende Procedere der Wiederaufnahmeprüfung und auch darüber, dass jetzt in Oldenburg eine Staatsanwältin mit der Sache betraut sei, die nur eine halbe Stelle besetze. Er habe nach der Presseerklärung des Ministeriums erwartet, dass »das Gesuch ohne unnötige Verzögerung mit einer befürwortenden Stellungnahme der Staatsanwaltschaft an das Wiederaufnahmegericht gelangen werde«. Doch nichts dergleichen sei geschehen. Deshalb forderte er den Generalstaatsanwalt auf, seine Mitarbeiter anzuschieben:

Bisher scheint der Unmut über eine vermeintlich unsachliche, die Persönlichkeitsrechte der für die Verfahrensgestaltung Verantwortlichen verletzende Berichterstattung der ZEIT und das kollegiale Mitgefühl für diesen Personenkreis deutlich ausgeprägter zu sein als die Bereitschaft, sich das Schicksal des Bernhard M. vor Augen zu führen. Ich wäre Ihnen dankbar, wenn Sie durch eine geeignete Weisung sicherstellen würden, dass sich diese Haltung nicht auf die Bearbeitung auswirken kann.

Der Generalstaatsanwalt antwortete elf Tage später frostig:

Soweit Sie die Sachbearbeitung des Wiederaufnahmeantrages ansprechen, kann ich Ihnen versichern, dass diese mit der gebotenen Gründlichkeit und Beschleunigung erfolgt, um jede unnötige Verzögerung zu vermeiden. Ihr Hinweis, dass die Sonderdezernentin als Teilzeitkraft beschäftigt ist, dürfte insoweit neben der Sache liegen.

Auch Ihr Hinweis auf ein etwaiges »kollegiales Mitgefühl« der Sachbearbeiter bei den Staatsanwaltschaften Osnabrück und Oldenburg, der mit einer andeutungsweisen Unterstellung verbunden ist, entbehrt jeder Grundlage. Sie können davon ausgehen, dass alle Sachbearbeiter, die das Verfahren und den Wiederaufnahmeantrag geprüft haben, die nach menschlichem Ermessen größtmögliche Unvoreingenommenheit haben walten lassen, und zwar gerade angesichts der großen öffentlichen Aufmerksamkeit, die das Verfahren – allerdings nicht durch Zutun der Staatsanwaltschaft – erfahren hat. Einer gesonderten Weisung bedarf es insoweit nicht.

Ich hoffe, damit Ihrem Anliegen wenigstens einigermaßen gerecht geworden zu sein, und würde mir wünschen, dass auch in

Zukunft der Boden der Fairness im Umgang miteinander nicht verlassen wird.

Als Schwenn am 13. Juni 2002 bei der Staatsanwaltschaft Oldenburg anrief, um von der zuständigen Dezernentin mit der halben Stelle zu erfahren, wann denn nun endlich mit ihrer Stellungnahme zum Wiederaufnahmegesuch zu rechnen sei, traf er auf eine Gesprächsteilnehmerin in bester Stimmung. Selbstbewusst teilte sie ihm mit, sie »sitze über der Sache« und werde sie demnächst an das Landgericht Oldenburg weiterreichen – versehen allerdings »mit einer negativen Stellungnahme« der Staatsanwaltschaft. Auf deren Argumente durfte man gespannt sein.

In ihrem vierzehnseitigen Schriftsatz an das Landgericht vom 21. Juni 2002 beantragte die Oldenburger Staatsanwältin dann auch tatsächlich, Bernhard M.s Antrag auf Wiederaufnahme seines Verfahrens als unzulässig zu verwerfen. Sämtliche vorgebrachten Tatsachen seien entweder nicht neu oder für eine Freisprechung nicht geeignet:

Nicht neu sei beispielsweise das Vorbringen, Amelie leide an einer Borderline-Störung. Mit dieser Frage habe das Gericht sich in der Hauptverhandlung ja bereits befasst. Das Gutachten der Psychiaterin Röhl widerlege die These, Amelies Borderline-Störung sei die Folge der an ihr verübten traumatischen Vergewaltigungen, nicht hinreichend. Die behandelnden Ärzte, die eine Borderline-Störung zum Zeitpunkt der Hauptverhandlung bestritten, hätten das Mädchen über lange Zeit vor Augen gehabt. Dr. Röhl dagegen stütze ihr Gutachten lediglich auf Aktenstudium. Und selbst wenn Amelie schon damals eine Borderline-Patientin gewesen sei, heiße das noch lange nicht, dass ihre Beschuldigungen Lügen sein müssten.

In diesem Tenor geht es weiter – kein Argument, das für den Verurteilten spricht, war gut genug für diese Staatsanwältin: Dass Amelie das Medikament Marcumar eingenommen haben könnte, schließe »eine Gewaltanwendung durch den Verurteilten nicht aus«. Die Fotos vom Innenraum des Toyota belegten keineswegs, dass »ein Geschlechtsverkehr in dieser Position unmöglich sein soll«. Dass Amelie während der Ermittlungen ihre Aussagen auf Druck von Tante Freyas Alibi verändern musste, hält die Staatsanwältin für eine reine »Schlussfolgerung«. Auch das Problem der Aussagebeeinflussung durch das Therapiepersonal sei nicht neu, das Landgericht Osnabrück habe sich mit dieser Frage schon beschäftigt, wobei das Personal aus der Kinder- und Jungendpsychiatrie doch ausgesagt habe, Amelie habe die Beschuldigungen »von sich aus« erhoben und sei durch niemanden beeinflusst worden. M.s sexuelle Inappetenz lässt die Staatsanwältin zwar immerhin als neue Tatsache gelten, kann aber nicht nachvollziehen, dass er deshalb keine Vergewaltigungen begangen haben soll. Dass M. an seiner Freundin Klara nicht sexuell interessiert gewesen sei, bedeute noch nicht, dass er generell keine sexuellen Ambitionen habe. Seine Erektionsschwäche schließe die Straftaten »nicht zwingend aus«.

Insgesamt, so beendet die Staatsanwältin ihre Betrachtungen, seien »die jetzt vorgetragenen Thesen« nicht geeignet, tatsächliche Zweifel am Osnabrücker Urteil zu begründen. Und damit auch alle Welt erfahre, wie aussichtslos Bernhard M.s Unterfangen sei (und wie oberflächlich die Recherchen der ZEIT), gab die Staatsanwaltschaft Oldenburg tags darauf eine Pressemitteilung zum Thema heraus, die von den regionalen Medien unter der Überschrift »Kein Hinweis auf Justizirrtum« übernommen wurde. Darin hieß es:

Die zur Stützung des Wiederaufnahmeantrags vorgetragenen Umstände stimmen im Wesentlichen mit denen im ZEIT-Beitrag behaupteten überein. Diese stellen nach dem Antrag der Staats-

anwaltschaft Oldenburg keine neuen Tatsachen oder neuen Be-
weismittel dar, die geeignet sein können, die Urteilsfeststellungen
der Jugendstrafkammer des Landgerichts Osnabrück zu erschüt-
tern und deshalb die Freisprechung oder auch nur die Herabset-
zung der Strafe unter Anwendung eines milderen Gesetzes wahr-
scheinlich zu machen.

Bei einer erneuten Beweisaufnahme dürften die Richter
zum selben Ergebnis kommen wie die Kammer des Landgerichts Osnabrück, fuhr die Staatsanwaltschaft in ihrem Presse-
text fort. Weitere Einzelheiten wolle man aber nicht mitteilen
»im Hinblick auf die schutzwürdigen Rechte des Opfers«.

Bevor Rechtsanwalt Schwenn auf die Stellungnahme der
Staatsanwältin antwortete, verlangte er beim Landgericht Oldenburg noch einmal Akteneinsicht, in der Erwartung, die
Staatsanwältin könnte zusammen mit ihrer Stellungnahme
weitere Unterlagen an das Gericht geschickt haben, die die
Verteidigung nicht kannte. Und so war es tatsächlich: In einer gesonderten Tasche hatte die Staatsanwältin ihrer Ableh-
nungsschrift einige feministische Aufsätze beigefügt, in denen sie die ihr wichtigen Passagen mit gelbem Filzstift ange-
strichen hatte. Unter anderem fand sich da der Beitrag *Das*
Sexuelle in der sexuellen Gewalt von Ursula G. T. Müller, einer
Soziologin, die, wie es im Anhang heißt, »praktische Frau-
enarbeit geleistet und verschiedene Texte zur Neuen Frauen-
bewegung und zur Männlichkeit« veröffentlicht hat. Im Li-
teraturverzeichnis dieses Textes hatte die Staatsanwältin ein
Werk mit dem Titel *Männlichkeit und Gewalt* und dem son-
derbaren Untertitel *Eine psychoanalytisch und historisch sozio-*
logische Reise in die Abgründe der Männlichkeit als besonders
lesenswert mit Leuchtstift hervorgehoben.

In der Tasche fand sich außerdem der Aufsatz einer Psychologin aus der Zeitschrift *Streit – Feministische Rechtszeit-*

schrift, der von der *Reform des »Sexual«strafrechts aus psychologischer Sicht* handelt. In diesem Beitrag wird die Behauptung aufgestellt, die sexuelle Gewalt der Männer habe gar nichts mit Sexualität zu tun, sondern diene der Machtausübung. Dieser Text unterfütterte den Standpunkt der Staatsanwältin, auch einem sexuell inappetenten Mann wie Bernhard M. sei eine Vergewaltigung zuzutrauen. Die Entdeckung dieser ideologisch eindeutig zuzuordnenden Beiträge verstärkten die Zweifel an der von der Staatsanwältin eingenommenen Rechtsauffassung.

In seiner sechsundvierzig Seiten starken Erwiderung auf die Stellungnahme der Staatsanwaltschaft ging der Verteidiger auf die von der Staatsanwältin für die Akten zusammengestellte Blattsammlung und die darin von eigener Hand vorgenommenen Anstreichungen ein. Gegen das juristische Schrifttum, auf das sich sein eigenes Gesuch stütze, falle jedenfalls das Periodikum *Streit – Feministische Rechtszeitschrift*, das überdies im juristischen Fachhandel gar nicht ohne Weiteres zu bekommen sei, »schon wegen seines beschränkten und parteilichen Konzepts als Literatur minderer Güte ab«. Aus solch »trüben Quellen« lasse sich keine Klarheit schöpfen.

Schwerpunkt der Antwort des Verteidigers war die Entscheidung des Landgerichts Osnabrück, zum psychischem Zustand von Amelie seinerzeit statt eines unabhängigen Sachverständigen die behandelnden Psychiater zu hören.

Die behandelnden Ärzte sind den Borderline-Patienten verpflichtet und stehen in der Regel auf deren Seite. Für die Besserung des Leidens mag das hilfreich sein, in einem Strafprozess kann eine solch unkritische Haltung katastrophale Folgen haben. Im bereits erwähnten *Handbuch der Borderline-Störungen*, dem Standardwerk für Psychiater, die mit dieser

Patientengruppe zu tun haben, heißt es über die Rolle der Ärzte (S. 167):

Den Berichten von Realtraumata sollte primär immer Glauben geschenkt werden – schon weil das psychische Erleben eines Patienten, also dessen subjektive seelische Realität, für jede psychotherapeutische Arbeit maßgeblich ist.

Noch deutlicher steht es auf Seite 483:

Wir sind keine Staatsanwälte, die zu investigieren und Tatbestände aufzuklären haben, nicht einmal Rechtsanwälte des Patienten. Wir folgen ihm empathisch, wobei sich dieses mehr auf die Bedeutung des Gesagten für inter- und intrapsychische Prozesse als auf dessen »objektiven« Wahrheitsgehalt bezieht: Wir achten auf die zwangsläufig subjektiven Erinnerungen sowie die begleitenden Gefühle und gehen auf sie als persönliche »Wahrheit« des Patienten ein, auch wenn die Situationsschilderung eines Patienten einmal als »abstrus« erscheint.

Nicht einmal Amelie hat es geholfen, dass ihr alle glaubten. Auch für sie – wie für alle anderen Beteiligten – wäre es besser gewesen, die Experten wären ihren Beschuldigungen mit weniger Empathie gefolgt.

Die Erwiderung des Verteidigers tat offenbar ihre Wirkung, denn das Landgericht Oldenburg schloss sich der Stellungnahme der eigenen Staatsanwaltschaft diesmal nicht an. Am 29. April 2003 – ein Jahr nachdem er eingegangen war – wurde Bernhard M.s zweiter Antrag auf Wiederaufnahme seines Verfahrens für zulässig erklärt. Dass die Staatsanwaltschaft Oldenburg über diese ihr zugefügte Schlappe keine Presseerklärung veröffentlichte, versteht sich von selbst.

Während die Richter in Oldenburg über der Zulassung brüteten, war am Landgericht Osnabrück vieles geschehen: Ende Mai 2002 – kurz nach Erscheinen meines Dossiers – erhielt ich einen Brief vom damaligen Präsidenten des Landgerichts Osnabrück, der mich im Namen der Juristischen Gesellschaft Osnabrück zu einer Diskussion mit den dortigen Richtern und Staatsanwälten einlud. Man sei daran interessiert, die Entstehung des ZEIT-Dossiers und den Gang der Recherche kennenzulernen. Dazu schrieb der Präsident wörtlich:

Ihre scharfen, teils polemischen, von einigen auch als verletzend angesehenen Formulierungen werfen z.B. Fragen auf nach der Verantwortung der Medien gegenüber Individuen, aber auch gegenüber Gerichten, Verfahrensordnungen oder materiellen Gesetzen.

Über die Fälle des Adolf S. und des Bernhard M. könne indes nicht gesprochen werden, schrieb der Präsident, weil Justizjuristen sich zu laufenden Verfahren nicht äußern könnten. Sonderbar: Der gut begründete Vorwurf eines Justizirrtums stand im Raum, und im daraus folgenden Streitgespräch sollte es um die »Verantwortung der Medien gegenüber den Gerichten« gehen – kein Wort von der Verantwortung der Richter gegenüber ihren Angeklagten. Dieser Brief – er war nicht der letzte seiner Art – gestattete einen tiefen Blick in die Seele einer Richterschaft, die die Zerstörung unschuldiger Menschen durch die Justiz hinnahm, aber Kritik an sich selbst als Majestätsbeleidigung empfand. Als ich Rechtsanwalt Schwenn den Brief zeigte und ihn bat, mich nach Osnabrück zu begleiten, sagte er zu. Zu der angekündigten Diskussion ist es dann aber nicht gekommen, denn wir wurden wieder ausgeladen. Die Begründung des Präsidenten lautete:

Da der von einem der Angeklagten gestellte Wiederaufnahmeantrag noch nicht rechtskräftig beschieden ist, könnte die von mir vorgeschlagene Veranstaltung als Einmischung in ein laufendes Verfahren gewertet werden. Sie werden Verständnis dafür haben, dass wir uns diesem Vorwurf, mag er objektiv auch unberechtigt sein, insbesondere im Interesse des Antragstellers nicht aussetzen können.

Auch im Namen des Vorstandes der Juristischen Gesellschaft sage ich die vorgesehene Veranstaltung ab. Für Ihre Bereitschaft, mit uns zu diskutieren, bedanke ich mich sehr.

An meiner Stelle antwortete der Verteidiger dem Präsidenten:

Weder Frau Rückert noch ich hätten den Teilnehmern angesonnen, sich in ein laufendes Verfahren einzumischen, Kollegenschelte zu betreiben oder gar Beratungsgeheimnisse preiszugeben. Zugemutet worden wäre dem Auditorium allerdings, die Qualität der journalistischen Recherche in den Fällen M. und S. an den Ermittlungs- und Aufklärungsleistungen von Staatsanwaltschaft und Gericht zu messen. Warum das jetzt auch aus Rücksicht auf die Belange meines Mandanten erst nach der Erledigung seines Wiederaufnahmeantrags möglich sein soll, ist unverständlich. Konsequenter wäre dann schon gewesen, die rechtskräftige Freisprechung auch des Verurteilten S. abzuwarten.

Offenbar darf man von der Justiz nicht mehr verlangen, als der Gesetzgeber ihr zutraut.

Das war nicht nur eine Anspielung auf die Blockadehaltung der Staatsanwaltschaft Oldenburg, sondern auch auf das Verhalten des sogenannten Sonderdezernenten Andreas H., der ja im Auftrag des Generalstaatsanwalts die Wiederaufnahme der beiden Verfahren von Amts wegen prüfen sollte. Inzwischen war nämlich ruchbar geworden, dass in Osnabrücker Richterkreisen ein vertrauliches Papier des ehemaligen Vorsitzenden ebenjener Dritten Großen Strafkammer zirkulierte, die beide Justizirrtümer begangen hatte. Darin, so war zu hören, setze sich der pensionierte Richter kritisch mit dem Artikel in der ZEIT auseinander und habe auch so manchen Fehler der Berichterstattung entdecken müssen. Das interne

Papier stellte sich als eine Art Synopse heraus: Auf neun Seiten hatte der ehemalige Vorsitzende links Auszüge aus dem ZEIT-Dossier zitiert und rechts daneben seine eigene, sehr ausführliche »Richtigstellung« gesetzt:

Zu dem grotesken Fehler mit den neunzehn Monaten, die zwischen einer Vergewaltigung durch Adolf S. und der Abtreibung gelegen haben sollten, schrieb er zum Beispiel, Amelie sei von ihrem Vater so oft vergewaltigt worden, dass sie sich gar nicht mehr an alle Überfälle habe erinnern können. Deshalb habe das Gericht angenommen, dass Amelie sehr viel häufiger vergewaltigt worden sei, als im Urteil festgestellt. Im Urteil gegen Adolf S. steht davon nichts. Und auch in den Akten ist immer nur von zehn Attacken des Vaters die Rede.

Weiter verteidigte sich der Richter: Seine Jugendkammer habe damals von den Erektionsstörungen des Onkels nicht erfahren. Was Klara in der ersten Hauptverhandlung gegen M. als Zeugin ausgesagt habe, wüssten die Richter nicht mehr, aber »die Kammermitglieder schließen aus, dass sie ausdrücklich über Erektionsstörungen des Angeklagten gesprochen habe«. Die Tatsache, dass im Gerichtsprotokoll ausdrücklich vermerkt ist, Klara habe auf der Räumung des Saales bestanden, weil sie Mitteilungen aus dem Intimleben zu machen habe, verschweigt die Synopse des Vorsitzenden.

Die Situation beim Augenschein im Toyota stellt der ehemalige Vorsitzende allen Ernstes so dar: »Die Kammermitglieder erinnern sich wie folgt: Aufgrund der Augenscheinseinnahme und der Nachstellung der Situation mit Hilfe des Angeklagten hatte sich die Beweislage *zuungunsten des Angeklagten verschlechtert*. Ich habe ihm auf dem Parkplatz, wo die Augenscheinseinnahme durchgeführt wurde, erklärt, dass gleichwohl ein Geständnis auch jetzt noch strafmildernd berücksichtigt werden könnte.« Eine genaue Bezifferung der Strafe (zwei Jahre auf Bewährung) habe es aber nicht gegeben. »Dies alles geschah nicht ohne vorherige Verständigung mit den Kammermitgliedern einschließlich der Schöffen.«

Was waren das für Argumente? Nur ein Blinder konnte behaupten, die Lage des angeklagten Bernhard M. habe sich nach dem Augenschein im Toyota »verschlechtert«.

Besonders interessant an der Synopse war freilich, dass der pensionierte Vorsitzende sich als Privatmann ganz offensichtlich die Gerichtsakten zum Fall Bernhard M. verschafft hatte. In seinem internen Umlauf zitierte er offenbar ohne besondere Hemmungen aus den Akten des Straf- und des Zivilprozesses gegen Bernhard M. und gab zahlreiche Fundstellen an, von denen er sich eine Stützung des eigenen Standpunkts versprach. Und die Synopse des Vorsitzenden beschränkte ihre Kritik nicht auf das ZEIT-Dossier. Auch das im Dossier gar nicht erwähnte Wiederaufnahmegesuch nahm der Ex-Richter aufs Korn – das hatte er also ebenfalls in die Hand bekommen. Und er verteidigte nun in einer internen E-Mail an seine Kollegen das eigene Fehlurteil. So säte er beispielsweise Zweifel an den Erkenntnissen der psychiatrischen Sachverständigen Marianne Röhl, die ja ihr Gutachten nur »nach Aktenlage« verfasst und »die Geschädigte nicht untersucht« habe.

Ich schrieb an den niedersächsischen Justizminister Pfeiffer und nahm meinerseits Stellung zu dieser Synopse, von der ich annehmen musste, dass sie als stille Post das Ministerium bereits erreicht hatte. Ob sie auch schon beim Wiederaufnahmegericht in Oldenburg angekommen war, konnte niemand wissen. Es stand allerdings zu befürchten, der pensionierte Vorsitzende könnte sich auch unter Oldenburger Landes- und Oberlandesrichtern, die für die Zulassung von M.s Wiederaufnahme zuständig waren, bereits Gehör verschafft haben.

Die von Rechtsanwalt Schwenn am 22. November 2002

erstattete Strafanzeige wegen Verdachtes des Verwahrungsbruchs und wegen Anstiftung zu dieser Tat führte zu einem Ermittlungsverfahren, das am 8. Juli 2003 eingestellt wurde. Eine dagegen eingelegte Beschwerde blieb erfolglos. Zuvor hatte der Präsident des Landgerichts Osnabrück am 6. Mai 2003 folgende schriftliche dienstliche Erklärung abgegeben:

Viele Kollegen hätten das Dossier in der ZEIT als »Schmähkritik« empfunden. Deshalb habe er selbst – um auf den Besuch des Justizministers Pfeiffer, dessen Öffentlichkeitsarbeit von den Richtern einer kritischen Würdigung unterzogen werden sollte, vorbereitet zu sein – den pensionierten Vorsitzenden »um seine Mithilfe gebeten«. Er selbst habe gebeten (wen, lässt der Präsident offen), dem Richter im Ruhestand die Akten der Fälle M. und S. in einem leerstehenden Dienstzimmer zur Verfügung zu stellen. Bereits nach wenigen Stunden sei die Synopse erstellt gewesen, so dass die Akten an die zuständige Kammer zurückgegeben werden konnten. Das Wiederaufnahmeverfahren sei dadurch nicht verzögert worden. *Wer* die Akten *wann* dem Richter ausgehändigt habe, könne er leider nicht mehr rekonstruieren.

Auch dieses Verhalten der Osnabrücker Justiz hinterlässt einen bitteren Nachgeschmack.

Störfeuer

Am 13. November 2003 fand im Landgericht Oldenburg unter Ausschluss der Öffentlichkeit die sogenannte Probation statt. Probation bedeutet: Das Wiederaufnahmegericht prüft die vorgebrachten Beweise der Verteidigung. Zu diesem Zweck hörten die Oldenburger Richter die forensische Psychiaterin Dr. Marianne Röhl und den Sexualmediziner Professor Dr.

Reinhard Wille ausführlich als Sachverständige an. Auch die ermittelnde Kriminalbeamtin aus Amelies Heimatort wurde vernommen. Nach der eintägigen Probation hatte das Gericht vor, die Belastungszeugin Amelie von einem unabhängigen forensischen Psychiater auf ihre Erkrankung hin begutachten und auf ihre Glaubwürdigkeit hin ein zweites Mal von einem Psychologen explorieren zu lassen. Gedacht wurde an den Sachverständigen Hans-Ludwig Kröber, Direktor des Instituts für Forensische Psychiatrie der Charité-Universitätsmedizin Berlin, einen der bekanntesten deutschen Gerichtspsychiater, und an einen Glaubwürdigkeitsgutachter von vergleichbarem Rang.

Schon am 3. Dezember erreichte das Landgericht ein Brief von Amelies Anwältin, beigefügt war die ärztliche Stellungnahme einer Nervenärztin. Darin hieß es, Amelie befinde sich seit Jahren in stationärer und ambulanter Behandlung und leide unter schweren depressiven Phasen, in denen eine hohe Selbstmordgefährdung bestünde. Im Moment werde sie in einer geschlossenen Abteilung behandelt. Aufgrund ihres Zustandes sei die Patientin »auf nicht absehbare Zeit nicht in der Lage, sich einer Exploration/Begutachtung zu unterziehen, da dann davon auszugehen ist, dass unter Retraumatisierung nicht beherrschte Suizidalität auftritt«.

Gestützt auf dieses Gutachten beantragte Amelies Rechtsanwältin in ihrem Schreiben beim Gericht, das Verfahren gegen den Angeklagten Bernhard M. einzustellen, da Amelie auf unabsehbare Zeit nicht zur Verfügung stünde. Das käme einem Freispruch gleich, schrieb sie, »aus Sicht der Nebenklage ist deshalb diese Form der Verfahrensbeendigung sowohl für den Angeklagten als auch für die Nebenklägerin opportun«.

Diesem Ansinnen hielt der Verteidiger entgegen, jene Psychiaterin, die Amelie für nicht vernehmungsfähig halte, sei keine vom Gericht bestellte Sachverständige, sondern abermals nur die behandelnde Ärztin der Nebenklägerin: Auch wäre die Mitteilung dazu zu erwarten gewesen, welcher Art die Erkrankung sei, in deren Verlauf schwere depressive Phasen mit Suizidalität aufträten; zu befürchten stehe die Diagnose einer Borderline-Störung.

Unter solchen Voraussetzungen, schrieb der Verteidiger an die Oldenburger Kammer, sei die Erneuerung der Hauptverhandlung zwingend anzuordnen. Dass das Urteil des Osnabrücker Landgerichts keinen Bestand mehr haben könne, habe nun offenbar sogar Amelies Anwältin eingesehen. Einer Einstellung des Verfahrens – wie die Nebenklage sie gern hätte – stimme der Verurteilte »ausdrücklich nicht« zu:

Eine derartige Erledigung der Sache mag für die Nebenklägerin »opportun« sein – für den Verurteilten läge darin eine Beschwer, die er nicht hinnehmen könnte. Denn auf diese Weise würde er um den verdienten Freispruch gebracht.

Während die Rechtsanwälte mit dem Gericht korrespondierten, bekam auch Amelies kleine Halbschwester, die inzwischen selbst erwachsen, Ehefrau und mehrfache Mutter war, einen Brief von ihrer der Familie entrückten Schwester Amelie.

Hallo Jasmin,
wie geht es Dir bzw. Euch? Ich hoffe gut. Mir geht es im Moment nicht so gut, weil ich schreckliche Albträume nachts habe. Ich habe sechs Tage und Nächte deswegen nicht geschlafen, trotz Arbeit und Medikamenten. Ich war so fertig, dass ich ins Landeskrankenhaus gegangen bin. Wollte erst nur eine Nacht, doch am nächsten Morgen spürte ich keine Besserung. So blieb ich und bin mittlerweile schon eine Woche hier. Bekomme ein Medikament mehr. Es geht mir aber immer noch nicht sehr viel besser. Na ja. Es wird schon wieder.

Weißt Du, dass Onkel Bernhard den Prozess von damals wie-
der ganz neu aufrollen will? Es geht auch um die Frage, ob ich
Borderline erkrankt bin. Das soll von einem Psychiater und ei-
nem Psychologen herausgefunden werden. Beide kämen dann aus
Berlin hierher. Was denkt der sich eigentlich? Meine Anwältin
meinte, dass es gut sein könnte, dass er freigesprochen wird, aber
nicht wegen dem Missbrauch, sondern um »Haftentschädigung«
(Geld) zu bekommen. Ich überleg es mir noch, ob ich diese Explo-
ration (Psychiater + Psychologengespräch über drei Tage) ma-
chen soll. Ich müsste alles nochmal erzählen, von Kindheit an bis
jetzt zu meinem 27. Lebensjahr. Das würde die Hölle für mich
bedeuten. Ich bin gleichermaßen wütend wie traurig darüber.
Weiß nicht, was ich denken soll. Was meinst Du?

Am 23. Februar 2004 – fast zwei Jahre nach Erscheinen des
ZEIT-Dossiers – ordnete das Landgericht Oldenburg endlich
die Erneuerung der Hauptverhandlung gegen Bernhard M.
an. In zwei Monaten sollte die Hauptverhandlung stattfinden.
Weil die Hauptbelastungszeugin Amelie nicht bereit gewesen
war, sich psychiatrisch untersuchen zu lassen, und sich auch
weigerte, vor Gericht auszusagen, wurde nur ein einziger Sit-
zungstag anberaumt. Zeugen oder Sachverständige wurden
nicht geladen. Es schien sicher, dass dieser Prozess nicht lange
dauern und mit M.s unspektakulärem Freispruch aus Mangel
an Beweisen enden würde. Endlich würde es den Freispruch
geben, auf den Berhard M. so viele Jahre gewartet hatte.

Die neue Hauptverhandlung gegen Bernhard M. fand am
20. April 2004 um 9 Uhr morgens im Landgericht Oldenburg
statt. Nun sah ich auch zum ersten Mal das Wiederaufnahmegericht. Die Kammer war neu besetzt, ihr gehörte keiner
jener Richter mehr an, die das erste Wiederaufnahmegesuch
des Bernhard M. abgelehnt hatten: Der Vorsitzende Dietrich

Janßen war ein ruhig wirkender Mann in den Fünfzigern, der zum Verurteilten M. freundliche Distanz hielt. Der Beisitzer zu seiner Rechten – ein älterer Richter – schien Amelies Onkel mit einer gewissen Anteilnahme zu begegnen. Der zweite Beisitzer – ein jüngerer Mann – ließ keine Regung erkennen.

Bernhard M. saß blass und stumm neben seinem Verteidiger. Amelie war erwartungsgemäß nicht erschienen, dafür aber ihre Anwältin.

Der Prozess wurde noch kürzer als erwartet. Die Staatsanwältin – es war dieselbe, die dem Wiederaufnahmegesuch keine Chance hatte geben wollen – war kaum mit der Verlesung der Anklage fertig, da beantragte die Nebenklägervertreterin schon, die Öffentlichkeit auszuschließen, da nun der Gesundheitszustand der nicht anwesenden Nebenklägerin Amelie zur Sprache kommen müsse. Dann legte sie dem Gericht und dem Verteidiger eine weitere Ärztliche Stellungnahme von Amelies Psychiaterin vor, die ihr am Nachmittag des Vortages zugefaxt worden war. Offenbar hatte man es eilig gehabt, denn das Schreiben war formloser kaum denkbar. Jemand hatte handschriftlich auf den karierten Werbeblock einer Pharmafirma, auf dem mit dem Slogan »DAMIT DAS LEBEN WEITERGEHT« für ein Mittel zur Therapie manisch-depressiver und schizophrener Patients Reklame gemacht wurde, eine Diagnose gekritzelt. Diese sollte nun offenbar die Hauptverhandlung scheitern lassen. Die Ärztin teilte Folgendes mit:

Wie bereits mehrfach ausgeführt, ist Frau S. aufgrund ihrer schweren psychischen Erkrankung derzeit und auf nicht absehbare Zeit nicht verhandlungsfähig. Dies würde auch für eine Vernehmung mit Videoschaltung gelten. Vorstellbar sind aus ärztlicher Sicht eine Vernehmung d. Betroffenen in Y-Stadt und auch eine Befragung durch eine(n) Sachverständige(n). Frau S. ist nämlich aufgrund ihrer Ängste nur schwerlich in der Lage, Ent-

fernungen von ihrem Wohnheim zur Klinik und weiteren [unle-
serlich] zu überwinden.

Auch diese Befragungen und Vernehmungen würden eine Re-
traumatisierung auslösen, es bleibt zu hoffen, dass die Nähe zu
Klinik und Wohnheim und zu vertrauten Personen die Auswir-
kungen abmildern kann.

Amelie wollte nun also doch gegen ihren Onkel aussagen.
Sie war nun sogar bereit, sich psychiatrisch untersuchen zu
lassen, teilte diesen Sinneswandel aber erst in der Hauptverhandlung mit, in der ihr Onkel freigesprochen werden würde.
Damit war dieser Prozess sinnlos geworden, weshalb der Vorsitzende die Sitzung auch sofort beendete. Anwalt Schwenn
kochte vor Wut: So habe es die Nebenklägerin schon in Osnabrück getrieben, rief er, da habe sie mit ihrem Theater den
Verlauf des Verfahrens diktiert, und nun versuche sie, dieses
Spiel mit den Richtern in Oldenburg weiter zu spielen. »Und
Sie haben die Stirn, dem Gericht in letzter Sekunde mit einem
knitterigen Zettel zu kommen«, fuhr er Amelies Anwältin an.
Am nächsten Tag schrieb er dem Vorsitzenden:

Bei der als »Ärztliche Stellungnahme« vorgestellten Einga-
be der Psychiaterin der Nebenklägerin handelt es sich um einen
besonders krassen Fall der Missachtung des Gerichts, der nicht
bloß in der Form ihrer Schreibleistung und dem Zeitpunkt der
Abfassung zutage tritt: Entgegen der ausdrücklichen Aufforde-
rung des Herrn Vorsitzenden vermeidet die Ärztin jede Stellung-
nahme zur Eigenart der »schweren psychischen Erkrankung« der
Nebenklägerin. Zudem wird in der Sorge, die Vernehmung könnte
*eine **Re**traumatisierung auslösen, die vom Behandlungsauftrag*
nicht gedeckte Parteilichkeit dieser Ärztin überdeutlich.

Unter diesen Voraussetzungen rege ich an, den Gutachtenauf-
trag an den Sachverständigen für Forensische Psychiatrie Prof.
Dr. Kröber dahin zu erweitern, dass sich dieser Sachverständige

auch zur Vernehmungsfähigkeit der Nebenklägerin äußern soll. Andernfalls besteht die Gefahr, dass auch die weitere – übrigens vierte – Hauptverhandlung aufgrund einer neuen Inszenierung der Nebenklägerin ausgesetzt werden muss.

Ein halbes Jahr später, am 5. Oktober 2004, schickte der Berliner Kriminalpsychiater Hans-Ludwig Kröber sein Gutachten über Amelie an das Oldenburger Landgericht. Er hatte Amelie an ihrem Wohnort aufgesucht und zweieinhalb Stunden mit ihr gesprochen. Sie sei kooperativ gewesen und habe zurückhaltend, aber ohne Abwehr Kontakt zu ihm aufgenommen, schreibt er in seiner Expertise. »Im Gespräch zeigte sie weder anbiederndes noch unterwürfiges und auch kein theatralisches Verhalten.« Psychomotorisch sei sie unbewegt gewesen, auffällig an ihr war nur, dass beide Handgelenke mit weißem Mull umwickelt waren, »offenbar wegen frischer Narben rezenter Schnittverletzungen«. Dass die Probandin recht ruhig und etwas gleichgültig wirkte, jedenfalls weder emotional instabil noch impulsiv, führt der Sachverständige auf ihre »erhebliche Medikation« mit Psychopharmaka zurück.

Zu den ihm zur Verfügung stehenden Unterlagen stellt Kröber fest, Amelies behandelnde Nervenärztin (die auch die Verfasserin der diversen Ärztlichen Stellungnahmen für das Landgericht Oldenburg war) habe ihm handschriftliche Aufzeichnungen über die ambulanten Kontakte mit der Patientin überlassen. Er zitiert die Niederschrift einer Exploration am 20. Oktober 2000, wo es gleich zu Beginn heißt:

Ihr Vater und auch ihr Onkel haben sie vom 5.–18. Lebensjahr sexuell missbraucht. 1994 habe sie Anzeige erstattet, sie seien im Gefängnis, noch für zwei Jahre. Die Mutter habe auch davon gewusst, sie sei nämlich dann mit den kleineren Geschwistern weggelaufen.

Seit dem fünften Lebensjahr? Hatte Amelie ihre Erinnerungen inzwischen erneut überarbeitet?

Der Gutachter diagnostiziert bei Amelie eine »emotional instabile Persönlichkeitsstörung vom Borderline-Typus«, die bei ihr ein sehr markantes und typisches Störungsbild zeige, das auch zu einer erheblichen Beeinträchtigung ihrer Lebens- und Leistungsmöglichkeiten geführt habe und seit Jahren einen »sehr hohen psychiatrischen Versorgungsbedarf« konstituiere. So zeige sich die Krankheit bei ihr durch ein buntscheckiges Bild an Symptomen, das von dem massiven Hang, sich selbst zu verletzen, dominiert werde. Dieses Verhalten, so heißt es im Gutachten, »verursacht eine intensive Bindung von Menschen, die sie zu betreuen haben und die in solchen Situationen dann immer wieder tätig werden müssen, um sie medizinisch und psychiatrisch zu versorgen«. In einer Passage gegen Ende seines Gutachtens geht Kröber besonders auf die Problematik von Falschbeschuldigungen durch Borderline-Patienten ein:

Klinisch ist bekannt, dass Menschen mit Borderline-Persönlichkeitsstörung häufiger als gesunde dazu neigen, teilweise recht bizarre bzw. recht aggressive Geschichten zu erfinden, mit denen sie andere Menschen belasten, und an diesen Beschuldigungen auch sehr hartnäckig festzuhalten, selbst dann, wenn ganz offensichtliche Evidenz gegen den Wahrheitsgehalt dieser Geschichten spricht. Nicht selten wird trotz schlagender Gegenbeweise an den eigenen Behauptungen festgehalten. Psychodynamisch erklärt man sich diese Verhaltenstendenzen so, dass Borderline-Persönlichkeitsgestörte ganz besonders große Schwierigkeiten haben, mit Wut, Rachegefühlen und destruktiven Gefühlen in adäquater Weise umzugehen. Daher manifestieren sich solche aggressiven Gefühle zum Teil in Selbstverletzungshandlungen oder ris-

kanten Verhaltensweisen, zum Teil in suchtartigem Missbrauch von beruhigenden und dämpfenden Substanzen, teils aber auch in destruktiven Verhaltensweisen anderer gegenüber und nicht zuletzt eben in Form von aggressiven, zerstörerischen Beschuldigungen. Der Vorwurf an eine nahestehende Person, von dieser sexuell missbraucht worden zu sein, ist, wenn er nicht zutrifft, einerseits in hohem Maße fremdaggressiv und imponiert als massive Racheaktion, zum Beispiel am Vater oder anderen männlichen Personen, von denen die betreffende Person sich nicht hinreichend gewürdigt und wertgeschätzt, vielmehr vernachlässigt gefühlt haben mag.

Es haben diese Vorwürfe sexuellen Missbrauchs aber zugleich die Wirkung, sich selber als Opfer darzustellen, so dass man nunmehr eine Scheinerklärung für all die Lebensschwierigkeiten und psychiatrischen Symptome hat, die sich bei einem entwickelt haben. Insbesondere therapeutisches Personal wird durch den Bericht, man selber sei Opfer schwerster sexueller Traumatisierungen, in besonders hohem Maße gebunden und in gewissem Sinne auch in Schach gehalten; wer in solchen Situationen weiter nachfragt, gar zweifelt, sich als kritisch erweist, wird rasch als herzlos und als Bagatellisierer sexuellen Missbrauchs eingestuft. Zugleich sind eigene Fehlverhaltensweisen, die ja für die Umgebung immer wieder hochgradig störend und auch aggressionsauslösend sind, nun nicht mehr in die eigene Verantwortung gestellt, sondern Folgen des eigenen Opferstatus.

Ob die Patientin Amelie mit ihren speziellen Behauptungen Verwandte falsch beschuldigt habe, will Kröber nicht bewerten. Zu diesem Thema verweist er auf das Anschlussgutachten der Glaubwürdigkeitssachverständigen Renate Volbert, die Amelie ebenfalls exploriert hat. Er bescheinigt Amelie nur eine »grundsätzliche Aussagetüchtigkeit«. Allerdings, schreibt er, fürchte sich die Probandin massiv vor einer öffentlichen Hauptverhandlung und der Konfrontation mit den Angeklagten, weiteren Verwandten oder Pressevertretern, so dass sie höchstwahrscheinlich durch selbstverletzendes Verhalten eine reguläre Zeugenvernehmung verhindern würde, wollte man sie dazu zwingen, in Oldenburg auszusagen. Deshalb schlägt der Gutachter vor, eine Abordnung der Prozessbeteiligten solle zu Amelie reisen und ihre Zeugenaussage an Ort und Stelle in Empfang nehmen.

Das Wiederaufnahmegericht folgte dem Rat des Professors: Im Juli 2005 wurde Amelie auf der psychiatrischen Station eines Krankenhauses vernommen. Anwesend waren eine Richterin des Landgerichts Oldenburg, die Staatsanwältin, der Verteidiger und Amelies Anwältin. Bei der Vernehmung ist Amelie zwar bei ihren Vergewaltigungsvorwürfen geblieben, das Gesprächsprotokoll hat aber auch die Teilnahmslosigkeit dokumentiert, mit der die Kranke die Beschuldigungen gegen den Onkel herunterspult: Ihre Schilderungen bleiben blass und leblos, als habe Amelie keine Kraft mehr für eine packende Geschichte. Vielleicht auch weil ihr das staunende Publikum fehlt: Die Fragen der Oldenburger Richterin sind kühl und misstrauisch, frei von Mitleid und Anteilnahme. Wer das Protokoll liest, spürt, dass sie dem Mädchen unvoreingenommen gegenübertritt. Die Staatsanwältin und die Nebenklägervertreterin haben kaum Fragen an Amelie und sagen auch sonst nicht viel.

Auch die neue Glaubwürdigkeitssachverständige, die Berliner Diplompsychologin Renate Volbert, hatte Amelie keinen Glauben geschenkt: »Ein Erlebnisbezug der Darstellung von Frau S. ist aussagepsychologisch nicht belegbar«, lautet der letzte Satz ihres Gutachtens. Sie hatte im Oktober 2004 zweimal mit Amelie gesprochen und die Exploration wörtlich dokumentiert. Ihre umfangreiche Expertise hatte das Gericht im Januar 2005 erreicht. Darin ist von »stereotypen Beschreibungen der sexuellen Handlungen« die Rede und davon, dass Amelie die Vergewaltigungen wieder mit den gleichen Worten und Redewendungen schilderte, die sich auch schon in den Akten finden. In der neuen Hauptverhandlung, die im Winter 2005 in Oldenburg stattfindet, wird die Sachverständige vermuten, dass die Belastungszeugin Gerichtsakten oder Notizen aus Gerichtsakten in ihrem Besitz hat, aus denen sie die Vorwürfe rezitiert. Wie Renate Volbert im Einzelnen zu Amelies Beschuldigungen Stellung nimmt, werde ich im nächsten Kapitel berichten, wenn es um die Hauptverhandlung geht, aus der Bernhard M. mit einem fulminanten Freispruch herauskam.

Der Freispruch

Am 23. November 2005, fast genau zehn Jahre nach seiner Verurteilung, dreieinhalb Jahre nach dem Eingang des Wiederaufnahmegesuchs und anderthalb Jahre nach dem ersten abgebrochenen Wiederaufnahmeprozess, findet die neue Hauptverhandlung gegen Bernhard M. vor dem Landgericht Oldenburg statt. Mit einem kleinen Freispruch in aller Stille ist es jetzt nicht mehr getan, das hat sich die Nebenklage selbst zuzuschreiben. Zuschauer sind gekommen und auch einige Medienvertreter. Sechs Verhandlungstage haben die Oldenburger Richter anberaumt, ein Dutzend Zeugen geladen und die Sachverständigen Volbert und Brinkmann gebeten, ihre Gutachten in der Hauptverhandlung zu erstatten. Professor Kröber muss nicht anreisen, seine psychiatrische Expertise soll – mit Einwilligung sämtlicher Prozessbeteiligter – verlesen werden. Es soll nachher niemand sagen können, das Gericht sei seiner Aufklärungspflicht nicht nachgekommen.

M. sitzt jetzt das vierte Mal in seinem Leben auf der Anklagebank. Schweigsam und finster wirkt er neben seinem Verteidiger Johann Schwenn, der geschäftig die Akten vor sich aufstapelt und einen Laptop installiert, auf den er die ganze Sitzung hindurch einhämmern wird. Die gute Laune des Rechtsanwalts steht in merkwürdigem Gegensatz zur Verschlossenheit des Mandanten. In der hintersten Reihe des Zuhörergestühls nehmen fünf der acht Geschwister von M. Platz, darunter auch Gabriele, mit der er bis zu seiner Verhaftung im Hause der Eltern lebte, und Edeltraud S., Amelies Stiefmutter.

Wie erwartet fehlt die Nebenklägerin selbst. Dafür hat ihre Anwältin, die Nebenklägervertreterin, eine umso entschlossenere Miene aufgesetzt. Auch die Staatsanwältin kennt der Leser schon. Während des Prozesses sitzt sie wie festgewachsen auf ihrem Platz und hebt nur selten den Kopf. Ihr unbewegter Blick ruht meistens auf den Akten vor ihr. Die beiden Frauen sind fast ganz verstummt, nur ihr Habitus und gelegentliche schnippisch eingeworfene Bemerkungen lassen ihre Unzufriedenheit mit dem Geschehen vermuten.

Und dann muss die Staatsanwältin auch noch die alte Anklage gegen Bernhard M. aus dem Jahr 1995 verlesen: Er habe eine Frau mit Gewalt zum Verkehr gezwungen und so weiter … Alles wird wieder ausgepackt: die Wohnwagengeschichte, die Vergewaltigung auf dem Essener Krankenhausparkplatz, der Dachkammervorfall, die Nikolausvergewaltigung, der Weihnachtsvorfall am Telefon und die Toyota-Geschichte – ein grotesker Vortrag. Wieder füllen die Vorwürfe der Nichte Amelie den Raum, und mir, die ich nun vier Jahre lang vergeblich nach einem Fünkchen Wahrheit in all diesen Vorwürfen gestochert hatte, läuft es kalt den Rücken hinunter.

Die Besetzung des Gerichts hat seit der letzten Hauptverhandlung gegen M. im April 2004 wieder gewechselt. Jetzt hat der Vorsitzende Janßen zwei weibliche Beisitzer. Die ältere Richterin war bereits bei der Befragung Amelies in der Psychiatrie dabei. Ich kenne ihren Namen aus dem Protokoll. Die jüngere ist eine mir unbekannte Richterin auf Probe. »Wir können das Rad nicht zurückdrehen, Herr M.«, sagt der Vorsitzende nach der Anklageverlesung zu Bernhard M. Von der Distanz, die er im vergangenen Prozess an den Tag legte, ist wenig spürbar. Sehr freundlich, fast entschuldigend spricht er zum Angeklagten: »Es ist jetzt passiert, daran können wir nichts mehr ändern – aber wir fangen ganz neu an.«

Dann soll der Angeklagte seine Sicht der Dinge schildern. M. hebt an, verheddert sich, bricht Sätze ab und holt weit aus. Er kommt vom Einen aufs Nächste, ungeschickt stellt er sich an, unbeholfen und überfordert. Vieles ist zunächst nicht zu verstehen, weil M. so leise spricht und seine Gedanken noch durcheinandergehen. Mit der Zeit aber erholt er sich und berichtet in klaren Sätzen. Er erzählt von Amelies schwerer Kindheit. »Ich hätte es verstanden, wenn sie ihren Vater mit einer Axt erschlagen hätte«, sagt M. zum Gericht, »das hätte ich verstanden.« Mucksmäuschenstill hätten die Kinder bei Tisch sitzen müssen, kein Wort habe der Haustyrann geduldet. Wenn ihm was nicht passte, habe Adolf S. vor Wut »mit einer Hand den ganzen Tisch abgeräumt«. Amelie sei häufig angeschrien und geschlagen worden. Sie habe ihm leidgetan, sagt M. Als sie bei den Großeltern um Asyl gebeten habe, habe er als Hausbewohner deshalb gleich zugestimmt und ihr sogar sein eigenes Zimmer überlassen.

Dann kommt er auf die von Amelie behaupteten Vorfälle zu sprechen: »Nichts davon ist wahr!«, sagt er. Intimitäten mit der Nichte habe es nie gegeben, weder einvernehmlich noch gegen ihren Willen. Nicht einmal zu oberflächlichem, harmlosem Körperkontakt sei es gekommen. Nur mit dem Auto herumgefahren habe er sie oder abgeholt, wenn es spät geworden sei oder geregnet habe. Deshalb habe es ja die gemeinsame Fahrt nach Essen zum Bewerbungsgespräch ins Klinikum auch tatsächlich gegeben (»Es war eine ganz normale Fahrt«), und auch dass er ihr fünfhundert Mark zum achtzehnten Geburtstag geschenkt habe, sei wahr – die in die echten Begebenheiten eingebauten Vergewaltigungsgeschichten jedoch und die Behauptung, die fünfhundert Mark habe er ihr für

Sex zugesteckt, das alles sei gelogen. Er habe sich mit Amelie ganz unverfänglich unterhalten auf jenen Autofahrten, auf denen er sie vergewaltigt haben sollte, dabei seien ihm solche Gespräche gar nicht leichtgefallen, denn er und seine Nichte hätten sich nicht viel zu sagen gehabt: »Sie war ein stilles Kind, das in einer Welt voll Schauspieler, Sänger und Bravo lebte.«

Immer wieder, fast zwanghaft fängt M. von der Schreckenszeit vor dem Landgericht Osnabrück an – ein Albdruck, der ihm seit zehn Jahren die Seele beschwert. Es herrscht atemlose Stille im Saal, als der Angeklagte von den Ermittlungen gegen ihn und von seiner Verurteilung erzählt. So trostlos und leidvoll wirkt er dabei, dass sich im Zuhörerraum ein Schnäuzen erhebt und auch mir die Tränen kommen. M. schildert, wie sich ein angeklagter Unschuldiger fühlt, dem niemand zuhört. Der erlebt, wie die Welt um ihn herum wahnsinnig wird – wie die, die für ihn sprechen, übergangen werden und alle gläubig den Vorwürfen einer Lügnerin lauschen. Der trotz verzweifelter Beteuerungen ins Gefängnis muss und dessen Leben von Richtern für immer zerstört wird. »Sie können sich darauf verlassen, Herr M.«, sagt der Vorsitzende, als der Redestrom des Angeklagten schließlich versiegt, »hier wird das anders laufen.«

Der Richter wird recht behalten. Die gesamte Hauptverhandlung wird eine mehrtägige Rehabilitationsveranstaltung für Bernhard M. Nach der letzten Beweiserhebung wird vom Anklagegebäude der Staatsanwaltschaft kein Stein mehr übrig sein. Dafür wird das Gericht auf weitere eindrucksvolle Beweise für die Unschuld des Angeklagten stoßen.

Da die Nebenklägerin nicht persönlich erschienen ist, wird Amelies belastende Aussage, die sie im Sommer in der Psychiatrie gegenüber den angereisten Prozessbeteiligten gemacht hat, verlesen. Dann tritt die erste leibhaftige Zeugin auf. Es ist jene Kriminalbeamtin aus Amelies Heimatort, die seinerzeit gegen Adolf S. und Bernhard M. ermittelt hat. Für mich wird die Zeugenparade auch deshalb besonders spannend, weil ich nun all jene Personen, deren schriftliche Äußerungen ich zum Teil auswendig hersagen kann, endlich zu Gesicht bekomme. Fast niemand entspricht dem inneren Bild, das ich mir von jeder Person gemacht hatte. Auch diese Beamtin nicht: Obwohl schon Mitte vierzig, ist sie eine zierliche Erscheinung mit dunklem Pagenkopf. Eine hübsche Frau, die ich unter anderen Umständen nett gefunden hätte. Eine mädchenhafte Naivität geht von ihr aus, wie man sie bei einer Kriminalbeamtin weder erwartet noch wünscht. Vielleicht ist ihr die bei Amelie zum Verhängnis geworden.

Sie sei damals mit allen Sexualdelikten in der Region weitgehend allein befasst gewesen, sagt die Zeugin zum Gericht. Und als der Verteidiger sie mit ihren eigenen kardinalen Ermittlungsfehlern konfrontiert, reagiert sie mit schamrotem Schweigen.

»Ist Ihnen eingefallen, jene Decken im VW-Bus, auf die Bernhard M. nach Aussagen der Amelie ejakuliert haben sollte, auf saure Phosphortase untersuchen zu lassen?«, will Schwenn wissen.

»Nein.«

»Wissen Sie, was der Sinn einer solchen Untersuchung ist?«

»Ja.«

»Also, haben Sie die Untersuchung veranlasst?«

»Nein.«

»Warum nicht?«

Langes Schweigen.

»Haben Sie das nicht gelernt, dass man bei Sexualdelikten vor allem Spuren sammelt?«

»Doch.«

»Und trotzdem haben Sie sich hier ganz auf Ihre Subjektivität verlassen«, konstatiert Schwenn schneidend. »Und als Amelie mit einer – nun, sagen wir – recht schleimigen Dankeskarte bei Ihnen aufgetaucht ist, kam Ihnen das nicht verdächtig vor?«

»Amelie hat ihre Aussage nicht aus freien Stücken verändert«, gibt die Kriminalbeamtin – die offenbar ahnt, worauf der Verteidiger hinaus will – gleich zu, sie selbst habe dem Mädchen, als es mit der netten Dankeskarte vor der Tür gestanden sei, mitgeteilt, dass ihr Onkel jetzt ein Alibi habe. »Ich selbst habe es Amelie gesagt«, wiederholt die Beamtin.

»Das lernen Sie doch in der Ausbildung, dass man sich von Zeugen und Beschuldigten nicht leimen lassen darf«, hält ihr Schwenn vor. »Und hatten Sie nicht schon am Abend zuvor mit der Kinder- und Jugendpsychiatrie telefoniert, um Amelie mitzuteilen, dass da ein neues Alibi existiert? Woher hätte sie sonst wissen können, dass es sich empfiehlt, mal vorbeizukommen? Dass zwischen Ihrer Wache und der Psychiatrie in einem fort munter hin und her telefoniert worden ist, wissen wir!« Lauernd fährt er fort: »Gerade in so einer Situation, wenn eine Belastungsaussage durch eine neue Information in Frage gestellt wird, wäre doch schon aus Gründen der Fürsorge ein kleines Telefonat mit der Station angezeigt gewesen, oder? Überlegen Sie sich genau, was Sie jetzt sagen, ich beabsichtige, Ihre Vereidigung zu beantragen.«

»Man hat Amelie gar nicht so leicht ans Telefon bekommen«, verteidigt sich die Beamtin in ihrer Not, »man hat fast immer mit den Schwestern sprechen müssen.« Ja, gibt sie zu, es habe zahllose Telefonate gegeben zwischen ihr und der Kinder- und Jugendpsychiatrie, aber ob am Vorabend von Amelies Kartenaktion auch telefoniert worden sei, könne sie ganz bestimmt nicht mehr sagen. Zehn Jahre sei das doch alles jetzt her!

Schwenn will jetzt wissen, warum sie Frauke, der »Vertrauten« des vermeintlichen Opfers, erlaubt habe, bei allen Vernehmungen Amelies dabeizusitzen. »Kennen Sie nicht Paragraph 58 der Strafprozessordnung?«, fragt er die Kriminalobermeisterin. »Da zeigt jemand eine Straftat an, die er zuvor schon mit einem anderen Zeugen besprochen hat. Dann vernehmen Sie das angebliche Opfer und hinterher noch den Zeugen, der auch schon bei der Vernehmung des Opfers dabei war – und siehe da: Die Aussagen passen zusammen!« Schwenn macht eine gefährliche Pause. »Das ist ein richtig dicker Fehler.«

Die Polizistin schweigt bedrückt, vielleicht ahnt sie, dass der Verteidiger sie nach dem Freispruch seines Mandanten zur Rechenschaft ziehen will.

Nach dem Abgang der Kriminalbeamtin wird eine weitere Frau als Zeugin aufgerufen. Vor zehn Jahren war sie Richterin in Osnabrück. Als Berichterstatterin der Jugendkammer des Landgerichts war sie an der Entstehung der beiden Fehlurteile gegen Adolf S. und Bernhard M. beteiligt. Berichterstatter heißt derjenige Beisitzer, der das schriftliche Urteil später verfasst.

Eine blondierte Endfünfzigerin betritt den Verhandlungssaal, selbstsicher wie eine Frau, die sich nichts vorwerfen muss und sich nach einem langen arbeitsreichen Leben in den verdienten Ruhestand zurückgezogen hat. Auf dem Zeugenstuhl verbreitet sie einen durch und durch mit sich zufriedenen Eindruck. Gleich zu Beginn ihrer Aussage erklärt sie, dass sie schon immer die Angewohnheit hatte, die schriftlichen Aufzeichnungen, die sie in der Hauptverhandlung angefertigt habe, nach der Rechtskraft des jeweiligen Urteils wegzuwerfen, weshalb sie auch zum Fall des verurteilten M. leider keine Unterlagen mehr besitze.

»Sie wollen sich also darauf zurückziehen, dass Sie sich an nichts erinnern«, konstatiert der Verteidiger.

Dann präsentiert die Richterin die spärlichen Überreste ihrer Erinnerung an den Prozess gegen M.: Eine Vergewaltigung in einem VW-Bus weiß sie noch, wobei Kinder durchs Fenster guckten; fünfhundert Mark, die der Angeklagte der Geschädigten irgendwann schenkte …

»Ich möchte Sie sehr bitten, hier nicht von der *Geschädigten* zu sprechen«, unterbricht Schwenn die Zeugin. »Das Gesetz kennt den Begriff der Geschädigten nicht. Und ob es hier je eine Geschädigte gab, ist mehr als zweifelhaft.«

Die Richterin lässt die Rüge bewegungslos über sich hinwegschwappen. Auch ein Abtreibungsversuch mit einem Kleiderbügel sei ihr noch im Hinterkopf geblieben, weil: »So was kommt doch selten vor.«

Das Gesicht der Nebenklägerin Amelie hat die Richterin auch vergessen, aber sie weiß noch, »dass sie sehr zurückhaltend war«. Das Mädchen habe während der Aussage vor Gericht jeden Blickkontakt vermieden und vor sich auf den Tisch gestarrt. »Ihr Benehmen war sehr verhalten. Es sprudelte nicht.« Als man ihr die entsprechende Passage aus dem Urteil vorliest, fällt der Zeugin noch ein, dass Amelie ihre Vorwürfe in der Hauptverhandlung fast wörtlich und mit denselben Redewendungen vorgetragen habe wie bei der Polizei. Doch das heikle Thema, dass die Zeugin – wie es im Urteil heißt – »aus freien Stücken« und unter dem vermeintlichen »Druck des schlechten Gewissens« ein Datum verändert und eine Vergewaltigung um vier Wochen in den Mai 1994 verlegt hatte, hat sich aus dem Gedächtnis der Richterin verabschiedet. Der ganze Komplex von Amelies Zeitverschiebung ist ihr

– nach ihren eigenen Angaben – vollständig entfallen. Für den merkwürdigen Umstand, dass damals zwar Amelies Tante Freya und ihr Mann die Glaubwürdigkeit des vermeintlichen Opfers in der Hauptverhandlung in Frage stellten und trotzdem in dem – von ihr verfassten – Urteil gar nicht vorkommen, hat die Richterin ebenfalls keine Erklärung.

»Was soll der arme Bundesgerichtshof mit einem solchen Urteil anfangen, in dem die wichtigsten Tatsachen weggelassen worden sind?«, fragt Schwenn und schenkt der Zeugin einen traurigen Blick.

Sie bleibt die Antwort schuldig.

Als man beim Thema »Missbrauchslektüre der Amelie« angekommen ist, stellt sich heraus, dass die Frau auf dem Zeugenstuhl höchstpersönlich jenes Kammermitglied war, das sich damals mit der Suggestivlektüre *Trotz allem* »beschäftigt« und sie als unbedenklich durchgewinkt hatte. An den Inhalt will sie sich heute nicht mehr erinnern, sie entsinnt sich nur noch, das Buch selbst gekauft zu haben, »damit man weiß, wovon geredet wird«. Allerdings habe sie das Buch später wieder »entsorgt« und nach ihrer Frühpensionierung vor zwei Jahren nichts aus der Zeit als Richterin zurückbehalten. Als Schwenn der Zeugin eine Reihe suggestiver Passagen (siehe auch Kapitel *Falsche Freunde*) aus der von ihr selbst als harmlos eingestuften Lektüre vorträgt, sagt sie bloß, sie könne sich nicht erinnern, damals über etwas Auffälliges »gestolpert« zu sein.

Erstaunlicherweise gibt sie an, auch von jenem fragwürdigen Angebot nichts erfahren zu haben, das ihr Osnabrücker Vorsitzender dem Angeklagten am 31. August 1995 nach dem Ortstermin am Zweitürer der Marke Toyota unterbreitet haben soll. Gerade noch hat der Angeklagte selbst den Oldenburger Richtern geschildert, wie sein damaliger Verteidiger

Dieter Gerken ihm mit dem Vorschlag des Gerichts gekommen sei, für ein kleines Teilgeständnis dürfe er auf Bewährung hoffen. Und M. hat auch hinzugefügt, wie gemein er dieses Angebot gefunden und dass er den Überbringer der Botschaft ohne Diskussion hinausgeworfen habe. »Ich wollte keinen Anwalt, der mit diesem Gericht gemeinsame Sache macht und nicht an meine Unschuld glaubt«, hat M. gerade eben noch gesagt. Und nun hat die Richterin, Berichterstatterin ebenjener Kammer, von alldem nichts gewusst? Die ehemalige Beisitzerin bleibt auch auf Befragen dabei, von irgendwelchen Konzessionen des Gerichts an den Angeklagten nichts erfahren zu haben. Auch auf die Frage, warum der Verteidiger Gerken dann so überraschend das Vertrauen seines Mandanten verloren haben sollte, hat sie danach keine Antwort.

Immerhin erinnert sich die Richterin noch an das Dossier in der ZEIT, das den von ihr mitverschuldeten Justizirrtum ans Licht brachte. Vom Verteidiger darauf angesprochen, sagt sie nur, sie habe sich nach der Lektüre »wundern müssen, mehr aber auch nicht«.

»Warum mussten Sie sich wundern?«, will der Verteidiger wissen.

»Man hat sich in Osnabrück darüber unterhalten, ob gewisse Punkte in dem Artikel zutreffen«, antwortet die Zeugin beziehungsreich – und dann sei ja auch noch zeitgleich das passende Wiederaufnahmegesuch bei der Osnabrücker Kammer eingegangen.

»Was ist daran verwunderlich?«, fragt der Verfasser und Absender des Gesuchs, Schwenn.

»Wir waren gar nicht zuständig«, entgegnet die ehemalige Richterin. Weshalb der Wiederaufnahmeantrag bei *ihr* eingegangen sei, verstehe sie bis heute nicht.

»Das sieht das Gesetz anders«, widerspricht Schwenn. »Selbstverständlich war Ihre Kammer dafür zuständig, das Gesuch entgegenzunehmen und nach Oldenburg weiterzuleiten.«

»Aber ich *fühlte* mich nicht zuständig«, lautet die Antwort der Zeugin.

Auch beim Personal der Kinder- und Jugendpsychiatrie in Amelies Heimatort, das am nächsten Verhandlungstag der Reihe nach aussagen muss, ist die Generalamnesie ausgebrochen. Die Vernehmungen der Krankenschwestern verlaufen zäh und mühsam. Glaubt man ihren Aussagen, war die Hauptbelastungszeugin Amelie allenfalls eine periphere Erscheinung auf der Station, eine Patientin unter vielen. Besonders Frauke, Amelies »Vertraute«, heute eine Frau in den Dreißigern, weist überraschende Gedächtnislücken auf. An ihre langen Zeugenaussagen bei der Kripo und vor Gericht, an ihre übermäßige Anteilnahme an Amelies Schicksal, ihre mitleidigen Einträge in die Pflegedokumentation, ihre gemeinsamen Besuche bei der Polizei, bei der Anwältin und beim Haftrichter kann sie sich – wenn überhaupt – nur schemenhaft erinnern. Nur dass Amelie »sehr bedürftig war und einen enormen Leidensdruck zeigte«, weiß sie noch. Auch als Schwenn sie mit jener Aktenstelle konfrontiert, an der dokumentiert ist, wie sie selbst ihre Aussagen mit jenen von Amelie abstimmt, entgegnet sie, das wisse sie alles nicht mehr. Nur so viel: »Amelie hat sich sehr schwergetan, die Entscheidungen zu treffen, Vater und Onkel anzuzeigen.«

»Sie meinen wohl, sie hat den Eindruck erweckt, sich schwerzutun«, verbessert Schwenn und fragt: »Warum nennt die achtzehnjährige Amelie Sie in einer Vernehmung ihre Erzieherin? Sie war doch schon volljährig, und Sie selbst sind kaum älter als die Patientin.«

Eigentlich sei sie Kinderkrankenschwester, antwortet Frauke, aber bei den kleinen Patienten habe sie eben auch als Erzieherin fungiert. »Jeder von uns war multiprofessionell tätig«, fügt die Zeugin erklärend hinzu.

»Habe ich richtig verstanden«, fragt Schwenn mit giftigem Lächeln, »multi-professionell?«

»Sie sagte multifunktionell«, eilt Amelies Anwältin Schwester Frauke zu Hilfe.

»Ich frage die Zeugin, nicht Sie«, gibt Schwenn grob zurück.

»Die Zeugin meint multifunktionell«, beharrt die Nebenklägervertreterin.

»Was haben Sie gesagt?«, fragt Schwenn die Zeugin sanft.

»Wir waren multiprofessionell tätig«, wiederholt diese.

Nicht viel konkreter als Frauke erinnern sich ihre Kolleginnen, die doch ein volles Jahr mit dem Mädchen Amelie intensiv beschäftigt waren. Allein der Frauenarzt Dr. K. von der Gynäkologischen Station des Krankenhauses hat noch ein klares Bild der Patientin vor Augen – obwohl er sie nur eine Viertelstunde lang untersucht hat. Er weiß noch, dass er sich von ihr »gelinkt« fühlte, als sie ihm überraschend mitteilte, der Onkel habe ein Kondom benutzt, nachdem er bei ihr kein Sperma hatte finden können.

Erst als Dr. X, Chef der Kinder- und Jugendpsychiatrischen Abteilung – ein gut aussehender Endvierziger –, mit Amelies umfangreicher Pflegeakte unter dem Arm selbst als Zeuge den Saal betritt, wird es wieder spannend. »Herr Vorsitzender«, ruft der Verteidiger Schwenn zur Richterbank hinüber, kaum dass der Arzt am Zeugentisch Platz genommen hat, »ich beantrage, die Pflegedokumentation zu beschlagnahmen. Ich vermute, dass die ganze Aussage der Nebenklägerin abgesprochen war. Und das werde ich mit Hilfe dieser Akte beweisen.«

Der Vorsitzende fordert den Psychiater auf, die Pflegeakte von Amelie dem Gericht zu überlassen, was dieser gezwungenermaßen tut. Seine Vernehmung wird auf einen anderen Verhandlungstag verschoben, damit die Unterlagen vorher von den Prozessbeteiligten durchgesehen werden können.

Kaum hat der Arzt den Saal verlassen, stößt Schwenn, der sich gleich über die Akte hergemacht hat, einen überraschten Ruf aus und zieht den Durchschlag eines Polizeiprotokolls aus dem Papierkonvolut. Die Kopie stammt vom 8. November 1994 und ist die Niederschrift von Amelies allererster Aussage, in der sie die zehn Vergewaltigungen durch ihren Vater anzeigt. Wie kommt diese kriminalpolizeiliche Vernehmung in die Pflegeakte der Patientin? Es ist ein nicht unterschriebenes und nicht paginiertes Exemplar, kann also nicht aus den Akten stammen, sondern muss noch am Tag der Vernehmung selbst die Polizeidienststelle in Richtung Krankenhaus verlassen haben. Vernehmungsprotokolle Außenstehenden zu überlassen ist Kriminalbeamten verboten, auch der Vernommene selbst bekommt kein Exemplar in die Hand – und schon gar nicht dessen Ärzte. Diese Protokollkopie, die von der Kripo rechtswidrig herausgegeben worden sein muss, ist der peinliche Beweis für eine enge und vertrauensvolle Zusammenarbeit zwischen der örtlichen Kriminalpolizei und dem Personal der Kinder- und Jugendpsychiatrie. Eine Zusammenarbeit, die dazu beitrug, dass zwei Unschuldige verurteilt wurden.

Das Polizeiprotokoll ist nicht die einzige Überraschung, die Amelies Pflegedokumentation birgt. Auch ein Brief, den die Patientin mit eigener Hand schrieb, ruhte zehn Jahre lang wohlverwahrt in den Tiefen dieser Patientenunterlagen. Er ist an das Personal der Kinder- und Jugendpsychiatrischen Abteilung gerichtet und stammt vom 11. Januar 1995. Zu diesem Zeitpunkt hatte Amelie bereits erste Beschuldigungen gegen ihren Onkel erhoben: Die Belästigung zur Weihnachtszeit am Telefon hat es angeblich schon gegeben, und die Lieblingskrankenschwester Frauke, die behandelnde Psychologin und der Chefarzt haben auch schon erfahren, dass Bernhard M. seine Nichte zweimal vergewaltigt haben soll. Und nun schrieb die Patientin:

Hallo!

Ich weiß echt nicht mehr, was ich machen soll! Was ich im Bezug auf meinen Onkel gesagt habe, war falsch! Es stimmt alles bis auf, dass er mit mir geschlafen hat.

Amelie versuchte die Notbremse zu ziehen. Der Brief ist ein Widerruf der Beschuldigungen gegen den Onkel, der aus Gründen der Gesichtswahrung im Weiteren mit ein paar sibyllinischen Bemerkungen darüber ausgeschmückt ist, warum das Mädchen sich trotzdem vor ihm fürchte. Dazu kommen einige sinistre Betrachtungen, was alles mit diesem Onkel passieren *könnte*. Zehn Jahre lang schlummerte dieser Brief unter Verschluss, gut geschützt vor den Augen der Polizei, der Glaubwürdigkeitsgutachterin und der Richter. Unterschlagen und wohlgehütet vom empathischen Personal der Kinder- und Jugendpsychiatrie. Amelie fährt fort:

Ich weiß, dass Ihr jetzt ziemlich enttäuscht von mir seid, aber ich wusste nicht mehr weiter. Ich schätze, dass Ihr das mit meinem Vater jetzt auch anzweifelt [größere Durchstreichung], *doch es ist wahr. Ich sehe ein, dass ich einen Fehler gemacht habe, aber bitte glaubt mir! Ich werde meinem Onkel auch sagen, dass ich Euch schon angelogen habe wegen seinem Verhalten. Vielleicht sieht er es ja ein ... Wenn Ihr jetzt nicht mehr mit mir reden wollt, dann sagt es mir. Ich kann es sehr gut verstehen. Und ich möchte, dass mein Onkel heute Nachmittag bei dem Gespräch dabei ist, aber ich möchte vorher nicht mehr mit ihm reden!*

Amelie

»Ich weiß, dass Ihr jetzt ziemlich enttäuscht von mir seid ...«
Was fürchtete Amelie? Warum sollten die Ärzte und Schwestern enttäuscht von ihr sein? Weil sie von ihren belastenden Aussagen abrückt? Weil sie jetzt die Wahrheit sagt?

Um 11.15 Uhr trug die Krankenschwester Frauke in die Pflegedokumentation, in der jede Regung der Patientin festgehalten wird, jedenfalls Folgendes ein:

Amelie schreibt morgens einen Brief für uns, das Team, den sie mir später gibt. Brief liegt anbei, kurz: sie »beichtet«, die Geschichte mit ihrem Onkel [der letzte Teilsatz ist durchgestrichen], *sie schreibt, dass sie mit ihrem Onkel geschlafen habe, sei nicht wahr.*

Am Nachmittag desselben Tages hatte Amelie ein Gespräch mit ihrer Mutter – auch das wird in der Pflegeakte vermerkt. Danach war sie mit der Mutter und Bernhard M. den »ganzen Nachmittag unterwegs«. Als sie am Abend auf die Station zurückkehrte, vermerkte die Schwester, dass die Patientin »gut zufrieden« sei.

Wodurch dieses Geständnis der Amelie ausgelöst wurde, kann man nur vermuten. Auffällig ist jedenfalls, dass sie drei Tage vor dem Verfassen des Briefes im Kino gewesen war. Auch das steht in der Pflegeakte: Amelie hatte »unbedingt« den Film *Enthüllung* mit Michael Douglas und Demi Moore sehen wollen, einen amerikanischen Thriller, in dem es um eine Falschbeschuldigung geht. Der Protagonist ist ein Firmenangestellter, der von einer Arbeitskollegin, die mit ihren Verführungskünsten bei ihm scheitert, aus Rache fälschlich der Vergewaltigung bezichtigt wird. Erst scheint er alles zu verlieren, doch dann wendet sich das Blatt, und es gelingt ihm schließlich, seine Unschuld zu beweisen. Der Film endet mit einer peinlichen öffentlichen Demontage der Lügnerin. In Amelies Pflegeakte steht zum Thema Kinobesuch: »Kurz vor Ende des

Films möchte Amelie gehen, insgesamt sieht sie heute Nachmittag blass aus.« Hat das traurige Ende der Antiheldin Demi Moore das Mädchen Amelie zur zeitweiligen Rücknahme ihrer Beschuldigungen gegen den Onkel bewogen?

Erst im Februar fing sie wieder damit an, den Onkel zu belasten. Das geschah im zeitlichen Zusammenhang mit der Aufforderung des Psychiaters Dr. X, Amelie möge sich endlich um ihre berufliche Zukunft kümmern und Bewerbungen schreiben. Offenbar nahte das Ende ihres Stationsaufenthaltes. Die Krankenschwestern sagten vor dem Landgericht in Oldenburg als Zeuginnen aus, dass schon die Beschuldigungen gegen den Vater im Sommer 1994 in einer vergleichbaren Phase erhoben worden waren. Auch damals stand die Entlassung des Mädchens aus der Psychiatrie bevor. Auch damals machte Amelie ein Praktikum. Dann begann sie mit ihren Vergewaltigungsgeschichten, brach das Praktikum ab und durfte bleiben.

Und nun das gleiche Muster. Die Akte zeigt, wie sehr sich Amelie vor dem Selbständigwerden und dem Abschied von der Station fürchtet. Als sie am Morgen des 8. Februar zum Arbeitsamt gehen soll, stammelt sie unter Tränen, sie habe so schlecht geträumt. »Sie lehnt es ab, Bewerbungen zu schreiben«, lautet der Eintrag einer Schwester. »Sie hat das Gefühl, dass ich sauer auf sie sei, da ich sie so unter Druck setze.«

Tags darauf ist vermerkt, Amelie sei von ihrer Therapeutin aufgefordert worden, langsam mal Bewerbungen zu schreiben. Die Patientin habe Angst, ein Praktikum zu absolvieren, »Angst zu versagen«.

Wieder einen Tag später, es ist der 10. Februar, äußert Amelie, es belaste sie sehr, dass alle Betreuer und Therapeuten von ihr verlangten, ihre Zukunft zu planen, aber keiner ihr helfe, ihre Erinnerungen loszuwerden. Sie verletzt sich selbst an der Hand, die stark anschwillt, und deutet an, sie müsse etwas erzählen, traue sich aber nicht.

Am 11. Februar will Amelie gar nicht mehr aufstehen. Am Nachmittag lautet ein Eintrag: »Auf die Anordnung, am Wochenende Bewerbungen zu schreiben, reagierte sie betroffen.« Mitten in der Nacht stöhnt Amelie schrecklich auf und erzählt der herbeigeeilten Nachtwache, sie träume so schrecklich von ihrem Onkel, das verbreitet sie auch am nächsten Tag auf der Station.

Am 16. Februar deutet Amelie an, sie sei schwanger. Sie behauptet, ihr sei schlecht, sie übergibt sich. Kurz danach verlangt sie Bismarckheringe. Auch die Mitpatientinnen erfahren von Amelies angeblicher Schwangerschaft.

In der Nacht zum 21. Februar hat sie »Schwierigkeiten, ins Bett zu gehen, möchte aber nicht reden«. Am nächsten Vormittag erzählt sie, sie habe geträumt, tot zu sein, und es sehr bedauert, dass es nur ein Traum gewesen sei. Am Nachmittag kehrt sie von einem Ausgang nicht zurück. Ihre Familie wird informiert.

Um 16 Uhr ist sie immer noch nicht da.

18 Uhr: keine Nachricht von Amelie.

Erst um 21.15 Uhr ruft eine Mitpatientin an, sie sei bei Amelie, wolle aber nicht sagen, wo. Amelie wolle zurück, aber mit niemandem reden.

Um 21.40 Uhr wird auf Anordnung des Chefarztes die Polizei eingeschaltet.

22.10 Uhr: Die Mitpatientin ruft wieder an, Amelie sei nun bereit, mit der Therapeutin zu sprechen. Die Frau hastet in die EEG-Abteilung, wo Amelie wartet, und kehrt nach vierzig Minuten mit der Patientin auf die Station zurück. Dort spricht sie weiter mit Amelie.

23 Uhr: Der Nachtdienst der Station trägt in Amelies Pflegeakte ein:

*Amelie geht es so weit gut, wirkt zufrieden, hat der Psycholo-
gin erzählt, dass es doch wahr ist, dass ihr Onkel sie vergewaltigt hat und er ihr gedroht habe, falls sie es erzählt, er sich mit
ihrem Vater verbündet und Amelie für verrückt erklären wird.*

Gerade diese Aufzeichnungen um den 21. Februar illustrie-
ren eindrucksvoll, wie Amelie ihre Dramen inszeniert. Erst redet sie vom Tod, dann kommt sie nicht mehr heim, lässt sich
polizeilich suchen, meldet sich über Dritte, nennt aber den Aufenthalt nicht, trifft schließlich ein, redet aber nur mit einer ausgewählten Person, und schließlich – die Spannung ist ins Unerträgliche gestiegen – platzt die Bombe: Also doch! Der Onkel!

Natürlich durfte Amelie jetzt auf der Station bleiben. Jetzt
wagte es niemand mehr, sie nach ihren Zukunftsplänen zu fragen oder zur Arbeit anzuhalten, niemand drängelte sie, sich
endlich auf eigene Beine zu stellen oder lästige Bewerbungen
zu schreiben. Eine Arbeitsstelle, die ihr wenige Tage später
angeboten wurde, sagte Amelie jedenfalls gleich ab. Stattdessen trug sie der empathischen Schwesternschaft die Vorwürfe
gegen den Onkel vor und ließ die Hämatome von den angeblichen Toyota-Vergewaltigungen an ihren Brüsten und Beinen
fotografieren (vgl. Kapitel *Falsche Freunde*). Und war wieder
Opfer. Nun mehr als je zuvor.

Die Pflegedokumentation gewährt noch weitere interessante
Blicke hinter die Kulissen der Klinik. In den Mitschriften aus
Therapiestunden und Visiten im Sommer und Herbst 1994
finden sich die Schilderungen diverser Vergewaltigungen, die
stark von jenen Versionen abweichen, die später der Polizei
offeriert wurden. Außerdem ist nachzulesen, dass die Patientin Amelie damals im Besitz von Pornovideos und eines Porno-
buches war. Genau dieses aber war von der Schwesternschaft
während der Ermittlungen gegen Bernhard M. im Polizeiver-

hör bestritten worden. Das Thema ist deshalb von Bedeutung, weil solch einschlägiges Material der Jungfrau Amelie bei der Ausarbeitung ihrer Phantasiegeschichten gute Dienste geleistet haben könnte.

Mir hatte die Familie M. jedenfalls berichtet, dass Amelie – woher auch immer – eine ganze Reihe Pornos besessen habe. Sie seien beim Ausräumen ihres Zimmers gefunden worden. Das war für mich stets eine Erklärung für die Stereotypie und den stark pornographischen Charakter ihrer Vergewaltigungsbeschreibungen gewesen. In ihren Schilderungen kam das Ejakulieren auf den Bauch oder auf Decken ungewöhnlich oft vor, obwohl das beim Verkehr vor der Kamera ja mehr Sinn macht als beim Vergewaltigen.

Bemerkenswert ist auch der Eintrag in die Pflegeakte vom 20. Januar 1995. Dort hat eine Schwester mit rotem Stift um 23 Uhr Folgendes notiert:

Amelie schaut sich einen Film an, in dem eine Mutter den Vergewaltiger ihrer Tochter erschießt. Es kommen Erinnerungen in ihr hoch, und sie meint, sie möchte auch am liebsten ihren Vater erschießen, da er nach vielleicht sieben Jahren Knast Rache nehmen könnte, da er alles verloren hat.

Der Eintrag ist für jeden Aktenkenner deshalb so frappant, weil Amelie das genaue Strafmaß gegen ihren Vater benennen kann – obwohl die Hauptverhandlung gegen ihn erst in zwei Monaten beginnen wird. Rechtsanwalt Schwenn stellt aufgrund dieser Fundstelle im Prozess den Antrag, Amelies Anwältin als Zeugin zu hören, weil er vermutet, dass mindestens einer der Osnabrücker Richter der Nebenklage schon vor Anklageerhebung das Strafmaß angedeutet hat. Er schreibt an das Landgericht Oldenburg:

Adolf S. ist erst am 31. 3. 1995 zu einer Gesamtfreiheitsstrafe von sieben Jahren *verurteilt worden. In der Hauptverhand-*

lung hatte der Sitzungsvertreter der Staatsanwaltschaft eine Ge-
samtfreiheitsstrafe von zwölf Jahren beantragt, die Nebenklä-
gerin [Amelie] gefordert, »den Angeklagten angemessen zu be-
strafen«, und der Verteidiger »Freispruch, hilfsweise ein mil-
des Urteil« verlangt. Die Gesamtfreiheitsstrafe beruhte auf einer
Einsatzstrafe von drei Jahren und sechs Monaten Freiheitsstra-
fe, einer Einzelstrafe von drei Jahren, vier weiteren von jeweils
zwei Jahren und sechs Monaten und einer Einzelstrafe von drei
Jahren Freiheitsstrafe.

Das Ergebnis der komplizierten Gesamtstrafenbildung
auch nur annähernd vorherzusagen sei sogar für einen mit
dem Strafrecht Vertrauten eine »*unmögliche Leistung*«. Die sichere Vorhersage der väterlichen Strafe durch die Nebenklägerin sei nur durch einen »überaus unwahrscheinlichen Zufall« zu erklären oder eben durch eine Vorabinformation eines
der drei Osnabrücker Berufsrichter. Das Oldenburger Wiederaufnahmegericht lehnt Schwenns Beweisantrag auf Vernehmung der Anwältin trotzdem ab. Die Begründung lautet, man
habe hier im Prozess über die Schuld oder Unschuld des Bernhard M. zu befinden und nicht in der Sache des Adolf S. zu
ermitteln. (Auf meine über das Landgericht Osnabrück an die
drei Richter adressierte Anfrage vom November 2006, ob sie
eine Erklärung für Amelies Äußerung hätten, antwortete mir
der Präsident dieses Landgerichts für die dort noch tätige ehemalige Beisitzerin und wies mich auf das Beratungsgeheimnis
der Richter hin.)

Am 28. November 2005 wird der Chef der Kinder- und Jugendpsychiatrie vom Landgericht Oldenburg als Zeuge gehört. Seine dicke Pflegeakte wird ihm leihweise wieder überlassen. Er berichtet, wie Amelie nach einem Suizidversuch auf
seine Station gekommen und dort therapiert worden sei. Anfangs habe sie von sexuellen Übergriffen nichts gesagt, nur

von »belastenden familiären Verhältnissen«. Ihre Sucht, sich selbst zu verletzen, sei weit über das Maß pubertierender Mädchen hinausgegangen, was ihre Behandlung erschwert habe. Ihre Krisen seien »in Wellenbewegungen« gekommen, manchmal sei sie gut ansprechbar gewesen, »aber das konnte rasch kippen«. Einmal sei die Patientin fast entlassen worden, dies habe sich aber »aufgrund von Selbstmordideen« wieder zerschlagen.

»Und wie sind Sie später mit den Beschuldigungen umgegangen?«, will der Strafkammervorsitzende von dem Psychiater wissen.

»So ein Verdacht steht im Laufe einer Therapie häufiger im Raum«, antwortet Dr. X. Man eröffne der Patientin dann die Möglichkeit einer Anzeige und mache ihr die Konsequenzen klar. Amelie habe sehr früh als traumatisierte Patientin gegolten, »und das würden wir heute genauso sehen. Wir sind als Therapeuten darauf angewiesen, die Stimmung des Patienten zu erfassen.«

»Wurde in der Therapie auch über Missbrauch gesprochen?«, fragt der Vorsitzende.

»Das Schlimmste bei den traumatisierten Mädchen ist doch, dass sie nicht darüber reden können«, weicht der Zeuge aus. »Amelie hatte gute Erfolge in der Kunsttherapie oder mit dem Schreiben.«

»Und welche Literatur haben Sie ihr gegeben?«, fasst der Vorsitzende nach.

»Sie hat von uns das Buch *Trotz allem* bekommen«, erwidert Dr. X.

»Darin gibt es recht problematische Passagen …«, meint der Vorsitzende.

»Dass die eine oder andere Patientin so was in den falschen Hals bekommt, das kann man nicht ausschließen«, versucht der Psychiater die Sache kleinzureden, »aber das sagt doch letztlich nichts über ihre Glaubwürdigkeit.«

»Na, na, na!«, lässt sich jetzt Schwenn laut vernehmen.

»Wissen Sie, Herr Dr. X, ob Amelie ihre Vergewaltigungsschilderungen je selbst infrage gestellt hat?«, fragt der Vorsitzende.

»Ja, sie hat einen Brief geschrieben.«

»Kennen Sie den Brief?«

»Ich habe ihn erst letzte Woche gesehen, als ich hierher zu meiner Vernehmung anreiste«, behauptet der Psychiater.

»Das erstaunt mich«, gibt der Vorsitzende zurück. »Immerhin ist wegen der Aussage eines psychisch kranken jungen Mädchens ein Mensch vor Gericht gestellt worden. Wie kommt es dann, dass reihenweise Mitarbeiter der Klinik vor Gericht aussagen – und den Brief mit keinem Wort erwähnen, so dass er nicht zur Kenntnis der Richter gelangt?«

Der Chefarzt findet alles halb so schlimm, jedenfalls erweckt er diesen Eindruck. Es komme eben vor, dass auf einer Station ein Schriftstück auftauche, das allem bisher Gesagten entgegensteht. »Es kann sein, dass der Brief deshalb vom Personal nicht ernst genommen worden ist«, bekundet er. Außerdem habe Amelies Onkel Bernhard M., mit dem er am 22. August 1994, anlässlich der Vorwürfe, die seine Nichte gegen ihren Vater erhob, ein Verwandtengespräch führte, selbst eingeräumt, dass da »Geheimnisse« seien »zwischen ihm und seiner Nichte«. Zum Beweis liest der Arzt triumphierend folgenden rot markierten Satz aus den eigenen Gesprächsnotizen in der Pflegeakte vor: »Herr M. spricht weitere eigene Geheimnisse an.«

Der Angeklagte schüttelt den Kopf, er scheint von Geheimnissen nichts zu wissen. Auch der Vorsitzende ist wenig beeindruckt: »Darunter kann man doch alles oder gar nichts verstehen«, versetzt er. »Kein Mensch sagt: Ich spreche jetzt weitere eigene Geheimnisse an.«

»Er hat sich so ausgedrückt«, verteidigt sich der Psychiater.

»Das kann ja auch Wissen über Adolf S. gewesen sein«, meint der Vorsitzende achselzuckend.

Jetzt schaltet sich Schwenn ein, obwohl das Fragerecht noch nicht bei ihm ist: »In Ihren Notizen steht auch: Bernhard M. zittert und hat einen trockenen Mund. Was sollte denn das?«

»Man schreibt als psychotherapeutischer Fachmann solche Sachen auf, die man beobachtet«, erklärt der Arzt.

»Das nennen Sie also ein Gesprächsprotokoll«, konstatiert Schwenn. »Sie schreiben nicht auf, was der Betreffende sagt, sondern ihre eigene klinische Interpretation. Danke, das war's.«

Der Vorsitzende fährt mit der Befragung fort. Jetzt will er wissen, welche psychiatrische Diagnose der Chefarzt bei Amelie gestellt hat. »Ich glaube, eine schwere Borderline-Störung«, sagt Dr. X. Das sei schon vor der Entlassung klar gewesen.

»Da kann sich der Zeuge nur irren«, wirft Schwenn böse ein. »Wir haben hier alle das Urteil des Landgerichts Osnabrück im Kopf.«

Der Vorsitzende liest aus dem Urteil und dem Entlassungsbericht von Amelie vor, den der Zeuge selbst verfasst hat: länger andauernde Belastungsreaktion. Von einer Borderline-Störung kein Wort.

Für den Zeugen wird es langsam eng. Belastungsreaktion und Borderline-Störung seien einander manchmal sehr ähnlich, bekundet er. »Borderline schreiben wir nicht, weil so was doch eine schwere Hypothek ist für die Patientin.«

»Da tragen Sie die Hypothek von viereinhalb Jahren Gefängnis lieber bei meinem Mandanten ein«, fährt Schwenn den Psychiater an.

»Sind Sie vor dem Landgericht Osnabrück denn nicht nach einer möglichen Borderline-Störung der Belastungszeugin gefragt worden?«, forscht der Vorsitzende.

Das wisse er nicht mehr, sagt der Zeuge.

»Aber die Richter sind davon ausgegangen, dass bei Amelie *keine Borderline-Störung* vorliegt«, hält der Vorsitzende dem Zeugen vor, »und Sie haben damals vor Gericht wohl auch ausgesagt, dass *keine* Borderline-Störung vorliegt.«

»Wir hatten das damals so geschrieben, und dabei sind wir auch geblieben«, antwortet der Zeuge unbestimmt.

Jetzt kommt das Fragerecht an die Verteidigung: »Haben Sie den Kontakt zwischen Amelie und ihrer Anwältin hergestellt?«, fragt Schwenn.

»Das kann sein«, bestätigt der Arzt. Es habe in der Stadt eine Beratungsstelle für missbrauchte Mädchen gegeben, über die habe man sich kennengelernt. Die Anwältin sei nämlich dafür bekannt, dass sie vorzugsweise sexuell misshandelte Frauen vertrete.

»Sie meinen *angeblich* misshandelte Frauen«, korrigiert Schwenn und fragt weiter: »*Wildwasser, Allerleirauh, Hautnah* – kennen Sie diese Namen?«

Der Zeuge nickt. »Das sind Vereine, die sich sehr verdient gemacht haben um missbrauchte Mädchen – wenn sie auch manchmal über das Ziel hinausgeschossen sind«, fügt er hinzu.

»So so, verdient gemacht«, sagt Schwenn eisig. »Solche Vereine haben nachweislich reihenweise zu Fehlurteilen beigetragen. Und Sie nennen das: übers Ziel hinausschießen!« Dann hebt er Amelies Polizeiprotokoll hoch: »Wie kommt übrigens diese Polizeivernehmung in die Pflegeakte? Das Papier stammt direkt aus dem Kriminalkommissariat und kann nur auf gesetzeswidrige Weise zu Ihnen gelangt sein.«

Dr. X hat keine Erklärung für dieses Phänomen.

»Dafür findet sich in der Polizeiakte wiederum das Bild vom *Penisgeist*, das Amelie in Ihrer Maltherapie angefertigt hat – wie kommt das Bild aus Ihrer Klinik zur Polizei?«

Achselzucken.

»Hat da jemand ohne Ihr Wissen mit der Polizei kommuniziert?«, fragt der Verteidiger.

»Diese Dinge sind in der Zuständigkeit der Therapeutin«, erwidert der Chefarzt.

»Ja, so wollen wir's halten«, versetzt Schwenn. »Wenn es eng wird, war's die Therapeutin.«

Aber er ist noch nicht fertig. Er zeigt ein Blatt vor, auf dem Amelies Therapeutin ein Einzelgespräch mit der Patientin vom 27. Oktober 1994 mitgeschrieben hat. Darauf ist von der Psychologin selbst ein Zahlenstrahl von 0 bis 100 gezeichnet worden, und daneben steht:

Vater-Anzeige: nicht mehr weit entfernt. Zwischen 0 und 100 (Ziel = Anzeige) ist sie z.Zt. bei 60

Und darunter hat die Psychologin gekritzelt:

Anzeige noch vor Weihnachten

»Sehen Sie diesen Zahlenstrahl?«, fragt Schwenn, »Ziel: Anzeige. Soll da jemand zu einer Anzeige gedrängt werden?«

»Das ist ein üblicher therapeutischer Vorgang«, antwortet der Chefarzt. »Wenn Patienten sich ein Ziel gesetzt haben, zeichnen wir auf, wie weit sie schon sind.«

»Aha, das nennen Sie Therapie. In die Pflegeakte haben Sie geschrieben: Amelie hat den Missbrauch *aufgedeckt*. Haben Sie an irgendwelchen Fortbildungen von ›Wildwasser‹ und Konsorten teilgenommen?«

»Nein«, versichert der Psychiater.

»Aufdecken – das ist eine Erkennungsvokabel für die Missbrauchsszene, die Sie für so verdient halten«, sagt Schwenn. »Sie müssen hier die Wahrheit sagen – ich sitze Ihnen im Nacken! Wer ist dafür verantwortlich, dass das Buch *Trotz allem* in Ihrer Bibliothek steht?«

»Letztlich ich«, gibt Dr. X zu. »Wir haben es für unbedenklich gehalten.«

»Haben Sie es gelesen?«, fragt Schwenn.

»Nicht ganz, aber ich kann es gut einordnen.«

»Sie können also etwas einordnen, das Sie gar nicht ganz gelesen haben.« Schwenn nickt befriedigt. Und fragt dann frontal: »Haben Sie eigentlich ein schlechtes Gewissen gegenüber Herrn M.?«

»Diese Frage müssen Sie nicht beantworten«, unterbricht der Vorsitzende die Verteidigung und weist die Frage zurück.

»Ich will darauf hinweisen, dass auch Amelie zu den Opfern der Behandlung dieses Arztes gehört«, ruft Schwenn.

Der Vorsitzende nickt, gleichwohl weist er die Frage erneut zurück, und der Zeuge macht auch keine Anstalten, sie zu beantworten. Er zieht seine Jacke an und geht.

Die Vernehmung der früheren Glaubwürdigkeitssachverständigen, die Amelies Wahrheitsliebe in zwei emotional aufgeladenen Gutachten gepriesen hatte, wird kurz und unspektakulär. Die Zeugin kann kaum Angaben machen, die über ihre Gutachten hinausgehen. Allerdings kommt heraus, dass es über die Qualität ihrer Erkenntnisse damals Streit mit ihren Praxiskollegen gegeben hat. Heute arbeitet sie nicht mehr als Sachverständige. Die Frau macht bei ihrer Zeugenaussage jedenfalls einen so mitgenommenen Eindruck, dass selbst Schwenn Beißhemmungen entwickelt.

Dann kommt die Reihe an den rechtsmedizinischen Sachverständigen Professor Bernd Brinkmann. Sein Thema ist die Beurteilung der fotografisch festgehaltenen Hämatome von Amelie und die Wahrscheinlichkeit einer bestehenden Jungfernschaft nach zahlreichen Vergewaltigungen plus Kleiderbügelattacke.

Brinkmann unterscheidet bei den Vergewaltigungen Amelies zwei Subserien, die eine begangen vom Vater, die andere vom Onkel. Bei beiden sei es auffällig, dass es − anders als in den Berichten anderer Opfer − den Tätern immer gelungen sei, Amelie zu entkleiden. Ebenso sei das von ihm so genannte »Einfädeln« des Gliedes trotz heftiger Gegenwehr immer geglückt, obwohl das selbst bei einvernehmlichem Geschlechtsverkehr keine einfache Sache sei und Amelie überdies berichtet habe, dass der Vater oft völlig ohne Erektion bei ihr aufgetaucht sei. Merkwürdigerweise hätte sie auch niemals über Strangulationsfolgen wie Schluckbeschwerden oder Halsabschürfungen geklagt, obwohl der Vater sein Begehren doch mehrfach durch heftiges Würgen durchgesetzt haben soll. »Die typischen Vergewaltigungsverletzungen werden nicht berichtet«, sagt Brinkmann, »obwohl sie dagewesen sein müssten.«

Dafür wurde Untypisches vorgebracht: Schläge gegen die Brust, wie Bernhard M. sie der Nichte im Toyota sitzend mehrfach zugefügt haben soll, hält der Professor bei einer Vergewaltigung für mehr als ungewöhnlich. »Ich höre zum ersten Mal davon«, sagt der Rechtsmediziner, der seit über vierzig Jahren im Dienst ist und nicht nur die Literatur im Kopf hat, sondern auch unzählige vergewaltigte Frauen untersuchte. Normalerweise richte sich die Aggression des Täters gegen das Gesicht der Frau, so dass es zu aufgeplatzten Lippen oder Monokelhämatomen am Auge komme. Bezeichnend seien auch Unterblutungen am Hals durch Drosseln, Griffverletzungen an den Armen, Hämatome an den Schultern durch Daraufknien, Widerlagerverletzungen am Rücken und am Gesäß, die beim Liegen auf dem Boden entstünden.

Bei Amelie aber habe man es mit symmetrischen Hämatomen an beiden Brüsten zu tun, die dadurch entstanden sein sollten, dass der Fahrer auf die Beifahrerin eingeschlagen habe. Solch ein Befund sei nur vorstellbar, wenn das Mädchen »wie eine Puppe« im Auto gesessen und die Hiebe ohne Gegenwehr über sich ergehen lassen habe. Er konstatiert: »Die merkwürdige Symmetrie der Verletzungen, ihre Atypizität und das isolierte Betroffensein der Brust machen für mich eine Vergewaltigung extrem unwahrscheinlich.« Die Wahrscheinlichkeit schrumpfe noch, halte man sich vor Augen, dass die Hämatome an zwei verschiedenen Tattagen entstanden sein sollten. Der zweite Angriff im Toyota vierzehn Tage später sei quasi die exakte Wiederholung der ersten Tat gewesen. Wieder saß der Täter im Auto und traf mit seinen Fäusten das Opfer akkurat an denselben Stellen der Brust wie das Mal zuvor. Brinkmann schüttelt den Kopf: »Ein Sechser im Lotto wäre wahrscheinlicher.«

Auch die Hämatome an Amelies Oberschenkeln überzeugen ihn nicht. Sie säßen viel zu weit oben, um charakteristisch zu sein. Nur unten, in der Nähe der Knie, entfalte sich die Hebelwirkung der Gewalt, die ja darauf gerichtet sei, die Beine des Opfers auseinanderzuzwingen. Oben, in der Nähe der Unterhose, sei die Gewalteinwirkung sinnlos. Das Gesamterscheinungbild der Unterblutungen deute vielmehr auf typische Selbstbeibringungen hin, eine Diagnose, die durch das psychiatrische Krankheitsbild von Amelie gestützt werde. Sämtliche Hämatome lägen in Körperregionen, die Amelie mit den eigenen Händen leicht erreichen konnte, und ließen sich – selbst ohne die Unterstützung von Marcumar – relativ schmerzarm herstellen.

Dann setzt sich der Gerichtsmediziner mit dem unverletzten Hymen auseinander: Bei jeder Penetration reiße das Hymen ein, sagt er. Ganz selten – wenn es ringförmig angelegt sei – komme es vor, dass das Jungfernhäutchen bei einvernehmlichem und vorsichtigem Geschlechtsverkehr erhalten bliebe. Das sei aber nach Amelies Schilderungen gerade nicht der Fall gewesen. Die Begegnungen mit zwei verschiedenen Vergewaltigern unter völlig unterschiedlichen Geometrien des Eindringens seien weder einvernehmlich noch vorsichtig verlaufen. Dazu komme, dass das Opfer bei der ersten Vergewaltigung erst zwölf Jahre alt und noch gar nicht geschlechtsreif gewesen sei. In diesem Alter habe die Hymenalöffnung einen Durchmesser von etwa zwölf Millimetern, und die kindliche Scheide sei »extrem vulnerabel«. Brinkmann sagt zum Gericht: »Je enger die Hymenalöffnung, je jünger die Frau, je gewaltsamer das Eindringen, desto unwahrscheinlicher (um nicht zu sagen unmöglicher) die Erhaltung des Hymens.« Obendrein sei die Scheide einer Vergewaltigten trocken und das Vorstoßen des Täters hart und heftig. »Das Gewebe dehnt sich nicht, sondern bricht wie Knochen. Für mich ist es absolut unmöglich, dass diese Vergewaltigungen stattgefunden haben«, sagt Brinkmann.

Dabei habe er den Kleiderbügel noch gar nicht berücksichtigt. Denke man aber – »und da bewege ich mich bereits im Raum der theoretischen Medizin« – den rabiaten und blutigen Abtreibungsversuch noch hinzu, gleite die gesamte Schilderung ins Irreale ab. Der Sachverständige beschließt seine Ausführungen mit den Worten: »Nach rechtsmedizinischen Maßstäben sind die Schilderungen der Nebenklägerin absolut unmöglich und absurd.« Neunzig Minuten hat der Vortrag des Gutachters gedauert. Danach hat niemand mehr eine Frage.

Der Schlussvortrag in der Beweiserhebung geht an die Diplompsychologin Renate Volbert, Glaubwürdigkeitsgutachterin im Institut für Forensik der Berliner Charité. Sie hat, ebenso wie der Sachverständige Kröber, die Nebenklägerin Amelie besucht und auf der psychiatrischen Station des Krankenhauses, zu dem die Belastungszeugin regelmäßig Zuflucht nimmt, über mehrere Stunden exploriert. Auch sie ist einer konzentrierten Probandin begegnet, die sich sachlich betrug und lange durchhielt. »Alle befürchteten Schikanen blieben aus«, sagt Renate Volbert, »es gab kein Theater.«

Zu den Vorwürfen, die Amelie auch ihr gegenüber wieder erneuerte – und die sie sehr detailliert, wenn auch im selben Wortlaut wie in den Akten geschildert habe –, bemerkt die Gutachterin, es gebe »erhebliche Hinweise auf eine falsche Aussage«. Allerdings denkt Frau Volbert nicht an eine fremd- oder autosuggerierte Pseudoerinnerung, bei der das Opfer fest an die eigenen inneren Bilder glaubt, auch wenn ihnen keinerlei reale Tatsachen zugrunde liegen. Sie hält Amelies Beschuldigungen vielmehr für »absichtliche Falschbezichtigungen«, die durch die unausgesprochenen Erwartungen des therapeutischen Personals der Jugendpsychiatrie hervorgerufen und bestärkt worden seien.

Eingeredete Pseudoerinnerungen bezögen sich nämlich auf alte, angeblich lang zurückliegende Ereignisse, und das verhängnisvolle psychotherapeutische Konzept sei, diese vermeintlich verschütteten und verdrängten Traumata durch Erinnerungsarbeit wieder an die Oberfläche zu bringen. Amelie dagegen habe ja einmal behauptet, erst vor zwei Tagen von ihrem Onkel vergewaltigt worden zu sein, sie habe sich die Verletzungen höchstwahrscheinlich selbst zugefügt, sie habe ihre Aussagen bewusst einem unerwarteten Alibi des Verdächtigen angepasst, sie habe ihre Beschuldigungen erweitert, ohne dass dafür ein Grund zu erkennen wäre, sie habe sich erneut vergewaltigen lassen wollen, um »Beweise« zu sammeln – all diese Auffälligkeiten in ihrem Verhalten sprächen für die zielgerichtete Falschbeschuldigung des Onkels.

Im Übrigen sei auch die Aussagequalität von Amelies Berichten eher schlecht, stellt die Sachverständige fest. Es sei nicht eine Schilderung dabei, von der sie überzeugt sei, so etwas könne man sich nicht ausdenken. Das Hauptmotiv für die Beschuldigungen aber sieht die Gutachterin in Amelies leidenschaftlichen Bestrebungen, sich intensive therapeutische Zuwendung zu sichern.

»Wenn das Mädchen sich die Therapie sichern wollte, ist es dann vorstellbar, dass sie ausgerechnet jemanden beschuldigte, zu dem sie ein gutes Verhältnis hat?«, will der Strafkammervorsitzende Janßen von der Sachverständigen wissen.

»Es ist vorstellbar, dass sie einen suchte, zu dem sie ein *schwieriges* Verhältnis hat, oder jemanden, der sich gerade von ihr abwendet«, antwortet Frau Volbert.

»Könnte Herr M. seine Nichte unabsichtlich irgendwie gekränkt haben?«, fragt der Vorsitzende weiter.

»Borderline-Kranke fühlen sich sehr schnell gekränkt und sind dann bereit, erheblich zurückzuschlagen. Sie sehen schwarz und weiß und nichts in der Mitte. Alle Grautöne fehlen.«

»Könnte so eine Verletzung die Hinwendung des Onkels zu seiner Freundin Klara gewesen sein?«, will nun die Berichterstatterin wissen.

Und die Sachverständige antwortet: »Eifersuchtsprobleme sind gerade bei solchen Patientinnen oft Auslöser für falsche Beschuldigungen.«

Der letzte Verhandlungstag ist der 14. Dezember 2005. Und er beginnt mit dem sogenannten Letzten Wort des Angeklagten. »Ich habe bis zu meiner Verurteilung nie Probleme mit anderen Menschen gehabt«, sagt M. leise. »Deutschland war mein Zuhause. Ich habe geglaubt, dass die Polizei und die Staatsanwaltschaft ihre Arbeit ordentlich machen. Heute glaub ich niemandem mehr.« Auch das enge Vertrauensverhältnis zu seiner großen Familie sei zerbrochen. Beide Eltern sind während des jahrelangen Papierkriegs um die Wiederaufnahme gestorben. Weder Vater noch Mutter werden die Wiederherstellung der Ehre ihres Sohnes erleben. Alles ist weit weg für M., er nimmt es wahr wie durch Glas. Er schildert seine Existenz als die eines Menschen, der in einer anderen Welt lebt – für immer getrennt von der Gesellschaft der ordentlichen Bürger, zu der er einst gehörte.

»Wie wird es Ihnen nach diesem Verfahren gehen«, fragt der Vorsitzende, »was glauben Sie?«

»Herr Richter«, gibt M. zur Antwort, »das kann ich Ihnen nicht sagen. Ich habe auch nicht geglaubt, dass ich im Gefängnis kaputtgehen würde, aber ich bin kaputtgegangen.«

»Wie ist es Ihnen ergangen, als Ihre frühere Osnabrücker Richterin hier ausgesagt hat?«, will Schwenn von seinem Mandanten wissen.

Und der sagt: »Aushalten. Man muss alles aushalten. Aushalten.«

Sämtliche Zuschauerplätze sind besetzt, denn das Urteil wird am Nachmittag erwartet. Das Publikum sitzt bewegungslos, als der Angeklagte spricht. In der Menge erkenne ich Dieter Gerken, M.s früheren Verteidiger. Nachher wird er es nicht wagen, seinem unglücklichen ehemaligen Mandanten die Hand zu geben.

Die Prozessbeteiligten rüsten sich für die Plädoyers: Nach dem vergangenen Hauptverfahren kann selbst diese Staatsanwältin die Verurteilung des Angeklagten nicht länger fordern, deshalb gibt sie zu: »Auch ich habe inzwischen erhebliche Zweifel an der Schuld des Angeklagten. Die Frage, ob Herr M. schuldig sei, muss eindeutig mit Nein beantwortet werden. Ich beantrage, den Angeklagten auf Kosten der Staatskasse freizusprechen.« Sie richtet mit sichtlicher Überwindung das Wort an Bernhard M.: »Es tut mir leid, Herr M., ich kann es nicht rückgängig machen. Es hätte nicht passieren dürfen. Aber es ist passiert, und es tut mir leid.«

Auch Amelies Anwältin bedauert Bernhard M.s Unglück zehn Jahre zu spät. Der unterschlagene Brief ihrer Mandantin habe sie von der Unschuld Bernhard M.s überzeugt, sagt die Anwältin. »Ich hoffe«, fährt sie zum Angeklagten gewandt fort, »dass das Urteil dazu beiträgt, dass Ihr Leben wieder ein bisschen in Ordnung kommt.«

Die Verteidigung ist weniger versöhnlich aufgelegt. Schwenn spricht über eine Stunde lang. Dabei listet er noch einmal alle Ungerechtigkeiten und Gemeinheiten auf, die seinem Mandanten widerfahren sind, und hält auch mit seiner Meinung über die verschiedenen Zeugen nicht hinterm Berg. Sein (hier gekürzt wiedergegebenes) Plädoyer lautet:

Hohes Gericht!
Jeder Vorwurf eines Dienstvergehens gibt einem Beamten oder einem Richter das Recht, in einem aufwendigen Selbstreinigungsverfahren seine Rehabilitierung zu betreiben, mag auch der Vorwurf längst nicht mehr erhoben werden und mag er noch so gering gewesen sein.

Ein Angeklagter hat kein vergleichbares Recht. Wollte man von Gerichten und Staatsanwaltschaften verlangen, auch die beschädigte Ehre des Angeklagten wiederherzustellen, so könnten die Gerichte ihre Hauptpflicht schlechter erfüllen – den Unschuldigen vor der Strafe zu schützen.

Aber manchmal wäre es doch gut, wenn Gerichte und Staatsanwaltschaften etwas mehr täten, als das Gesetz von ihnen verlangt. Dann nämlich, wenn das Verfahren rechtskräftig mit einer Verurteilung abgeschlossen war und wiederaufgenommen werden musste:

Ist der Angeklagte in einem früheren Verfahren zu Unrecht verurteilt worden, so müsste doch nicht nur für ihn und seinen Verteidiger von Interesse sein, warum es dazu gekommen ist. Manche Fehler der Gerichte mögen unvermeidbar sein. Andere sind es nicht. Und nur um solche, um vermeidbare Fehler, geht es in diesem Verfahren.

Es folgt eine lange Auflistung aller Fehler des Landgerichts Osnabrück, dann fährt Schwenn fort:

Die Achtung vor dem Richteramt gehört zu den elementaren Werten einer geordneten Gesellschaft. Der Auftritt der Osnabrücker Richterin als Zeugin war für mich eine besondere Erfahrung. Sie konnte sich bei ihrer Vernehmung an so gut wie gar nichts erinnern. Dabei galten die Fragen des Gerichts nicht etwa alltäglichen Begebenheiten, sondern Umständen, die sich eigentlich in das Gedächtnis eines Zeugen einprägen sollten.

Etwas zu ostentativ schien diese Richterin mit sich im Reinen zu sein. Ihre Selbstdarstellung gipfelte in der Erklärung, für den Empfang des Wiederaufnahmegesuchs habe sie sich nicht zuständig gefühlt. Wie andere Rechtsfragen ist auch die nach dem zuständigen Gericht keine Gefühlssache. Für die Entgegennah-

me des Wiederaufnahmeantrags sieht das Gesetz in § 367 Abs. 1 Satz 2 StPO alternativ die Zuständigkeit des Erstrichters vor. Das war hier die Jugendkammer des Landgerichts Osnabrück.

Dem Antragsteller soll nicht auch noch die Last aufgebürdet werden, das zuständige Wiederaufnahmegericht zu ermitteln. Vielleicht hat sich der Gesetzgeber aber auch von der Erwägung leiten lassen, dem Erstrichter die Auseinandersetzung mit möglichen eigenen Fehlern selbst dann nicht zu ersparen, wenn er seine Entscheidung nicht aufheben darf. Auch bei der Berufung oder der Revision ist stets er der Adressat des Rechtsmittels und seiner Begründung.

Jedenfalls war der Gesetzgeber mit seinen Vorstellungen bei dieser Richterin am Landgericht Osnabrück an der falschen Adresse. Das Ausmaß ihres Desinteresses an ihrem früheren Amt, das diese Zeugin im Beisein des auch von ihr ins Unglück gestürzten Angeklagten an den Tag gelegt hat, war beeindruckend.

Schwenn macht eine kleine Pause. Dann wendet er sich an das Oldenburger Wiederaufnahmegericht:

Die Beweiswürdigung, hohes Gericht, ist frei. Wie frei sie mitunter sein kann, zeigt dieses Verfahren. Es ist auch Gelegenheit, das Wort Werner Sarstedts in Erinnerung zu rufen: Der hielt das Abfassen sogenannter revisionssicherer Urteile für eine »erbärmliche Kunst« und machte sich anheischig, diese Kunst binnen dreier Monate »einem mittelmäßig begabten Referendar« beizubringen. Der legendäre Revisionsrichter Sarstedt hat mit diesem Satz daran erinnert, dass Ihre Leistung nicht darin besteht, rechtskräftige, sondern richtige Urteile zustande zu bringen. Nicht der Bundesgerichtshof, sondern Sie tragen die Verantwortung dafür, dass die Härte des Gesetzes nur den Schuldigen trifft.

Zu dieser Gewährleistung kann das Revisionsgericht nur bei-
tragen, wenn ihm die wesentlichen Ergebnisse der Beweisaufnah-
me in den Urteilsgründen mitgeteilt und nicht etwa verschwie-
gen werden. Unter den vielen Fehlleistungen, die der Jugendkam-
mer des Landgerichts Osnabrück vorgeworfen werden müssen,
ist eine von besonderem Gewicht.

Jetzt setzt der Verteidiger noch einmal die Umstände auseinander, unter denen Amelie ihre Aussage änderte und eine Vergewaltigung in den Mai 1994 verschob, weil sie von ihrer Tante Freya in die Enge getrieben worden war. Noch einmal schildert er, wie die Osnabrücker Richter zwar die Tante Freya ver-
nahmen, deren Aussage im schriftlichen Urteil aber wegließen
und die Aussageänderung der Opferzeugin Amelie als Akt der
Gewissensreinigung darstellten.

Leider sei das noch nicht alles, fährt Schwenn nach ausführlichen rechtlichen Überlegungen fort:

Als ich vor gut drei Jahren während der Heimfahrt von einer
Verhandlung im Autoradio hörte, der Justizminister und der Ge-
neralstaatsanwalt hätten den Bericht in der ZEIT und das Wie-
deraufnahmegesuch zum Anlass genommen, die Prüfung der
Wiederaufnahme in den Fällen M. und S. von Amts wegen an-
zuordnen, war das für mich keine Überraschung. Schließlich ist
die Staatsanwaltschaft keine Prozesspartei wie die Nebenklage.
Sie selbst sieht sich als »die objektivste Behörde der Welt«. Und
genau das soll sie nach dem Willen des Gesetzgebers auch sein.
Angesichts der Qualität der beigebrachten neuen Tatsachen und
Beweismittel war zu erwarten, dass die Staatsanwaltschaft sich
der Wiederaufnahme mit Eifer widmen würde. Doch das war
ein Irrtum.

Die Staatsanwaltschaft Osnabrück *brachte praktisch nichts* zustande. *Während der Tätigkeit des zunächst beauftragten Sonderdezernenten kam der ehemalige Vorsitzende Richter an die Akten. Dann wurde die unangenehme Aufgabe auf einen anderen abgewälzt.*

Und die Staatsanwaltschaft Oldenburg *widersprach der Zulassung der Wiederaufnahme. Sie tat das mit Argumenten, deren Nichteignung ihr selbst, mindestens aber dem Generalstaatsanwalt hätte klar sein müssen. Bei den Akten fanden sich danach einige Fotokopien gerichtlicher Entscheidungen, aber auch eine Zeitschrift mit dem Namen »Streit – Feministische Rechtszeitschrift« und einige Aufsätze aus dieser Himmelsrichtung. Aus solchen trüben Quellen hat die Staatsanwaltschaft Oldenburg geschöpft, um ihre Haltung zum Wiederaufnahmegesuch zu finden. Offenbar ist der Generalstaatsanwalt, der es zulässt, dass die ihm nachgeordnete Behörde in solchem Brei herumrührt, nicht Herr im eigenen Haus.*

Damit nicht genug: Ohne die angekündigte Entgegnung des Verteidigers abzuwarten, bewarb die Staatsanwaltschaft ihren falschen Standpunkt auch gleich noch mit einer Presseerklärung, in der sie den Medien das vermeintlich Aussichtslose der Wiederaufnahme zu suggerieren suchte. Diese Tendenz entsprach dem Unmut einer Reihe von Richtern und Staatsanwälten in Osnabrück. Die kannten zwar die Fälle M. und S. kaum, fühlten sich aber dennoch in einer Art Kantinensolidarität den Berufsrichtern der Jugendkammer des Landgerichts Osnabrück verbunden. Das Schicksal der beiden vielleicht unschuldig Verurteilten war ihnen offenbar weniger wichtig.

Nach der Zulassung der Wiederaufnahme verstummte die Staatsanwaltschaft Oldenburg. Dafür erlebte mein Mandant jetzt böse Überraschungen: Bei ihm erschien die Polizei und wollte notfalls mit Gewalt eine Speichelprobe für die DNA-Datenbank. In einem alten Beschluss des Landgerichts Osna-

brück, den die Beamten ihm zeigten, stand, sein Wiederauf-
nahmeantrag sei verworfen und die Entnahme deshalb verhält-
nismäßig.

Und noch im vergangenen Jahr mahnte die zentrale Vollstre-
ckungsstelle des Niedersächsischen Landesamtes Herrn M. und
drohte ihm die Vollstreckung wegen rückständiger Euro 27283,85
an. Als Schuldgrund wurde »Staatsanwaltschaft Osnabrück 64
VRS 11659/95« angegeben.

Was soll man zu solchen Fehlleistungen sagen? Das alles ist
nicht nur liebenswerter Schlendrian, sondern Ausdruck eines Be-
harrungswillens und einer Gleichgültigkeit gegenüber dem An-
geklagten, die das Ansehen der Justiz in Niedersachsen massiv
geschädigt hat und weiter schädigen wird, wenn die Kammer im
Urteil nicht deutliche Worte findet.

Die Staatsanwaltschaft hat in ihrem Plädoyer solche deutli-
chen Worte vermieden. Sie hat den Spagat versucht zwischen ei-
ner Art Entschuldigung an den Angeklagten und einem Antrag
nach dem Zweifelssatz. So kann es ein Nebenklägervertreter hal-
ten, aber kein Staatsanwalt. »Im Zweifel für den Angeklagten«
– das darf nur sagen, wer sich auch bemüht hat, die Zweifel aus-
zuräumen. Die Staatsanwaltschaft hat das nicht ausreichend ge-
tan. Ihr ganzes Verhalten während dieser Hauptverhandlung,
Frau Staatsanwältin, war die Flucht aus Ihrer Mitverantwor-
tung für die Wahrheitsfindung.

Dann wendet sich der Verteidiger den Zeugenaussagen zu,
ganz besonders der des Chefarztes von der Kinder- und Jugendpsychiatrischen Station in Amelies Heimatstadt. Er bewertet sehr kritisch und sehr deutlich Merkwürdigkeiten in
dessen Aussage:

• Dass er nicht wusste, woher das Polizeiprotokoll in der
Pflegeakte kommt.

• Dass er angeblich erst auf der Fahrt zu seiner ersten Vernehmung in dieser Hauptverhandlung auf den Geständnisbrief der Nebenklägerin vom 11. Januar 1995 gestoßen sei, was bedeute, dass Dr. X

— während der gesamten Zeit der Therapie der Amelie S.,

— vor dem Absetzen von Arztbriefen an Kollegen und Krankenversicherungen,

— vor mindestens einem Telefonat mit der damaligen Glaubwürdigkeitssachverständigen und

— vor seinen insgesamt drei Auftritten als Zeuge vor dem Landgericht Osnabrück niemals diesen Brief der Patientin Amelie gelesen oder verstanden habe – einen Brief, der nach Anrede und Inhalt an das gesamte Therapiepersonal gerichtet war und von einer Patientin stammte, der auch er selbst mit großer Zuwendung begegnet sei.

• Dass dem Zeugen Dr. X auf die Frage nach seiner damaligen Diagnose die Borderline-Störung herausgerutscht sei, obwohl er und seine Kollegen am Osnabrücker Landeskrankenhaus das Vorliegen einer Borderline-Störung vor dem Landgericht Osnabrück entschieden in Abrede gestellt hätten.

Und Schwenn macht keinen Hehl daraus, was er von diesem Zeugen hält, den er als »überwunden geglaubten Typus des verbohrten Aufdeckers vermeintlicher Sexualdelinquenz« bezeichnet. Seine Eindrücke vom Zeugen Dr. X und von dessen Rolle im Strafverfahren gegen Bernhard M. fasst der Verteidiger schließlich mit folgenden Worten zusammen:

Im Zusammenhang mit der Sexualdelinquenz wird gern auf das große Dunkelfeld verwiesen und also darauf aufmerksam gemacht, dass viele derartige Vergehen und Verbrechen nicht angezeigt werden. In dieser Hauptverhandlung hat sich ein anderes Dunkelfeld aufgetan: die Frage nämlich, wie viele angebliche

einschlägige Straftaten unter tätiger Mithilfe des Chefarztes Dr.
X und seiner Gehilfinnen mit und ohne Zutun der Nebenkläger-
verteterin »aufgedeckt« und einer Verurteilung zugeführt wor-
den sind.

Die letzte Passage seines Plädoyers widmet Schwenn seinem
Mandanten:

Bevor der Angeklagte in die Mühle der Osnabrücker Justiz ge-
riet, war er ein selbstbewusster, gut verdienender und wegen sei-
ner Hilfsbereitschaft allseits beliebter Mann. Heute ist er ar-
beitsunfähig, ängstlich und nirgends mehr zu Hause. Wenn Sie,
hohes Gericht, die Uhr zurückdrehen wollen, dann müssen Sie
dafür mehr tun als ihn freisprechen. Sie müssen ihm sagen, dass
auch Sie ihn für unschuldig halten und Ihre Osnabrücker Kolle-
gen nicht verstehen. Das kostet Sie nichts.

Als ich vor fast vier Jahren das Mandat dieses Angeklagten
übernommen und die Akten durchgearbeitet hatte, habe ich ihm
zwei Dinge versprochen. Das erste war, dass er freigesprochen
würde. Und das zweite: Nicht alle Richter sind so wie die des
Landgerichts Osnabrück. Enttäuschen Sie ihn nicht.

Die Richter enttäuschen Bernhard M. nicht: Er wird nicht nur
freigesprochen und auf Staatskosten entschädigt, der Vorsitzende sagt ihm in seiner Urteilsbegründung auch, dass er ihn
für unschuldig hält: »Die Tatvorwürfe haben sich nicht nur
nicht bestätigt – sie sind widerlegt. Die Kammer ist davon
überzeugt, dass der Angeklagte die Taten nicht begangen hat.
Dieser Angeklagte ist nicht nur mangels Beweisen freizusprechen, sondern wegen erwiesener Unschuld.«

Und sich dem Angeklagten persönlich zuwendend, fügt
Richter Janßen hinzu: »Dieses Verfahren hat uns erschüttert.

Es tut uns leid, Herr M., was Ihnen widerfahren ist, und wir sind betroffen. Und wir ziehen die Lehre daraus, dass man ganz genau hinschauen muss, wenn die Anklage nur auf einer einzigen Zeugin beruht. Wir hoffen und wünschen Ihnen, Herr M., dass Sie wieder auf die Füße kommen.«

Damit ist die Sitzung geschlossen. Die Zuhörer bleiben noch einen Moment benommen auf ihren Stühlen, dann leert sich der Saal langsam. Schließlich tritt auch der Freigesprochene aus dem Hauptportal des Oldenburger Landgerichts. Kalt ist es, aber die Wintersonne hat sich ein bisschen durchgekämpft. Schwenn gibt schon Interviews, auf Bernhard M. warten seine zahlreichen Geschwister. Sie sind gleich im VW-Bus angerückt, haben Kaffee und Wurstbrötchen mitgebracht. Bernhard M. bedankt sich bei seinem Verteidiger und bei mir mit einem Buch über Jesus Christus. Als wir mit der Großfamilie dann noch auf ein Glas Sekt ins Café gehen, sitzt der Freigesprochene stumm und wie betäubt vor Glück dabei.

Fünf Tage später erreicht den Verteidiger und mich der gleiche Brief. Er kommt von Bernhard M.s Betreuer, der ihn an jedem Verhandlungstag von der psychiatrischen Reha-Klinik die weite Strecke ins Gericht und wieder zurück gefahren hat und der – um den Patienten zu stabilisieren – immer in der Hauptverhandlung saß. Er schreibt:

Meine Gedanken wandern immer wieder in den Gerichtssaal des Landgerichts Oldenburg. Mein Kopf ist mächtig voll von den hinter uns liegenden Ereignissen. Doch möchte ich Sie daran teilhaben lassen, wie es Herrn M. in den Stunden nach dem Freispruch ergangen ist, denn ich durfte ihn begleiten und aus nächster Nähe erleben.

Ich weiß nicht, wie oft Herr M. auf der Rückfahrt das Wort »Wahnsinn« und »Es ist Wahnsinn« gesagt hat. Immer wieder.

Wahnsinn, es ist Wahnsinn, Wahnsinn ... Das war sein Versuch auszudrücken, was in ihm vorging. Der Erweis seiner Unschuld und der folgende Freispruch haben Herrn M. diesen positiven Schock versetzt. Der Freispruch ist für ihn der pure Wahnsinn, auf den er nicht mehr zu hoffen wagte.

Dem Gedanken, dass er freigesprochen werden könnte, hat er bis zu den letzten Minuten keinen Raum gegeben. Er wollte so weit nicht denken, weil er sich vermutlich vor einer erneuten Enttäuschung schützte. Noch einmal auf Freispruch hoffen und dann wieder enttäuscht werden, das hätte er nicht verkraftet. Also verdrängte er jeden Gedanken und Hinweis, dass er freigesprochen werden könnte – bis zu dem Augenblick, als der Richter es aussprach. Der Freispruch war herrlich, und dazu folgte eine Begründung, welche alle gegen ihn erhobenen Vorwürfe eindeutig, klar und überzeugend entkräftigte.

Ich persönlich hätte dem Richter noch stundenlang zuhören können, so gut tat mir die Enthüllung der unberechtigten Vorwürfe. Vor allem spürte ich, wie gut es Herrn M. tat, dass das Gericht die gegen ihn erhobenen Vorwürfe so Stück für Stück als unwahr und als Lüge erkannte. Was muss in diesen Minuten in Herrn M. vorgegangen sein?

Wahnsinn, es ist Wahnsinn – so drückte er es noch zwei Tage danach aus. Auch jetzt kann er es noch kaum fassen, deshalb wiederholt er sein Erleben kurz und knapp mit »Wahnsinn«. Bereits auf der Rückfahrt, kurz hinter Oldenburg, rief er einen Mitbewohner seiner Wohngemeinschaft an und teilte ihm den Freispruch mit. Er hatte das Bedürfnis, es zu erzählen.

Dass das etwas ganz Besonderes ist, zeigt die Tatsache, dass Herr M. seine Geschichte vor den Mitbewohnern unserer Einrichtung bis zuletzt geheim gehalten hat. Nur wir Mitarbeiter kannten seine Biographie und mussten gegenüber allen Rehabilitanden die Schweigepflicht einhalten.

Er lebte mit der großen Angst: Wenn etwas über mich her-
auskommt, dann bin ich ein Vergewaltiger. »Die Menschen werden etwas davon glauben. Das kann sich keiner ausgedacht haben, werden sie denken.« *Das war seine Befürchtung und deshalb*
schwieg er. Öfter wurde ich von anderen Rehabilitanden gefragt:
»Warum erzählt Bernhard nichts von sich?«, *und musste stets*
antworten, dass er das noch nicht kann. Dabei sah ich mich un-
ausgesprochen mit dem Vorwurf konfrontiert: »Da macht ihr
was falsch, uns andere bewegt ihr dazu, von uns zu erzählen,
weil es zum Genesungsprozess dazugehört. Er hat euch Therapeuten im Griff, weil er euch bestimmt und manipuliert mit seiner Störung.«

Doch seit dem Freispruch erlebe ich Herrn M. viel offener. Er
hat bereits in einer Kleingruppe von sich erzählt – das ist Befrei-
ung. Ich denke, dass er jetzt nicht anders kann, als zu erzählen,
was so tief in seiner Seele gebrannt und sein Leben geknechtet
hat. Durch den Freispruch ist das »Krebsgeschwür« *aus seiner*
Seele radikal herausoperiert worden. Dieses »Krebsgeschwür«,
welches durch das Falschurteil eine riesige Traumatisierung ver-
ursacht hat, und obendrein die viereinhalb Jahre Gefängnis hat-
ten seine Persönlichkeit zerstört.

Wir hier in der Einrichtung haben mit den uns zur Verfügung
stehenden Mitteln – um im Bild zu bleiben: mit Bestrahlung und
Chemotherapie – den wuchernden Tumor bekämpft und Herrn
M. das Überleben ermöglicht, aber den Tumor entfernen konnten
wir nicht. Die erfolgreiche Operation fand am Mittwoch mit dem
herrlichen Ergebnis eines Freispruchs statt.

Wir sind alle sehr glücklich und freuen uns mit ihm.

Kleiner Nachtrag

Am 2. Oktober 2006 – ein knappes Jahr nach der Aufhebung des Urteils gegen Bernhard M. – sprach das Landgericht Oldenburg auch dessen Schwager Adolf S. frei. Nach dem guten Ausgang des Wiederaufnahmeverfahrens hatte auch er Rechtsanwalt Johann Schwenn als Verteidiger gewählt. Der setzte im Laufe des Jahres 2006 die Wiederaufnahme des Verfahrens S. durch und erreichte den Freispruch von Amelies Vater, ohne auf Widerstand zu stoßen. Die Staatsanwaltschaft Oldenburg unterstützte diesen zweiten Wiederaufnahmeantrag sogar und verhielt sich gegenüber dem Verteidiger auch sonst deutlich aufgeschlossener. Nicht einmal eine neue Hauptverhandlung war zum Freispruch von Adolf S. nötig, seine Rehabilitierung erreichte den zu Unrecht Verurteilten per Post. In den Beschlussgründen schreiben die Richter:

Die zum Freispruch Bernhard M.s nötigen Erwägungen gelten in gleicher Weise uneingeschränkt für das vorliegende Verfahren. Es ist schlechterdings nicht möglich, zu der Überzeugung zu gelangen, die Zeugin (gemeint ist Amelie), *die sämtliche dem Strafverfahren gegen Bernhard M. zugrunde liegenden angeblichen Straftaten detailreich und phantasievoll erfunden hat, habe seinerzeit im Verfahren gegen ihren Vater die Wahrheit gesagt.*

Dann bekräftigen die Richter nochmals ihre Überzeugung, Amelie habe sich die angeblichen Vergewaltigungsverletzungen – Blutergüsse an Brüsten und Beinen – mit eigener Hand zugefügt, und fahren fort:

Letztere im Parallelverfahren getroffenen Feststellungen zeigen, dass die Zeugin Amelie, wenn auch ersichtlich krankheitsbedingt, nicht davor zurückschreckte, von ihr erfundene, andere Personen extrem belastende Schilderungen mit »Fakten« zu untermauern. Auch diese Erkenntnis nötigt zu der Schlussfolgerung, dass sie im Strafverfahren gegen den Angeklagten die Unwahrheit gesagt (hat) *und deshalb ohne ihre Vernehmung in einer erneuten Hauptverhandlung der Angeklagte freizusprechen ist.*

Amelies Vater scheint den Justizirrtum, der ihn aus der Bahn warf, vergleichsweise gut überstanden zu haben. Die sieben Gefängnisjahre haben ihn nicht zerstören können. Besucht man ihn heute, trifft man auf einen ausgeglichenen Mann. Nach seiner Entlassung aus dem Gefängnis Ende 2001 hat S. wieder Arbeit gefunden. Sogar geheiratet hat er noch einmal. Die Hochzeitsfotos im Wohnzimmer zeigen eine kernige junge Frau. Adolf S. wirkt ruhig und besonnen, er lächelt jetzt auch hin und wieder einmal. Im Gespräch macht er den Eindruck, als habe er in seiner Zelle viel nachgedacht.

Sein seelisch weniger robuster Schwager Bernhard M. hat sich dagegen von der Justizkatastrophe nicht mehr erholt – obwohl ihm zuletzt doch Recht geschehen und seine Ehre wiederhergestellt ist. 1642 Tage hat er im Gefängnis verloren, und danach waren sein Selbstbewusstsein und seine Zuversicht ausgelöscht. Mehr als ein Jahrzehnt lag zwischen seiner Verurteilung und seinem Freispruch, in dieser ganzen Zeit galt er als Vergewaltiger und wurde – wohin er auch kam – entsprechend behandelt.

Dass Bernhard M. durch die Strafjustiz nicht bloß zeitweise, sondern für immer beschädigt worden ist, das wird erst nach dem Freispruch erkennbar. Den Weg zurück in die Normalität hat er bis heute nicht gefunden. Unverändert lebt er im betreuten Wohnheim. Sein Verteidiger hat der Staatsanwaltschaft Osnabrück geschrieben:

Die erlittene Untersuchungs- und Strafhaft haben zu einer schwerwiegenden Traumatisierung des Bernhard M. geführt und dessen Erwerbsfähigkeit dauerhaft beseitigt.

Bernhard M.s psychiatrische Diagnose lautet: posttraumatische Belastungsstörung auf der Basis einer Persönlichkeitsstörung mit ängstlichen Zügen. Welche Erosion die Persönlichkeit des Mannes durch die Justiz erfahren hat, wird deutlich, wenn man seinen psychiatrischen Befund an der Beschreibung des Angeklagten M. im Urteil des Landgerichts Osnabrück misst. Damals, 1996, wurde der Angeklagte noch so geschildert:

Infolge seines häufig mutigen, auch unerschrockenen Einsatzes für seine Schwester (gemeint ist Edeltraud) *und deren Kinder genoss der Angeklagte auch innerhalb der Familie S. großes Ansehen. Er war zumindest bis zu den jetzt zur Aburteilung anstehenden Ereignissen quasi der Beschützer der Familienangehörigen der Familie S.*

Besucht Bernhard M. heute seine Familie in Norddeutschland, aus der er 1995 durch die Polizei herausgerissen wurde, kehrt er bedrückt ins Wohnheim zurück. Die Geschwister seien ihm fremd geworden, klagt er, auch deswegen zieht es ihn nicht mehr nach Hause. Das Wohnheim ist ihm inzwischen zur Familie geworden, die Patienten und Betreuer sind sein soziales Netz. Viel hat der Freispruch für ihn also nicht verändert. Er gebe jetzt mehr von seinen Gedanken preis, sagt ein Betreuer auf meine Frage, ob es Bernhard M. besser gehe. Aber die von allen – auch von mir – erhoffte große Genesung ist ausgeblieben, und M. sucht immer noch nach Fluchtwegen, wenn er ein ihm unbekanntes Gebäude betritt.

Johann Schwenn hat im Juni 2006 bei der Staatsanwaltschaft Osnabrück die Entschädigungsforderungen seines
Mandanten geltend gemacht. Nach dem Gesetz stehen Bernhard M. nicht nur die finanzielle Wiedergutmachung für die
Haftzeit und die Erstattung seiner Verteidigerkosten zu, sondern auch die Nachzahlung seines Gehaltes der letzten zehn
Jahre. Sein Mandant, der sämtliche Ersparnisse und sein ge-
samtes Vermögen im Kampf um die Gerechtigkeit verloren hat,
schreibt Schwenn, muss vom Staat wirtschaftlich wenigstens
so gestellt werden, als wäre er nie Opfer eines Justizirrtums
geworden. Außerdem verlangt Schwenn für den jetzt nicht
mehr arbeitsfähigen M. eine Rente auf Lebenszeit.

Gegen die Osnabrücker Richter und den für die Verfolgung
von M. zuständigen Staatsanwalt ist er vorgegangen. Nach
dem Freispruch seines Mandanten hat er bei der Staatsanwaltschaft Oldenburg gegen den damaligen Vorsitzenden, seine
Beisitzerinnen, die Schöffen und den Staatsanwalt Anzeige
wegen des Verdachtes der Rechtsbeugung und der Freiheits-
beraubung erstattet: Den Richtern und Laienrichtern wirft er
vor, den Inhalt der Hauptverhandlung gegen Bernhard M. in
ihrem Urteil verfälscht und Zeugenaussagen verschwiegen zu
haben (zum Sachverhalt siehe Kapitel *Ein Unbeteiligter wird
mitgerissen*).

Der Staatsanwalt habe sich dadurch schuldig gemacht, dass
er – um diese Verdrehungen wissend – nicht Revision zugunsten des Angeklagten eingelegt habe. Am 13. Juni 2006 teilte die Staatsanwaltschaft Oldenburg dem Rechtswanwalt ihr
Ermittlungsergebnis mit: Es liege keine Rechtsbeugung der
beschuldigten Personen vor, deshalb habe man das Verfahren eingestellt. Inzwischen ist ein Klageerzwingungsantrag
des Rechtsanwalts Schwenn beim Bundesverfassungsgericht
angelangt. Ob die Ermittlungen gegen die Richter und den

Staatsanwalt jetzt wieder aufgenommen werden müssen, ist noch ungewiss.

Auch dem Chefarzt der Kinderpsychiatrie wirft der Verteidiger in einer Strafanzeige uneidliche Falschaussage vor, weil er dem Oldenburger Gericht nicht von sich aus von jenem Brief Amelies erzählt hat, in dem sie ihre Beschuldigungen zurückgenommen hatte.

Schließlich hat Schwenn auch die ehemalige Opferzeugin Amelie angezeigt: wegen des Verdachtes der falschen uneidlichen Aussage. Die Ermittlungen dauern an, inzwischen hat sich Amelie einen Verteidiger genommen.

Chronologie
der Ereignisse um Amelie

1991

29. Januar

Amelie verletzt sich – laut Tagebuch – das erste Mal selbst.

1994

18. März

Amelie zieht nach einem heftigen Streit mit dem Vater aus dem Elternhaus aus und kommt im Nachbarhaus bei den Großeltern unter.

5. Mai

Amelie fährt mit ihrem Onkel Bernhard zu einem Vorstellungstermin in die Uniklinik nach Essen.

27. Mai

Amelie sieht den Jungen, in den sie verliebt ist, auf dem Schützenfest mit einem anderen Mädchen. Sie ist verzweifelt.

29. Mai

Amelie begeht einen Selbstmordversuch mit Tabletten. Sie kommt ins Krankenhaus, erst auf die Intensivstation, später in die Kinder- und Jugendpsychiatrische Abteilung.

25. Juni.

Amelie erzählt in der Jugendpsychiatrie von der Gewalt, der sie zu Hause ausgesetzt war. Sexuell, sagt sie, sei sie »nie missbraucht worden«.

28. Juni

Amelie berichtet auf der Station, sie habe sich wegen eines jungen Mannes das Leben nehmen wollen.

2. Juli

Das Auto des Vaters steht vor der Klinik, Amelie wird »ganz weiß vor Schreck«. Äußert, sie hasse ihre Mutter.

1. August

Amelie beginnt ein Praktikum im selben Krankenhaus, da sie Medizinisch-Technische Assistentin werden will. Nach wenigen Wochen Abbruch.

12. August

Amelie offenbart ihrer Lieblingskrankenschwester Frauke, sie sei vom Vater vergewaltigt worden.

18. August

Amelie offenbart auf einem Zettel ihrer Mutter die Vergewaltigungen durch den Vater, danach trinkt sie Duschgel und Franzbranntwein. Sie wird in die Psychiatrie Osnabrück verlegt.

24. August

Amelie wird auf die Kinder- und Jugendpsychiatrische Station ihres Heimatortes zurückverlegt.

28. August

Amelie behauptet, von einem fremden Mann geschlagen worden zu sein, als sie seiner Frau und seinen Kindern, die von ihm in den Bauch getreten wurden, zu Hilfe eilen wollte. Klagt über Kopfschmerzen durch Hieb, keine Wunde vermerkt. Nach Gespräch mit dem Chefarzt Dr. X Anzeige gegen unbekannt.

5. September

Amelie äußert: »Ich will nicht hierbleiben. ich will nach Hause, und mein Vater soll weg!«

21. September

Der Psychiatriechef Dr. X vermerkt, Amelie habe den an ihr begangenen »Missbrauch aufgedeckt«.

24. September

Amelie macht mit ihrer Vertrauten Frauke einen Spaziergang. Dabei schildert sie Einzelheiten der Vergewaltigungen durch ihren Vater und zerfetzt dessen Fotografie. Außerdem berichtet sie, ein Unbekannter habe sie am 16. April 1994 nach einer Party vergewaltigt und dann aus dem Auto geworfen.

25. September
In den frühen Morgenstunden kommt es im Hause S. zu einem Streit zwischen Adolf und seiner Ehefrau. Polizeieinsatz.

28. September
Amelie erfährt von Dr. X, dass ihr Vater sie wegen Verleumdung anzeigen will.

1. Oktober
Amelie verbreitet, ihr Vater habe sie angezeigt, was nicht zutrifft.

2. November
Auf dem Sozialamt erfährt Amelie, dass sie »unter diesen Umständen keinen Anspruch auf Sozialhilfe« habe. (Gemeint ist wohl: ohne Anzeige gegen den Vater.) Von einer Schwester auf die Anzeige gegen den Vater angesprochen, will Amelie Bedenkzeit.

3. November
Amelie beginnt in der Psychiatrie ihr »Tagebuch«, in dem sie nun die endgültige Fassung der Vergewaltigungen durch Adolf S. aufschreibt. Ihr Onkel Bernhard taucht hierin nicht als Täter, sondern als Lichtgestalt auf. Nebenbei ist von einer Vergewaltigung im April 1994 durch einen Unbekannten die Rede.

5. November
Amelie entschließt sich nach einem Gespräch mit dem Chefarzt zu Anzeige gegen ihren Vater.

6. November
Amelie bekommt Besuch von einer Freundin, die vermutet, vom eigenen Vater missbraucht worden zu sein, und die durch Hypnose herausfinden will, ob das zutrifft.

7. November
Adolf S. ruft bei der Kripo an und fragt, wie er sich gegen die Bezichtigungen seiner Tochter wehren kann. Die Kripobeamtin informiert das örtliche Jugendamt darüber. Amelie bekommt vom Jugendamt die falsche Auskunft, ihr Vater habe gegen sie Anzeige erstattet. Amelie sagt, sie sei jetzt fest entschlossen, den Vater anzuzeigen.

8. November

Amelie zeigt Adolf S. wegen zehnfacher Vergewaltigung an. Auch Schwester Frauke sagt aus.

9. November

Richterliche Vernehmung Amelies. Frauke ist die ganze Zeit dabei. Polizeiliche Vernehmung von Adolf S. Ein Krankenhausgynäkologe stellt fest, dass Amelie Jungfrau ist.

15. Dezember

Amelie ist »sauer« auf ihren Onkel Bernhard, sagt aber nicht, warum.

16. Dezember

Die Glaubwürdigkeitspsychologin begutachtet Amelie das erste Mal (in der Sache Adolf S.). Dabei berichtet das Mädchen mit den Worten: »Das habe ich ganz vergessen« erstmals von einem blutigen Abtreibungsversuch mit einem Kleiderbügel.

18. Dezember

Amelie fürchtet, bei Menstruation zu verbluten. Sie deutet gegenüber Frauke erstmals Belästigungen durch M. an.

20. Dezember

Amelie hat Besuch von ihrem Onkel. Danach weint sie stark und äußert, sie würde den Onkel hassen. Sie sagt aber nicht, warum.

21. Dezember

Amelie sagt zu Frauke, sie fürchte sich vor M.

24. Dezember

Amelie äußert auf der Station, sie habe Angst, dass der Onkel sie zu Weihnachten abholt.

26. Dezember

Amelie informiert von zu Hause aus das Stationspersonal: Sie fürchte sich vor ihrem Onkel. Während des Telefonats wird sie angeblich von ihm belästigt.

27. Dezember

Amelie werden auf der Station Pornos (zwei Videos, ein Buch) abgenommen, die sie offenbar von zu Hause mitgebracht hat. Sie schreibt einen fiktiven Brief an die Mutter, in dem sie ihren Onkel diffus belastet.

28. Dezember
Amelie sagt zu Frauke, M. habe sie zweimal vergewaltigt. Einmal am 16. April 1994, einmal vor kurzem.

29. Dezember
Amelie ist deprimiert. Sie informiert die Psychologin und den Psychiatriechef über die gewaltsamen Übergriffe des Onkels.

1995
2. Januar
Amelie äußert, sie habe bald keine Familie mehr: »Die Klinik ist mein Zuhause.«

5. Januar
Amelie sagt, sie fürchte sich vor ihrem Onkel.

7. Januar
Amelie will »unbedingt« in den Vergewaltigungsthriller *Enthüllung* mit Michael Douglas und Demi Moore. Vor dem Ende des Films verlässt sie das Kino.

8. Januar
Amelie hat den ganzen Nachmittag Besuch von ihrem Onkel. Hinterlässt beim Pflegepersonal dabei einen genervten Eindruck, fügt sich anschließend rund hundert Schnitte zu.

9. Januar
Amelie ritzt sich den Namen des Onkels und »Ich hasse dich« in den Arm.

11. Januar
Amelie schreibt morgens einen Brief an das Stationsteam, den sie Frauke überreicht. Darin beichtet sie, die Vorwürfe gegen den Onkel seien nicht wahr. Sie verbringt den ganzen Nachmittag mit Mutter und Onkel und ist danach »gut zufrieden«.

20. Januar
Amelie malt in der Maltherapie das Bild vom »Penisgeist«. Im Fernsehen sieht sie einen Film, in dem ein Vergewaltiger erschossen wird. Sie sagt, sie möchte ihren Vater auch erschießen, da er nach vielleicht sieben Jahren Knast Rache nehmen könnte.

30. Januar

Die Glaubwürdigkeitssachverständige vollendet das erste Gutachten in der Sache des Adolf S.

9. Februar

Amelie muss Bewerbungen schreiben. Hat Angst vor einem Praktikum.

10. Februar

Amelie belastet es sehr, dass die Betreuer und Therapeuten fordern, sie möge ihre Zukunft planen. Sie reagiert betroffen, als sie die Anordnung erhält, endlich Bewerbungen zu schreiben.

13. Februar

Amelie stöhnt im Schlaf, hat angeblich einen schlimmen Traum, in dem ihr Onkel eine finstere Rolle spielt. Sie erzählt anderntags wieder von diesem grässlichen Traum.

Die Anklageschrift der Staatsanwaltschaft Osnabrück gegen Adolf S. ist fertig.

16. Februar

Amelie behauptet, schwanger zu sein.

21. Februar

Amelie berichtet, sie habe Schwierigkeiten, möchte aber nicht reden. Später wird sie bei der Lektüre von Säuglingspflegebüchern angetroffen.

Sie kehrt vom Ausgang nicht zurück, wird polizeilich gesucht. Gegen 23 Uhr wird sie von der Psychologin auf die Station zurückgebracht. Sagt ihr, es sei *doch* wahr, dass ihr Onkel sie vergewaltigt hat.

22. Februar

Amelie möchte Frauke etwas über den Onkel erzählen.

23. Februar

Angst vor dem Onkel.

1. März

Amelie erhält eine Zusage für einen Arbeitsplatz. Sie sagt sofort ab.

2. März

In der Psychiatrie werden an Amelie ältere Blutergüsse an Brüsten und Schenkeln entdeckt. Sie erklärt sie durch Vergewaltigungsversuche ihres Onkels. Erste Fotos missraten. Amelie will sich erneut von M. vergewaltigen lassen, um »Beweise« gegen ihn zu haben.

3. März

Amelies Verletzungen werden nun mit der Kamera des Dr. X dokumentiert, sie kündigt erneut an, sich vergewaltigen zu lassen, um M. zu überführen.

5. März

Amelie kommt bedrückt und mit düsteren Andeutungen über das Wochenende, das sie zu Hause verbracht hat. Sie hat Medikamente dabei, täuscht gegenüber einer Mitpatientin einen Suizidversuch vor.

6. März

Amelie behauptet auf der Station, am Wochenende wieder von ihrem Onkel vergewaltigt worden zu sein. Erneute gynäkologische Untersuchung: Sie ist Jungfrau, keine Spermien. Jetzt sagt sie, er habe ein Kondom benutzt. Die zweite Fotoserie wird geschossen.

10. März

Amelie tritt in Hungerstreik, um ihre Mutter zu zwingen, ihr zu glauben. Ab jetzt hungert sie und nimmt stark ab.

14. März

Amelie hat Angst, vor Gericht zum Thema Onkel aussagen zu müssen. Will das Problem vorher mit ihrer Anwältin besprechen.

15. März

Amelie erfährt von ihrem Bruder, dass der Onkel im Prozess gegen den Vater als Zeuge aufgeführt ist. Sie ist erstaunt und verärgert.

16. März

Amelie ist sich ziemlich sicher, den Onkel anzeigen zu wollen. Aber wie?

17. März

Amelie ist sich ganz sicher, dass sie ihren Onkel anzeigen will.

20. März

Amelie vertraut ihrer Rechtsanwältin die Vorfälle mit M. an, hinterher macht sie einen zufriedenen Eindruck.

21. März

Amelie trifft die Kripobeamtin und ergeht sich in düsteren Andeutungen über M.

23. März

Amelie zeigt ihren Onkel Bernhard M. wegen mehrfacher Vergewaltigung an. Richterliche Vernehmung. Während der Aussagen verletzt sie sich selbst.

M. wird festgenommen.

24. März

Zweite Exploration von Amelie durch dieselbe Glaubwürdigkeitsgutachterin, diesmal in der Sache M. Sie spricht unter anderem von doppelter Vergewaltigung in der Dachkammer ihrer Großeltern an einem Samstag Mitte April 1994.

27. März

Prozess gegen Adolf S. beginnt.

28. März

Amelie klagt über heftige Bauchschmerzen, kann angeblich nicht mehr laufen, weil sie in der Stadt das Parfüm ihres Vaters gerochen hat. Später meint sie, ihr sei eingefallen, dass ihr Vater einmal bei einer Vergewaltigung ein Tonbandgerät habe laufen lassen. Sie wolle es holen.

29. März

Amelie fährt zusammen mit Dr. X ins Landgericht Osnabrück zum Prozess gegen Adolf S.

30. März

Amelie schreibt weitere neue Gewalttaten ihres Vaters auf, für die Schwestern klingt es nach Mordversuch. Amelie ruft im Landgericht Osnabrück an, um ihrer Rechtsanwältin, die gerade in der Hauptverhandlung ist, ihre neue Beschuldigung mitzuteilen. Sie sagt, über diese Dinge zu reden sei ihr bisher peinlich gewesen.

31. März

Urteil gegen Adolf S.: sieben Jahre Gefängnis. Amelie freut sich.

10. April

Amelies Tante Freya meldet sich telefonisch bei der Kripobeamtin und widerlegt das Vergewaltigungsdatum Mitte April 1994. Bernhard M. hat nun ein Alibi.

12. April

Tante Freyas Aussage wird polizeilich aufgenommen. Kurz danach taucht Amelie bei der Kripo auf, angeblich um sich zu bedanken. Sie wird auf den neuen Stand der Ermittlungen gebracht, eine Nachvernehmung wird ihr angekündigt. Amelie reagiert betroffen.

15. April

Amelie macht Aufzeichnungen, in denen sie ihre Falschaussage zugibt und rechtfertigt.

18. April

Bei der Kripo wird ein Bildbericht mit den beiden Fotoserien aus der Psychiatrie angelegt und falsch datiert.

19. April

Amelie modifiziert gegenüber Frauke das Datum der April-Vergewaltigung und präsentiert neue Versionen.

20. April

Amelie behauptet, ihre Mutter könnte doch etwas gewusst haben. Macht verdächtige Andeutungen über die Mutter.
Frauke sagt bei Kripo aus und trägt Amelies neue Versionen vor.

26. April

M.s Arbeitgeber, die Tiefbohr-AG, sendet der Kripobeamtin den Arbeitsplan des Beschuldigten. Die entlastende Aussage der Tante Freya wird darin bestätigt.

27. April

Nachvernehmung und erneute richterliche Vernehmung der Amelie – die neuen Versionen werden vorgetragen. Amelie behauptet, die Vergewaltigung in der Dachkammer habe nicht Mitte April, sondern Mitte Mai stattgefunden. Außerdem wird eine weitere neue Vergewaltigung im VW-Bus in Essen Anfang Mai 1994 behauptet.

11. Mai

Dr. X und die Psychologin schreiben einen Brief voller Fehler an die Kripo. Diagnose über Amelie: Belastungsreaktion.

18. Mai

Das schriftliche Urteil über Adolf S. ist fertig.

26. Mai

Zweite Exploration Amelies durch die Glaubwürdigkeitssachverständige in der Sache M.

9. Juni

Amelie sagt auf der Station, sie fürchte wieder einen sexuellen Übergriff. Sie habe mit jemandem »Begegnungen gehabt, die ihr Angst machen«. Betreuter Ausgang wird angeordnet.

12. Juni

Amelie fasst sich an den Bauch und meint grinsend, sie glaube, sie sei schwanger.

14. Juni

Die eventuelle Schwangerschaft scheint Amelie intensiv zu beschäftigen. Sie wirkt ratlos, weint sogar, verweigert zuerst eine gynäkologische Untersuchung, hat »Angst vor der Gewissheit«. Untersuchung ergibt: keine Schwangerschaft.

15. Juni

Amelie hat ein Problem, über das sie nicht sprechen möchte.

27. Juni

Amelie sagt, sie habe jemanden getroffen, der nicht gerade nett zu ihr gewesen sei. Sie möchte darüber nicht reden.

28. Juni

M.s Verteidiger, Rechtsanwalt Gerken, regt an, eine andere Glaubwürdigkeitsgutachterin zu beauftragen. Der Vorschlag wird abgelehnt.

30. Juni

Dritte Exploration Amelies durch die Glaubwürdigkeitssachverständige in der Sache M.

3. Juli

Die Sachverständige gibt ihr zweites Gutachten über M. ab. Sie glaubt auch die neuen Versionen. Sie hält Amelie grundsätzlich für intelligent genug, solche Geschichten zu konstruieren. Hält es aber für ausgeschlossen, dass sie es tat.

4. Juli

Amelie möchte noch einmal mit der Glaubwürdigkeitssachverständigen sprechen. Sie habe vor dem Prozess gegen den Onkel noch etwas nachzutragen, das »zugunsten des Onkels« sei, und zuungunsten »gewisser Personen«.

5. Juli

Amelie beschäftigt die Station wieder mit einem Problem, über das sie nicht reden kann. Ende des Monats wird sie die Station verlassen müssen.

7. Juli

Amelie weint und grämt sich, weicht aber jedem Thema aus. Ihr Problem hat mit einer Aussage in der Verhandlung gegen den Onkel zu tun.

9. Juli

Amelie behauptet, als sie vor vierzehn Tagen vom Joggen zurückkam, sei ihr etwas Schreckliches passiert.

11. Juli

Amelie erwähnt, dass sie eigentlich noch ein Thema hätte, aber sie könne es nicht sagen.

14. Juli

Amelie sagt nicht, was ihr Problem sei.

18. Juli

Anklageschrift gegen M. fertig.

20. Juli

Amelie möchte mit dem Mann ihrer Patentante in R. tagsüber nicht allein sein.

24. Juli

Adolf S. legt Revision ein.

27. Juli

Amelie muss morgen die Kinder- und Jugendpsychiatrische Station verlassen und nach Osnabrück ins betreute Wohnen umziehen. Sie weint. Sie sagt: Ich bleibe hier, ich gehe nicht weg!

28. Juli

Amelie trennt sich unter Schmerzen von der Station. Sie schneidet sich wieder. Es ist ihr nicht möglich, an ihrer eigenen Abschiedsfeier teilzunehmen. Umzug ins betreute Wohnen.

15. August

Amelie beginnt im Stadtkrankenhaus Osnabrück ein Vorpraktikum als Krankenpflegerin.

29. und 31. August

Prozess gegen M. Nachmittag des zweiten Verhandlungstages: Ortstermin am Toyota.

1. September

Der Prozess platzt, M. verliert das Vertrauen in Gerken.

3. September

Amelie schreibt M. einen Brief: Er soll gestehen.

September bis April

Amelie muss wieder auf der psychiatrischen Abteilung des Landeskrankenhauses Onabrück behandelt werden.

10. Oktober

Amelie beginnt Ausbildung zur MTA.

24. November

Der Bundesgerichtshof verwirft die Revision von Adolf S.

28. November

Die zweite Hauptverhandlung gegen M. beginnt. Die Besetzung der Richterbank ist mit der bei S. identisch.

1996
29. Januar.
M. wird zu vier Jahren und sechs Monaten Gefängnis verurteilt.

Februar
Amelie macht eine Entgiftungskur (Alkohol/Medikamente).

April
Amelie wird aus dem Landeskrankenhaus Osnabrück in die Zufluchtsstätte eines Mädchenhauses entlassen.

30. April
Amelie wird der Magen ausgepumpt.

1. Mai
Nach Suizidversuch Rückkehr Amelies in die Psychiatrie des Landekrankenhauses Osnabrück, wo sie bis 28. November bleibt.

5. Mai
M. legt Revision ein.

8. Mai
Suizidversuch Amelies.

14. Mai
Suizidversuch Amelies.

18. Mai
Amelie vergiftet sich.

3. Juni
Amelie wird in einer Spezialklinik von Psychopharmaka und Alkohol entgiftet und kehrt dann in das Landeskrankenhaus Osnabrück zurück.

25. September
Der Bundesgerichtshof verwirft M.s Revision.

1997
29. November 1996 bis 27. Mai 1997
Aufenthalt Amelies in einer Nachsorgeeinrichtung für abhängigkeitskranke Jugendliche.

28. Mai bis 30. November
Unterkunft in einer Einrichtung für Soziale Integration.

Seither
Betreutes Wohnen in einem Wohnhaus für Frauen.

1998
22. September
Erstes Wiederaufnahmegesuch im Fall M.

1999
18. Dezember
M.s Wiederaufnahmeantrag wird vom Oberlandesgericht Oldenburg als unzulässig verworfen.

2002
2. Mai
Das zweite Wiederaufnahmegesuch im Fall Bernhard M. wird eingereicht.

2005
14. Dezember
Bernhard M. wird wegen erwiesener Unschuld freigesprochen.

2006
2. Oktober
Adolf S. wird freigesprochen.

Inge Kloepfer | Aufstand der Unterschicht

Deutschland hat eine neue Unterschicht – und die wird stetig größer. 20 Prozent der heutigen Kinder werden chancenlos bleiben und keine Zukunft haben. Noch ist es ruhig. Doch das muss nicht so bleiben. Inge Kloepfer zeigt, warum es sich lohnt, in die Potenziale der vermeintlichen Verlierer zu investieren und warum es so wichtig ist, schnellstens zu handeln.

320 Seiten, gebunden

| Hoffmann und Campe |

Das Wissenschaftsbuch des Jahres

15503

»Viele gute Gründe, ruhig auch mal auf seinen Bauch zu vertrauen.«
Frankfurter Allgemeine Zeitung

ES IST NIE ZU SPÄT, DIE WELT ZU VERÄNDERN

Jessica Williams

50

Fakten, die die Welt verändern sollten

- ☞ Ein Drittel der Weltbevölkerung leidet unter Kriegen
- ☞ Jede Minute sterben zwei Menschen bei Autounfällen
- ☞ Jeder dritte Amerikaner glaubt an Aliens

GOLDMANN
ORIGINAL

15398

„Ein höchst effektives Mittel gegen Apathie
und Gleichgültigkeit."
Agenda

GOLDMANN